How Social Media Transforms the Way We Live and Do Business

Takashi Takeda

ソーシャルメディア進化論

クオン株式会社 代表取締役 武田 隆

Toward the Worldwide Community

ダイヤモンド社

地球は丸いので、われわれは結局、お互いの存在を認め合わなければならない——E・カント

ソーシャルメディア進化論◉目次

第2章 インターネット・クラシックへの旅

第4章 企業コミュニティへの招待

第5章

つながることが価値になる・前編

第6章 つながることが価値になる・後編

終章
希望ある世界

序章

冒険に旅立つ前に

インターネットにつながる

私が初めてインターネットに触れたのは、1994年、大学の研究室であった。

「それでは、NASAのホームページにつないでみよう」

先生がゆっくりとキーボードをたたき、アルファベットを入力する。十数名のゼミ生が先生のコンピュータをとり囲み、画面をのぞいている。当時は専用回線などなく、大学の電話回線をジャックして接続した。回線の速度は遅く、表示されるまでの待ち時間も長い。いったいどんなすごいものが出てくるんだ。心臓が高鳴るなか、緊張して見守る。誰も一言も口をきかない。

10分ほどかけて、モニターに木星の写真がゆっくりと現れた。

「どうだ、すごいだろう?」

と先生はいうが、正直こちらにはまったく驚きがない。神妙な表情をつくるのが精一杯だった。事務員の目を盗んで回線をつなぎ、長い時間をかけてようやく見ることができたのは、不鮮明な茶色のでっぷりとした星の写真だった。半ばがっかりしかけてデスクトップを見ているうちに、じわじわと実感がわいてきた。目の前に映っている木星は、NASAのコンピュータに直接つながって表示されている。

「いま、僕は世界とつながってしまっているということ……?」

ぼんやりとだが、なんだかすごいような気もしてきた。極東の島国に住む私が、世界に広がる蜘蛛の巣、インターネットにつながった瞬間であった。

時代の変化

現在に至るまでに、インターネットをとりまく環境は劇的に変わった。たとえば、干支が1周する12年というサイクルで見てみると、インターネット利用者の爆発的な増大に驚く。総務省の通信利用動向調査によれば、日本のインターネット人口は約９４００万人〔２００９年末時点〕。12年前のインターネット人口は１１５５万人〔１９９７年末時点・同総務省調査〕にすぎなかった。この12年で約８倍、まったくわずかな期間のうちに膨大な数にふくれあがり、インターネットは一部の新しモノ好きのための趣味の道具ではなくなった。一家に1台どころか1人に数台がめずらしくない、テレビ・新聞・雑誌・ラジオの4大マスメディアと肩を並べる国民的メディアとなった。

私は、１９９６年にインターネットを専門領域とする学生ベンチャーとして起業した。以来、今日までインターネットに専念し、特にインターネット上に人々が集まる「オンライン・コミュニティ」にフォーカスして会社を経営してきた。オンライン・コミュニティとは、利用者が自ら投稿することができるウェブサイトのことで、利用者どうしで発言を投稿したり、新たに投稿を追加したりすることができるようなしくみを指す。その形態の特徴から「電子掲示板」といわれたこともあった。

当時、私がオンライン・コミュニティと呼んでいたものは、ここ数年のうちにソーシャルメディアという言葉で紹介されるようになった。ソーシャルメディアとは、「人々の社交を支援するメディア」のことを指し、一般消費者が自ら参加し発言することでつくられるメディアの総称となっている。ソーシャルメディアは世界中を包み込むように広がり、またその形も多種多様に変容してきた。

ソーシャルメディアは最近誕生したかのように思われがちであるが、実はとても長い歴史を持っている。日本においても、インターネットをはるかに遡るパソコン通信時代、その草分け的存在として知られるニフティサーブがある。ニフティサーブは１９８７年にスタートし、２００万人の会員を擁した巨大なパソコン通信だ。そのサービスの中心となっていたのが、同じ興味関心を持つ人々が集まり、会話やチャットを楽しむ「フォーラム」と呼ばれる電子掲示板だった。

フォーラムにはビジネスで活躍する利用者も多数参加していたので、当時学生だった私はアクセスするたびに大人の世界に仲間入りしたような気分を味わった。ニフティサーブは１９９７年になるまでＴＣＰ－ＩＰ（インターネットで使われる通信手段）に非対応だったため、インターネット普及の波に乗り遅れ、新たに出現したインターネット対応のソーシャルメディアに次々と追い抜かれる形で、アトランティス大陸のごとく沈没してしまった。

その後、さまざまなソーシャルメディアがインターネット上に誕生し、その利用者を拡大していった。ヤフー掲示板や2ちゃんねるに代表されるような「匿名掲示板」に始まり、カカクコムやアットコスメといった商品を利用者の口コミによって評価する「比較サイト」も一般的となった。また、個人が手軽に情報発信できる「ブログ」も多くの利用者に受け入れられ、mixi《ミクシィ》やFacebook《フェイスブック》のように友達どうしでつながる「SNS（ソーシャル・ネットワーキング・サービス）」も流行した。いまや、ソーシャルメディア全体の利用人数は、インターネット利用者の76・3％〔『インターネット白書2009』財団法人インターネット協会監修、インプレスジャパン〕にもなり、7000万人近くが利用している計算となる。

ソーシャルメディアにおいて消費者は、自由に、また主体的に動くようになり、お互いに広くつながり合うことを始めた。その規模は短期間で急速に拡大し、かねてより「口コミ」と呼ばれていた現象は、その影響力を爆発的に強めている。一般消費者を相手にしている企業にとって、この強力な口コミのエリアであるソーシャルメディアをどのようにマーケティングの現場で活用するかというテーマが、重要かつ喫緊のものとなってきた。一方、消費者側も企業のソーシャルメディアへの参加を望んでおり、SNS利用者の93％が企業の参加を欲求しているというデータもある〔The 2008 Cone Business in Social Media Study, Opinion Research Corporation, 2008〕。こうした状況を受け、さまざまな企業が、ソーシャルメディアとどのように付き合えばよいのか、試行錯誤をくり返してきた。

企業にとってのソーシャルメディア

最初に行われたソーシャルメディアの活用方法は、実に単純なものであった。それは、ＩＴ企業が運営するソーシャルメディアに向けて広告を出稿するというもので、旧来メディアとの接し方をいままでどおりに踏襲できるという点が各社の施策実施の決定を軽くした。

「ソーシャルメディアは人と人とがお互いにつながる新しいメディアであるが、メディアであることに変わりはないのだから、そこに広告枠を設ければいままでの広告メディアと同様に扱うことができるはずだ」

しかし、ソーシャルメディアに打たれる広告は、通常にくらべて反応があまりにも鈍いということがすぐに明らかになった。日本における一般的なバナー広告のクリック率は、０・０９％とされている［Global Benchmark Report 2009, Eyeblaster Benchmark Insights, 2009］。一方、ＳＮＳサイトを見てみると、日本より反応が高いといわれるアメリカのケースですら０・００４〜０・１３％と極端に低い［「湯川鶴章のＩＴ潮流」http://it.blog-jiji.com/0001/2008/11/rockyou-dd3c.html］。利用者どうしの自然な会話の途中に、無関係な企業の広告が唐突に表示されることに対して、消費者の反応は想像以上に冷ややかであった。

広告が難しいのであればということで、口コミの発信者をお金で雇い、ソーシャルメディアで一般の利用者を装わせ、企業の宣伝をさせるという手法も生まれた。しかし、企業が乱暴に介入する行為は消費者からの強い反発を招き、炎上（消費者の反対運動がインターネット上に口コミで流行すること）した例も多数見られた。

有名な事例をいくつか思い出してみる。世界最大の流通企業「ウォルマート」は、ある一般カップルがウォルマートを使ってアメリカを横断するというブログを偽装して炎上した。世界最大のソフトウェア企業である「マイクロソフト」も、新商品の発売にあたり「有名なブロガーにやらせ記事を書かせた」ということで厳しい批判を受けることになり、謝罪広報を行うまでに追い込まれた。いずれも消費者に近いブランドをつくろうとして、かえって消費者を敵に回してしまったケースだ。

こうした状況から、消費者どうしが集うコミュニティは、参加する人々の日常のなかでていねいに編み込まれているもので、そこに企業が強引に参入することは好まれないという教訓が得られた。自然に形成される消費者のコミュニティには、その場にふさわしいアプローチが求められる。ソーシャルメディアと向き合う企業の姿勢が問われ始め、従来の広告的なアプローチとは異なる新しい手法が模索されるようになった。

そうした試みのなかで、外部のソーシャルメディアを利用するのではなく、企業自身が自社のウェブサイトにソーシャルメディアを開設し、ファンコミュニティを形成する方法に関心が集まりだした。時間をかけてていねいに顧客どうしがつながり合う場所を育成し、自社メディア（オウンド・メディア）において、顧客との関係をより強く深いものにする。いわゆる「スポンサード・ソーシャルメディア」または「企業コミュニティ」と呼ばれる新しいタイプのマーケティング手法がそれだ。申し遅れたが、企業コミュニティの設計と運営、そして収益化《マネタイズ》（ビジネス上のメリットをつくり収益を生み出すこと）の支援を行うことが、私の仕事だ。なんのかんのと十数年も続けている。企業コミュニティという分野において、私の会社はその誕生の瞬間に居合わせ、ありがたいことに、日本では最も多い導入社数を誇る会社に成長することができた。したがって、企業コミュニティの歴史は私が見てきた歴史と大部分が重なっている。

インターネットの衝撃

私は１９９４年、大学でたまたま選択した専攻がきっかけで、世間一般よりも一足早くインターネットに触れる機会を持った。そのころはまだウェブサイトもわずかな数しかなく、世界中を探しても全体を把握できるほどだった。「今日はニューヨークで新しいサイトが生まれたよ」「アムステルダムでもできたみたいだね」――こんな会話が交わされていた。そのような環境が逆に、つながっている感覚を強めていたのかもしれない。

当時、インターネットに触れていた人々はみな、地球がひとつになっていく予感を共有していた。このままインターネットが広がれば、世界中がつながり合って戦争はなくなるのだろうと思った。そんなインターネット黎明期の興奮の渦に飲み込まれるように、私は起業した。

当たり前のことだが、会社として活動するからには、お金を稼がなければならない。オフィスの家賃も払えなくなってしまう。しかし、インターネットの心あたたまる関係は、お金儲けとは無縁のような気がしていた。インターネットのビジネスモデルは広告が主流であったが、そのどれもがつながることと無関係のように思えた。インターネットでお金儲けをするということは、インターネットの本質を裏切っているような、どこか不純な気がしたのだ。若かったせいもあったのだろうが、私はその葛藤に苦しんでいた。そのような私がやっと見つけた、「心あたたまる関係」と「お金儲け」の矛盾を解決する方法。それが、企業コミュニティだった。それは、つながることが価値になるインターネットらしいビジネスモデルの出現を期待させるものだった。私はそのモデルの構築に没頭するようになる。

私と仲間たちは、自分たちの会社を「研究所」と呼んだ。それは、小学生が空き地に段ボールを組み立てて「秘密基地」と呼ぶように、インターネットを突き詰めて考えていこうといった程度の気持ちだった。

ところが、ずっと同じことを続けているうちに、周囲から本当に「研究所」として扱ってもらえるようになった。自分たちもその気になって現在に至るが、ここでも「研究」という言葉をありがたく使うことにする。多くの支援者の協力により、私たち研究グループが費やした研究費の総額は15億円にのぼる。本書では、私たちなりの大義と感謝をもって、微力ながら日本経済の発展に寄与するべく、また、企業と顧客、ひいては社会と個人の新しい関係構築の未来に向けて、これまでの研究で得た知見を惜しむことなく披露したいと思う。

冒険に旅立つ前に

社会・メディア・消費、それぞれを見渡してみれば、何かが大きく変わっている。昨日まで効果を出していた手法が、今日、通用しなくなっている。めまいを覚えるような時代の速度。とり残されている気分になっているのは自分だけだろうか。未来に向けてしかるべき姿勢を見つけることは可能だろうか。時代のうねるような変化。どうにかこの変化の源を突きとめてみたい。現在進行中の時代の変化を探るうえで、インターネットを考察しないわけにはいかない。

第2章では、インターネットの本質に踏み込んでいく。「インターネットとは何か」――この問いにシンプルに答えられないことが、時代の変化を把握しづらいものにしている。インターネットはもっとシンプルに理解できる。その核心さえ把握してしまえば、もうまぎらわしさを感じることもない。時代の申し子であるインターネット、それはどのような目的を持って生まれ、どのような姿をしているのか。その歴史をひもとくことで、インターネットを味方にするための姿勢を明らかにする。

続く第3章では、インターネットの中心的な存在となったソーシャルメディアを網羅的に分析する。ソーシャルメディアは、私たちが生きる社会をよいものに変えてくれるのだろうか。残念ながら、ソーシャルメディアには不毛なコミュニケーションを誘発する危険がはらんでいる。フェイスブック、ミクシィ、ブログ、2ちゃんねる、ツイッターなど、現存するソーシャルメディアを簡潔に整理できる地図をつくる。日々、拡張を続けるソーシャルメディアはまるでジャングルのようで、油断をすると迷ってしまう。地図さえ手に入れることができれば、もう自分の位置を見失ったり、過度な流行に踊らされたりすることもない。

その地図を携え、第4章からは企業コミュニティをテーマにしていく。企業はソーシャルメディアにおけるさまざまな施策を通して、いままでのやり方が通用しないことを痛感した。ソーシャルメディアを介した企業と顧客の新しい関係構築について、各社が試行錯誤した過程を知ることは、時代の変化を俯瞰するための助走になるに違いない。

私が実際に触れた300社の事例をもとに、企業と顧客の関係構築の最前線にあなたをお連れする。企業コミュニティはどのようにして活性するのか。また、その活性はどのようにして収益とつながるのか。「心あたたまる関係」と「お金儲け」とは本当に両立するのか。企業コミュニティが成立するプロセスを追体験することで、遠くに離れている者どうしがつながり合うことのあたたかさ、また、その際に起こるビジネスへの影響の大きさを確認する。1年で14億円の増収を果たした通信販売サイトや月間の閲覧者数を100万人近く向上させたウェブサイトなど、あなたはそのインパクトに驚かれることだろう。

企業コミュニティを先行して開設し成功を収めている、花王、ユーキャン、ドクターシーラボ、週刊アスキー、レナウン、カゴメ、ベネッセからは、実際に行った施策の舞台裏を公開する許可をいただいた。それらの事例は、私たちの生きるこの時代に、どのような可能性が秘められているのかを教えてくれる。そしていま、私たちが未来に向けて大切にするべきものは何か？　その答えを見出すチャンスを与えてくれる。

さて、私たちの近未来。ソーシャルメディアの進化した姿をのぞきに出かけよう。

だがその前に、第1章で冒険に旅立つ前の準備を整える。社会・メディア・消費、それぞれに訪れている変化の波を眺めることで、私たちの時代の持つ特徴を確認することにしたい。それにあたり、まずは企業コミュニティが生まれた経緯を、私が見てきた情景を思い出しながら簡単にふり返ってみることにしよう。

第1章
見える人と見えない人

企業コミュニティの実験

そもそも、オンライン上のコミュニティを活性させるということはたいへん難しい試みであった。まず、どのようなシステムが最適なのかがわからない。小さな機能の欠如が決定的な非活性の原因になるかもしれない。参加者をどういった集合体から、どの程度呼び込めばよいのかも見当がつかないし、集まった顧客どうしが自然に会話を始めるために何が必要なのか、企業はいったいどのような態度で顧客と接したらよいのかもわからない。まさに視界は真っ暗、課題は山積みであった。

私と仲間たちは、1998年から、コンピュータどうしがつながるネットワークを利用して人々がどのようなコミュニケーションをとりうるのかというテーマのもと、さまざまな実験をくり返した。たとえば、電子信号のやりとりで思考や気持ちがどこまで通信相手に伝わるのか。実名で参加した場合と匿名で参加した場合とで利用者の意識はどのように変化するのか。「情報交換」と「関係構築」、それぞれで使われる場合においてコミュニティはどのような形態の違いを見せるか。さらに踏み込んで、コミュニティへの継続的な参加によって芽生える帰属意識《ロイヤルティ》の変化や、「場」に企業が参加した際に生じる顧客との信頼関係の向上やその態度変容の幅といったもの。私たちはひとつひとつの課題について、仮説と検証を重ねていった。オンライン上に用意したコミュニティには

60万人〔2011年4月現在〕を超える参加者が集まり、思い思いのコミュニケーションを展開した。老若男女がさまざまな嗜好や価値観のもとに集い語り合う4万個以上の消費者コミュニティも生まれた。私たちはそれらの誕生、活性、衰退のプロセスをつぶさに観察し、そこから得たデータと知見をもとに、企業と顧客の新しい関係構築にまつわる問題に取り組んだ。

実験用コミュニティを開設して5年が過ぎたころ、おぼろげながら活性のメカニズムが把握され始め、ノウハウにも体系のようなものが生まれ始めた。そのころになると、「顧客志向の会社」として市場から高評価を受けている企業から、インターネット上に生まれる消費者どうしのコミュニティを、企業活動に活かせないだろうかと相談を受けるようになった。各社は私たちを、未知なる問題を一緒に解決するパートナーとして扱ってくれた。

2005年ごろには、1000を超える施策が実行された。企業コミュニティはその実験フェーズを緩やかに終え、本格的な拡張を始めた。施策によるROI（投資対効果）も安定的にとれるようになってきた。私の会社の事業規模は2005年から2010年までの5年間で、売上も組織も約10倍に拡張した。私たちがお手伝いさせてもらったクライアント企業の数も300社を超え、施策の数は1万を数えるまでになった。この急成長は、企業コミュニティに対する各社の期待を指し示しているといえるだろう。

消費者レビューの力

企業コミュニティが注目されているのはどのような理由からか。客観的な調査データをもとに、より鮮明に企業コミュニティをとりまく環境を明らかにしてみたい。

まず、注意深く観察しなければならないのはインターネット利用者の変化だ。現在のインターネットの利用目的は「商品、サービス、買い物」に関する情報が86・1%でトップ。また、オンラインショッピングが82・4%で3位に入っている〔『インターネット白書 2010』財団法人インターネット協会監修、インプレスジャパン、2010年〕。電子メールが主であったインターネット初期とは利用シーンが大きく変わっている。消費者が商品購入の意思決定をする際にどのようなメディアを参考にしているのかという調査によれば、テレビに大きく差をつける結果でインターネットが重要なメディアとされている。その差は5・6倍まで開いた〔『インターネット白書 2009』財団法人インターネット協会監修、インプレスジャパン、2009年〕。便利ツールであったインターネットは、市場《マーケットプレイス》そのものへと変わったといえる。

また、日本のインターネット利用者のうち、レビュー（消費者の口コミによる商品やサービスの評価）を読むと答えている人は38%の3500万人。全国民の4人に1人が、何かしらのレビューを参考にして商品を購入しているということになる〔Forrester Research Technographics Consumer Surveys, Technographics Surveys Forrester Research, 2007〕。世界のインターネット通販サービス「アマゾン・ドットコム」もレビューを採用したことで利用者からの高い評価を得た。レビューが始まったころの書評は、「私、買いました」や「僕も買おうと思います」といった個人的な感想がほとんどであったが、最近のレビューを眺めていると、過去のそれとは比較にならないほどクオリティが上がっている。レビューの書き手は意思決定に迷っているかもしれない読み手を配慮し、その判断を支援するのに十分な情報を記す。また、読み手が反応を示し、書き手を刺激することでその技術も磨かれていく。巨大な市場であるインターネットは消費者によるレビューであふれ返っている。

インターネットの発展、とりわけ回線速度の向上や検索エンジンの進化によって、消費者はお目当ての商品やサービスの情報に簡単にアクセスできるようになり、消費者によるレビューも多く読まれるようになった。

インターネットには賛否両論さまざまなレビューがあふれ返っているので、読めば読むほど逆に購入の決定を迷ってしまうこともある。消費者はレビューを選別して読むようになり、自分が信じられるような物語、むしろ信じたいと思う物語を探し、気持ちの落としどころを見つけ、商品をその物語ごと購入する。

この物語と消費のメカニズムは、インターネット特有のものでもなければ、いまに始まったことでもない。たとえばトヨタのプリウスは、多くのハリウッドスターからマイカーとして選ばれた。これは、ハイブリッドカーが持っていた環境対策という社会性や先進性を彼らが自身のブランドと関連づけたことによる。

同じく、車メーカーのボルボは「安全性」をブランドの中核に置き、全席へのエアバッグ導入や車体の強度向上などで業界を先導してきた。それでも消費者は、ボルボの「安全性」を単に機能面で消費しているわけではない。後部座席も含めた車の安全性を重視するということで、子どものことを考える家族思いの自分という物語も同時に消費している。

物語消費もまた長い歴史を持っている。しかし、インターネットによって大きく変わったことがある。それは、それまで企業が打ち出す物語を受容するだけであった消費者が、今度は、自ら物語を創り出すことを始めたことだ。物語ごと商品を購入した人は、自らの意思決定の合理性を強化するために、購入後は自らが物語を生み出す側に回り、レビューを書くようになる。また、不特定多数の消費者によって生み出された物語から得た恩恵を、次は自分が贈り手に回ることで、その場所に返そうという気持ちも大切な動機になっている。かくして、インターネットには日々新しいレビューが生まれ、共有され、再生産されている。その一方で、かつて商品購入の圧倒的なトリガーとなっていた宣伝広告による企業発信の物語が、急激にその効果を失っている。

ＣＭ効果の失墜、その後

アメリカで2万人以上を対象に行われた調査によれば、購買決定に最も大きい影響力を持っているのは、口コミだという。価格や性能が重視される電気製品でも、好みが多様な衣料品でも、口コミが購入意欲をかきたてる要因の第1位であり、しかも、すべての年齢層において結果は同様であった。対してテレビＣＭは電気製品で5位、衣料品で8位と軒並み下落している［Simultaneous Media Usage Survey (SIMM14), Retail Advertising and Marketing Association, 2009］。私たちのクライアント企業からも、決してメッセージやクリエイティブの質が悪いわけではないのに、広告に対する消費者の反応が芳しくないという悩みが共通して聞こえてくる。

たとえば、テレフォン・マーケティングの企業では、テレビＣＭが放送されたあとのインバウンドの数（消費者がサンプル請求や資料請求のためにかけてくる電話の件数）によって広告効果を数値測定しているが、ＣＭ1回当たりのレスポンスの経年変化を折れ線グラフで見ると、まるでお辞儀をするように下がっており、広告効果の低下を如実に示している。各社の広報宣伝部の担当者を中心に行った調査によれば、「広告が効かない時代になってきたと感じているか？」という質問に対して、71・0％が「ＹＥＳ」と答えている［「『戦略ＰＲ』についての意識調査」ネットエイジア、２０１０年］。

広告の効果不全の理由を考えてみると、いくつかの変化が頭に浮かぶ。モノがいまほど潤沢になかった時代、たとえば、冷蔵庫が出始めた時代には、冷蔵庫をほしいというのは自明な欲求だったので、仮に関西で普及率が8割、四国で6割だとすると、四国の残り2割は確実に需要があるという予測が立った。

マーケティングもシンプルだった。みんながほしいものをみんなが見ているメディアで告知する。これが最適解だった。松下幸之助の水道理論は、水はコックをひねればいくらでも出てくるから価格が安いのであって、商品も市場に大量にあれば価格が下がり、そうすれば貧困層にも商品を行きわたらせることができる、という幸せを生み出す方程式であった。当時だと「名犬ラッシー」だったかもしれないし「力道山」だったかもしれないが、みんなが興奮して見ることができる番組があった。みんなが見たい番組とみんながほしい商品。そして商品を大量に届ける流通。これらの黄金の組み合わせが効果を発揮していた。私は団塊ジュニア世代なのでリアルタイムに経験はしていないが、社会もメディアも消費も、さぞかしホットであったに違いない。しかし、時代は変わり、昔にくらべて生活も豊かになった。冷蔵庫は「ある」か「ない」かではなく、大きさや機能で選ばれるようになり、ついにはそのイメージやストーリーで買われるようになった。メディアの種類も増え、趣味嗜好が分散化したことで、万人が共通してほしいと熱狂する商品も少なくなった。

CMが効かなくなった背景には、ほかにもさまざまな要因が考えられるだろうが、ここでもレビューという消費者の口コミが大きく影響している事実を見落とすことはできない。CMを見た消費者がその商品に興味を持った場合、それを購入する前に何かしらのレビューを検索するだろうということは容易に想像できる。現在の消費者はインターネットを使って、簡単にすばやく、多くの口コミ情報を集めることができる。購入にあまり費用のかからないコモディティ商品（差別化の難しい日用品）であれば、まだ広告によってダイレクトに消費者の欲求をかきたてることも可能かもしれないが、商品の価格帯が上がるにつれて消費者は慎重になる。慎重になればなるほどレビューが参照される頻度が高くなる。単価が安いものであっても、継続的に利用したり、自分の身体に用いたりする美容や健康に関する商品は、実際の経験者の声を参照したうえで購入に至るケースが多いようだ。購買をほぼ決意していても、「念のため、レビューを確認しておこう」という一手が、いまの消費者の購買行動には組み込まれている。

このような消費スタイルが一般化してきたことで、市場全体でも商品やサービスの扱われ方が変わり始めている。消費の対象となるものはすべて、生活品も嗜好品もお店も旅行も、消費者の口コミによってあらゆる角度から観察され評価にさらされる。こうした環境のなか、商品やサービスだけでなく、企業そのものがどの程度、消費者と真摯に向き合っているかという評価までもが流通するようになった。

消費者の求めるもの

『インターネット白書』〔財団法人インターネット協会監修、インプレスジャパン〕に、「企業のホームページに対して何を求めるか？」という調査がある。第1位は「更新性」で、第2位に「双方向の参加窓口」がランクインしている。消費者は企業による一方的な情報発信だけではなく、企業との双方向のコミュニケーションを求めている。このことは、ソーシャルメディア施策のなかでも、企業からの一方的な発信になりやすいブログ施策に対する消費者の評価にも表れる。「企業のブログを読みたい」と答える人は、意外に思われるかもしれないがかなり低く、「読みたい」が1・9％、「やや読みたい」が11・3％と、2つを合わせてもわずか13・2％しかない。これに対し、双方向性を重視する企業コミュニティへの参加意向は「参加したい」が40・4％、「参加はしたくないが閲覧したい」が25・6％となっており、実に3分の2の人々が前向きな回答をしている（『ネット広告白書2010』社団法人日本アドバタイザーズ協会Web広告研究会監修、インプレスR&D、2009年）。

さまざまなデータから、消費者が企業に求めるものは、双方向の対話であることが見えてきた。消費者からのニーズがこれほどまでに高まっているのであれば、各社が消費者との対話を目的とした企業コミュニティの開設に注目するのも当然の成り行きといえる。インターネット、とりわけソーシャルメディアを通して、企業も顧客も新しい関係のあり方をともに模索し始めた。

子育てコミュニティ

企業コミュニティには、活性が比較的早く起こるテーマと、じっくりと熟成を要するテーマとがある。たとえば、愛着を持たれやすい商品や企業は活性が得やすかったり、一見地味に見られるような老舗のブランドも、固定のファンがついていて実は活性しやすかったりする。また、ライフスタイルでも同じ悩みや希望を持つ仲間はつながりやすく、そのなかでも特に相性のよいテーマのひとつに「子育てコミュニティ」が挙げられる。

日本は戦後、郊外化が進み核家族が増加した。それにともない地域社会の関係は希薄になった。

1985年にはNTTが民営化され、コードレスホンの普及で電話が個室に置かれるようになる。時を同じくして、テレビも個室に1台となり、深夜番組が急増する。携帯電話は90年代から爆発的に普及していった。地域の空洞化に続いて、家族間の関係も以前より希薄になり、個人化の時代が到来した。

つながりの希薄化によって大きな影響を受けていることのひとつに「子育て」がある。地域ぐるみで子どもを育てるという状況は過去のものとなり、井戸端会議も少なくなった。祖父母は遠く離れた地域に住んでいて、頼れるものは少なく、孤独のなかで新米ママたちは戦っている。インターネット上のコミュニティは、そんな彼女たちの駆け込み寺になっている。一例をご紹介する。

FROM　ぷりんママ

むすこの夜泣きがすごい……

壁も厚いわけじゃないから近所も気になるよ。

旦那は単身赴任でたまに帰ってきても、「うるさいなぁ」とか「どうして他の子と違うのか」って。

もう、しかたがないじゃないっ。少しは協力してくれてもいいのに。

FROM　23mama
ガス抜きにここで愚痴ればいいですよ。だんなさんも悪気はないかもしれないし。としか言ってあげれませんが、愚痴を聞いてあげることぐらいはできるかな？
ママ同士、一緒にがんばろー。

FROM　ほたるん
ぷりんママさんのお話、読んでて悲しかった。

子どものこと「ほかの子と違う」は絶対言ってはだめなのに！

私の子も夜泣きすごかったけど、断乳したらピタっと止まりましたよ。7ヶ月目くらいだったかな。

他にもごはんをちょっとしか食べなくて、明け方おなかがすいて泣くとかもあるみたいね。

旦那さんも協力してくれるといいね。私はシングルマザーだからそれでも羨ましいよ！

FROM　ぷりんママ
皆さん、ありがとうございます！　すっごく元気が出てきました。23mamaさん、分かってもらえる仲間がいる。愚痴って良いよ、と言ってもらえるって本当に素敵ですね♪
ほたるんさん、断乳さっそく試してみます。またいろいろ教えてください。ありがとう。

彼女たちはオンライン上に集まる不特定多数の仲間たちに想いを寄せ、自分が受けたネットワークの恩恵に感謝する。そして、もし自分のような人がこのコミュニティに新しく入ってくることがあったら、今度は自分が悩みに答える立場になってお返ししようと考えるようになる。そうした想いが共感され、「場」に団結力のようなものが生まれる。

さて、ちょうどそこに、新規参加者からのメッセージが投げ込まれた。

FROM　ミカ

こんにちはミカです。いつも皆さんの書き込み楽しく読ませてもらってます。

子育てって、ほんと大変ですよね。私も6カ月のベビーがいます！

今日は皆さんにとっておきの情報をお持ちしました。

□□でおなじみの○○社が、なんと30名様にサンプルセットがあたるプレゼントキャンペーンをやっているみたい。

私は前から気になっていたのでこの機会に応募してみまーす。じゃあね♪

これは、もちろん宣伝だ。おそらくこの会社は何かしらの「口コミサービス」を利用したと思われる。このようなメッセージを読んだとき、参加者がどのような気持ちになるか想像してほしい。

商品や企業に対して、感謝の気持ちとはまったく逆の効果が起こる。心と心のつながりを無視して、お金を使って土足で踏み込んできたイメージを持つ。ブランドは決定的なダメージを負ってしまう。しかし、この施策の担当者を責めることができるだろうか。彼はこのような事態になっていることはもちろん、この口コミの内容さえ知らないはずだ。純粋に商品の認知拡大をねらい、代理店に予算を渡しただけなのである。

見える人と見えない人

ソーシャルメディアの重要性が増すとともに、その消費者ネットワークを上手に活用し始める企業が増えてきた一方で、それを敵に回してしまう企業も増えてきている。この正反対の結果は、どのような違いによって生じるのだろうか。手法の問題なのだろうか？　業種の問題なのか？　それとも、使っている代理店の違いなのだろうか？

たしかにそのような説明も可能かもしれない。しかし、それは根本的な問題とはいえないように思われる。私はこの12年間に2000社の企業を回り、1万人を超える経営者やマーケターの方々とお会いした。企業と顧客の新しい関係構築について議論を続けるなかで、どうも世界には「見える人」と「見えない人」、2種類の人がいるようだと感じるようになった。またこれが、インターネットを上手に使いこなす人とそうでない人の決定的な違いになっているのではないかと思うようになった。

1998年には2億人以下だった世界のインターネット人口も、2010年には15億人に増加した。いま、私たちの世界には、地球規模のとてつもない変化が訪れている。私たちは人類史上、最もお互いにつながり合っている時代を生きている。「見える人」は、意識的か無意識的かは別として、いま起こっている時代の大きな変化を感じている。すなわち、情報も人も、すべてが幾何級数的にネットワーク化されている現在の状況から、そのつながるネットワークそのものを感じようとしている。「見える人」たちの共通点を探してみると、業界や役職に関係なく、またマーケティングの経験も問わず、みな、ある世界の住人であることに気がつく。すべての「見える人」は、ある共通の世界に住んでいる。そこは社会学で「スモールワールド」と呼ばれている世界だ。

スモールワールド

私たちの社会は、お互い離れているように見えても、実はみなつながり合っていて、世界は意外と狭いという学説がある。イェール大学のスタンレー・ミルグラムによる実験が有名だ。1967年に行われたその実験は、アメリカ中部の州で160人の協力者に、東部にあるボストンで株式ブローカーをしている人物の名前と写真を示し、知り合いの知り合いを通じて、この人物にたどり着けるかを試すというものだった。結果、被験者の約4分の1がみごと到達し、平均して6人の知人を伝ってたどり着いた。このことから私たちの社会は、それぞれ6次の隔たり（Sixth Degree）でつながり合っていると発表された。

ほかにも、映画の共演者のつながりを使った同様の調査もある。俳優どうしは、いずれかの映画での共演者、そのまた共演者を通してつながり合っている。ある程度有名な俳優であれば、世界中どこで活躍していても「ケビン・ベーコン」と6次以内につながる。実際にこの実験を試せるサイト（http://oracleofbacon.org/）まで存在している。日本の大手ＳＮＳミクシィにおいても、その友達どうしの関係図を分析したところ、6～7人で95％以上の利用者がつながり合っているというデータが発表された。こうしたスモールワールド現象は、学術的な研究が行われるはるか以前から、日常的な経験として語られてきたことでもある。たとえば、百戦錬磨のベテラン営業マンであれば、「商談を断られても、感謝していねいに退室したほうがよい。人はみなどこでつながっているかわからない」

と口をそろえていうはずだ。人生を知り尽くした老人であれば、「情けは人の為ならず」という言葉を深い実感を込めて口にするだろう。そこには、他者にかけた情けは、めぐりめぐって自分のところにも還ってくるものだから、そのつもりで誰にでも親切に接したほうがよい、という教訓が含まれている。私たちが知人どうしに偶然のつながりを発見して「世間は狭いね！」と喜び合うとき、それはスモールワールド現象を表現している。

インターネットの発展にともなって、加速度的にお互いのつながり合いが進んだことで、ネットワークの影響を感じる機会が著しく上昇した。その恩恵を色濃く経験する人が増加した一方、経験できていない人との差が広がった。「見える人」と「見えない人」。その差がお互いにコミュニケーション不能になるほど広がってしまう現実が生まれた。高度情報化社会になると、人々の間に、情報リッチと情報プアの二極化が進むといわれたが、ネットワークの参加者が幾何級数的に増えている現在、ネットワーク・リッチとネットワーク・プアによる格差のほうがより深刻になってきている。ネットワークの影響をどれほど経験したことがあるか。これがスモールワールドに「住む人」と「住めない人」の違いをはっきりと分ける要因となっている。「見える人」の目に映っているもの。それは、日々小さくなっていく私たちの生きる社会、深く強くなっていくお互いのネットワークそのものの姿だ。

†

まさに時代のメディアであるインターネット。そもそもインターネットとは何かと問えば、それは参加者どうしが直接的につながり合うネットワークだといえる。そこでは、個人と個人が主体的に双方向でつながり合い、育成の時間を共有しながら創造的なパートナーシップを編み込んでいく。これに合うものだけが、インターネットに受け入れられてきた。インターネットが、このつながりを求める時代に中心的な役割を担うようになったのは、必然といえるかもしれない。

インターネットが時代をつくっているのか。はたまた時代がインターネットを呼んだのか。いずれにしても、この変化を見失ってしまうことは、時代からとり残されたような気分になる。そして、マーケティングに従事する者にとっては致命傷となる可能性がある。急激な変化が続く現在、勢いよく揺れる枝葉に注目すると目が回ってしまう。次章では、その幹に視点を移し、いま起こっている変化の源泉を突きとめる。インターネットを一言でまとめられるところまで、その核心を引き寄せてみたい。

第2章 インターネット・クラシックへの旅

インターネットの誕生

そもそもインターネットとは何か？　どのような目的で生まれ、どのように育ち、また、どのようにしていまの姿になったのだろうか？

インターネットにアクセスするためには、コンピュータが必要だ。いまではケータイからでもインターネットにつながることができるが、ケータイにしても立派な小型のコンピュータである。コンピュータの発明がなければ、インターネットも出現することはなかった。

インターネットの歴史はコンピュータ、とりわけ、パーソナル・コンピュータ（ＰＣ）の歴史の延長線上にある。個人が所有するコンピュータという概念は、今日では空気のように当たり前の存在となっている。しかしほんの数十年前までは、会社、研究機関、大学など大きな組織が所有している大型コンピュータに接続して、それを利用させてもらうという形態が通常だった。コンピュータを使う時間は多くの人がシェアしており、その順番を待つのが常識だった。かのビル・ゲイツも高校時代はコンピュータの割り当て時間を水増しするために、さまざまな知恵を絞ったという。

これに対して、個人がコンピュータを所有し自由に利用することを可能にしたのが、パーソナル・コンピュータだ。１９８４年に全米の注目を集めたアップルのＣＭを覚えている読者もいるかもしれない。大きなスクリーンに大写しにされている独裁者を崇める集会に、ひとりの女性がハンマーを持って乱入し、スクリーンを破壊する。解放された個人がその力を発揮して、自分の思いを自由に表現する。パーソナル・コンピュータは、個人に所有されることで、人々のパワーを解放するものだと評された。コンピュータとの対話を通して、それぞれがアイデアを表出し、共有することを加速させる。個人の表現は、パーソナル・コンピュータによって引き上げられるとされた。

マルチメディアとの出会い

パーソナル・コンピュータを使った表現手法は、マルチメディアと呼ばれた。マルチメディアは過去のいかなる表現とも異なる革新的な手法とされた。それにしても、マルチなメディア？　メディアがマルチ？　なんともわかったようでわからない。果たしてマルチメディアとはどういったものだったのだろうか？

私がマルチメディアと出会ったのは大学時代だった。「就職先がないかもしれない」という親の心配を押し切って芸術学部に進学した私を待っていたのは、創作をしない人は恥ずかしいとされる創作至上の環境であった。まさに望んでいたものであったが、そこはまた、創るものすべてが過去の作品と比較される厳しい批評の現場でもあった。創るべきものはすべて過去に存在している。真に新しいものなど何もない。ある者は絵画、ある者は写真、またある者は音楽と、特定の表現の場を選びその道を究めようとしていた。しかし、それぞれの分野に偉大な先人がいて、彼らを乗り越えるのは容易なことではない。その壁を突き破るのが天才と呼ばれる芸術家なのかもしれないが、凡庸な私はある種の閉塞に悩んでいた。そんな無力感にとらわれていた私の目の前に、ピカピカの光をまとって現れたのがマルチメディアであった。それは具体的なイメージとしてとらえきれないもどかしさを与えながらも、なにか強烈な未来を予感させてくれるものだった。

　マルチメディアは、映像や音声、文章がひとつのメディアのなかに統合される新しいメディアの形態として説明された。それでは、字幕映画との違いは何であろうか？　字幕映画も、映像があり音声があり、翻訳の文章もついている。これだってマルチメディアではないのか？　マルチメディアはいったいどこが新しいというのだろう。それは理解から逃れるように遠くにいて、私に焦燥感を与えていた。少しでもマルチメディアを自分のものにしたいと思い、おっかなびっくりであったが借金をしてアップルのパーソナル・コンピュータ「マッキントッシュ」を購入した。電源を入れると、「Welcome to Macintosh」と呼びかけてくる。愛機と同時に手に入れた無限の可能性に、6畳1間のボロアパートから大きな夢を見た。

　写真をスキャナーで取り込み、画像を編集する。文章にフォントをつけてデザインを施す。アイデアしだいでなんでもできる。特に私を虜にしたのはＤＴＭ《デスクトップ・ミュージック》と呼ばれていたコンピュータを使った音楽制作であった。レコードのなかからお気に入りのフレーズをサンプラー（デジタル録音の電子楽器）に取り込み、デジタル化されたデータをドレミファの音階に配置し直して、同じように取り込んだほかのフレーズとテンポを合わせ融合させる。まったく別の時代や文脈に存在していた音と音が、私のマウスの動作に合わせ、時間を超え、空間を超え、折り重なる。命が吹き込まれたかのように、音色とリズムが新しいハーモニーを奏でる。夢中になりすぎて、椎間板ヘルニアになった。

0と1の可能性

そのような創作活動を通して、あるとき私ははっと気づいた。映像にしても、音声にしても、文章にしても、それらをデジタルに取り込むということは、すなわち、素材を0と1の電気信号に置き換えるということだ。色はRGBコードに、音は波形データに、映像は時間軸を持ったスコアにと、あらゆる情報を電気信号に転換する。デジタル化された情報は、音であれ画像であれ、すべて0と1の数字の配列に等しく並び替えられる。そうすることで、素材を組み合わせ編集するコストを圧縮し、自由に組み合わせることを可能にする。

マルチメディアは、時間と空間を縦横無尽に、あらゆる表現方法、あらゆる素材をすべて等価に取り込み、一度フラットにすることで、お互いが自由につながり合う機会をつくる。情報と情報をコラボレーションさせて、新しく起伏を創り、そこに新たな意味を誕生させる。まさに、マルチメディアの新しさもそこにあった。文芸の原稿用紙も、油絵のキャンバスも、映画のフィルムも、すべての芸術は、その内容とメディア（内容が載る媒体）が切っても切れない関係で結ばれている。むしろ、その関係を読み解くことがアートの技術とされた。マルチメディアは、そこから完全に離陸していた。言語、歴史、国境、あらゆる制限をデジタルなら超えていける。すべてをつないでいくことができる。このまったく新しい白地のキャンバスを、総合芸術は自己の体系のどこに位置づけるべきか戸惑っているように見えた。

マルチメディアによって、個人の表現力は圧倒的な向上を見せる。いままで専門知識がなければ触れることもできなった画像や映像の編集なども、誰もが自由に扱えるようになった。写真を加工しプリントする。思い出をテキストに綴りアルバムをつくる。子どもの誕生日にはオリジナルムービーをつくる。このような風景も日常のものになるはずだと、マルチメディアは喧伝された。

90年代に入ると、パーソナル・コンピュータは相互に連結を始め、個人と個人が表現を通してつながり合うようになる。いよいよインターネットが民間に広がり、その産声を上げた。インターネットはパーソナル・コンピュータからそのコンセプトを受け継いだ。それは「個人の力を最大化させ、それらをつなぎ合わせる」というものだった。

本書の目的は、ネットワークの影響を知覚し、スモールワールドの姿をとらえ、大きくうねる時代の変化に確信を持って適応するべく、いままさに始まりつつある企業と顧客、ひいては社会と個人の新しい関係構築の手段を明らかにすることにある。現在に波打つ大きなうねりを俯瞰するためには、時代の申し子であるインターネットの本質を理解する必要がある。その目的からすると、インターネットの分析をこのレベルで止めるわけにはいかない。インターネットをいまいちはっきりと理解できないことが、なんとも気持ちをすっきりさせない原因となっているのではないか。去年はあれ、今年はこれ、とIT企業が輸入してくる流行の言葉に右往左往させられる。「乗り遅れますよ！」とささやかれ、時代が自分の遠くにあると感じる。インターネットはもっとシンプルに理解できる。その核心さえ把握してしまえば、もうぶれることも迷うこともない。

インターネットとは何か？　この問いにより鮮明に答えるためには、もう一歩踏み込む必要があるだろう。インターネットの本質、そのDNAに接近してみたい。ここでは「基盤となる構造」「使用の目的」「生み出されるもの」という順序でインターネットの核心に迫っていくことにする。

インターネットは冷戦から生まれた

私は、「インターネットと戦争は切っても切れない関係にある」と教わったとき、とても驚いた。2つは遠くにあると感じたからだ。インターネットは、世界中の人が国境を越えてつながり合うもので、戦争とはむしろ対極にあると思っていた。

私は1974年生まれなので、子どものころはまだ冷戦の真っ最中だった。アメリカとソビエト連邦が戦争をするかもしれないと聞いた。それは日本の誰もが知っていることだった。小学校の視聴覚室で『はだしのゲン』を観て泣いた。広島に落とされた原爆で、ビルに座っていた人が一瞬で影になって消えてしまった写真も見た。震えるほど怖かった。誰かが原爆のスイッチを押せば、お互いに撃ち合いになって地球は壊れてしまうという話も聞いた。子ども心に人間というのはなんて馬鹿な生き物なんだろうと思った。でも、自分はどうすることもできない。ベッドに入って眠りにつく前に、「どうか原爆が落ちませんように」と祈った夜もあった。いつも意識していたわけではないが、時代につきまとっていた漠然とした恐怖として冷戦はあった。そのようなものと、世界をひとつにしていこうとするインターネットはどうしてもつながらない。しかし、インターネットの歴史をひもといていくと、インターネットは戦争による恐怖の反動として生まれたものだということが見えてくる。

インターネットは、米国防総省の高等研究計画局（ＡＲＰＡ《アルパ》）が構築したネットワークシステム、通称、「アルパネット」がその前身とされる。１９５７年、ソ連は人類初となる人工衛星「スプートニク」を打ち上げ、同時に大洋を飛び越える大陸間弾道ミサイルの実験も成功させた。軍事開発において自らが先を走っていると思っていたアメリカはこれに大きな危機感を抱く。ソ連からの核攻撃によって情報管理システムが致命的なダメージを受ける事態を想定したアメリカ空軍は、従来型の中央コンピュータがすべてをコントロールしている構造は、ソ連からそのコンピュータが攻撃を受けた際、全体が機能停止してしまう脆さがあると分析した。

ひとつの巨大なコンピュータが全体を支配するのではなく、独立したコンピュータを小分けにし、国土全体に分散させ、相互を網の目のように結びつける。そのような蜘蛛の巣状のネットワークであれば、全土が核攻撃にさらされないかぎり全滅は免れる。コンピュータは互いに補完しながら機能し、ソ連に向けた核による報復反撃能力を確保できると考えた。

スプートニク・ショックの翌年、1958年にアルパは開設される。当初、宇宙開発をその研究目的に抱えていたアルパであったが、2カ月遅れで設立されたNASAに宇宙開発部門が移ることになると、その目的を失ってしまう。焦ったアルパは軍事システムの開発に限らない先端研究支援を標榜し、その一環としてコンピュータの研究を進めることになる。そして1969年、アルパネットが誕生する。その構造は、ソ連への核報復のために空軍が構想した蜘蛛の巣型ネットワークと瓜二つであったが、アルパはその構想自体を知らなかったと主張している。1994年にアメリカ『TIME』誌で、「インターネットは核攻撃下でのコミュニケーションの生き残りを想定して開発された」という記事が掲載された際、アルパネット誕生当時の責任者は、空軍の構想とは別の計画であり目的も違うものであったと抗議した。

その真偽について、もちろん私には判断することができない。しかし、アルパネットが軍の国費で開発されたこと、その資金は冷戦時の緊張感が後押ししたものであったことには変わりがない。むしろ、その「基盤となる構造」が、従来の一極集中であったピラミッド型のものから、多極分散で蜘蛛の巣型をした新しいネットワークシステムへと変わったこと、この転換こそ私たちが注目するべき重要なポイントとなる。

世界に広がる蜘蛛の巣

インターネットが広く民間で使用されるようになったキラーアプリケーション（普及のきっかけとなったもの）は何かと聞かれて、「ワールド・ワイド・ウェブ（World Wide Web）」と答えることに疑問を持つ人はいないだろう。ワールド・ワイド・ウェブは、インターネット上の情報共有システムとして、1991年に欧州原子核研究機構（CERN）によって開発された。ウェブは「蜘蛛の巣」のことであるから、ワールド・ワイド・ウェブとは「世界に広がる蜘蛛の巣」という意味になる。網の目の役割にあたるウェブページが相互にからみ合い、参照し合い、壮大な情報ネットワークを形成している。ワールド・ワイド・ウェブは、インターネット上で動くアプリケーションなのだが、それをインターネットそのものだと勘違いする人がいるほど、インターネットに溶け込んでいる。

インターネットの「基盤となる構造」は、この蜘蛛の巣の形をしたネットワークである（図2-1）。ワールド・ワイド・ウェブがインターネットに受け入れられたのは、その構造が同じ蜘蛛の巣状をしていたからにほかならない。一極集中のピラミッドから、多極分散のネットワークへ。これがインターネットに深くDNAとして刻み込まれているコンセプトである。

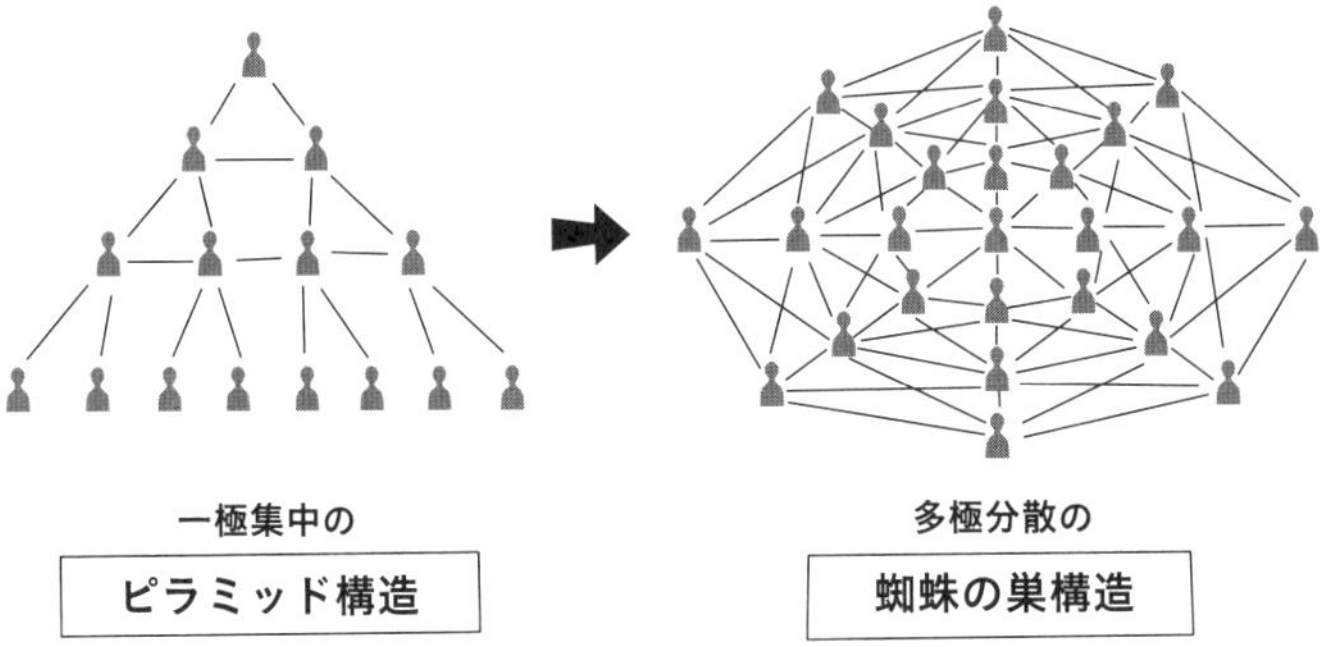

［図2-1］

基盤となる構造

読者も体感されていることかもしれないが、インターネットでは、上から目線の権威主義的な態度が嫌われる。それは、蜘蛛の巣型のネットワークモデルの上で、ピラミッド型の一極集中モデルをむりやりに演じようとするからだ。インターネットの本質とずれているものが、インターネットに受け入れられることはない。マスメディアがインターネットで苦戦している理由も、この「基盤となる構造」を理解すれば自明なものに見えてくる。インターネットでは、上からの目線は敬遠され、逆に、フラットで対等な目線が受け入れられ、評価される。

私がインターネットのすごさを感じるようになったのは、インターネットに触れてからしばらく経ってからであった。大学で最初にＮＡＳＡのウェブサイトを見たときは、いまいち理解できなかった。１９９４年の冬休み、こんな出来事があった。大学のゼミの友人が「自宅からインターネットに接続した」と聞いて、私は仰天した。世界とつながるインターネットは、とてもお金がかかるものだと思っていたからだ。国際電話をイメージしたのである。バイトも休みがちな彼がそんな大金を持っているとは思えなかったので、「世界とつながってしまって大丈夫なのか？」と、私は心配して聞いた。友人は驚いた様子で、私がインターネットをまったく理解していないことを指摘してくれた。

「インターネットは世界がつながっているひとつのネットワークなんだよ。だから、日本からでも、どこかにつながりさえすればそのまま世界とつながる。ウェブサイトを見るのに、毎回、国際電話をかける必要なんてないんだ」

なんだかすごいことが世界で始まっているんだなと私は感心した。インターネットは世界に広がる蜘蛛の巣だ。そこが末端だったとしても、つながりさえすれば世界のどこにでも行けるようになる。

無名のヒーロー

現在、インターネットはさまざまな目的で使用されている。メールやショッピング、ブログで日記を公開している人もいるだろう。果たして、インターネットは誰のためのものなのだろうか？　インターネットらしい使い方とはどういったものなのか？　インターネットの利用者が爆発的に増加したことにより、これらの解はいっそう複雑なものとなっている。本章では、ここでもまた、時計を逆回しにして原点に戻り、インターネット・クラシックへの旅に出かけることにする。インターネットを最初に創った者たちが想定したその「使用の目的」とはどのようなものだったのだろうか？

インターネット誕生前夜。当時コンピュータといえば、人工知能の研究がその圧倒的な主流であった。人工知能は、「ＡＩ《アーティフィシャル・インテリジェンス》」と呼ばれ、巨大なコンピュータを使って人間の知能を代替することをその目的としていた。

この潮流と、まったく逆の発想を持った研究者がいた。ＳＲＩ（スタンフォード研究所）のダグラス・エンゲルバートだ。エンゲルバートは、パーソナル・コンピュータ開発の立役者でありながら、スティーブ・ジョブズやビル・ゲイツといった有名人とくらべると、あまり知られていない。無名のヒーローである。彼は、「自分の人生の目標は、コンピュータを使って人間を拡張していくことだ」と決心し、自分の研究所に「オーグメント（拡張）」という名前をつけた。

当時の主流であったＡＩを研究対象としないエンゲルバートは、周囲から異端で奇人のような扱いを受けていた。エンゲルバートは、個人がコンピュータを所有するようになることで、人間社会や組織や知識に大きな拡張が起こるはずだと考えた。数億円もする高価な大型コンピュータしかなかった時代、それはずいぶんと大胆な仮説であった。

彼は、巨大なコンピュータに人間の代替（ＡＩ）をさせるのではなく、コンピュータを個人に分配し、人々がコンピュータと対話をすることで人間の拡張が起こる、いわば「ＩＡ」《インテリジェンス・アンプリファイアー》としてのコンピュータをめざした。「ＡＩ」ならぬ「ＩＡ」。それは、人間を機械で置き換えようとする人工知能の発想とは対極のものだった。

伝説のデモンストレーション

その構想になんとアルパが乗った。アルパは防空システムの開発にあたって、ある問題を認識していた。即断を求められる戦場では、襲来する敵機をレーダーで捕捉し、情報を中央のコンピュータに集め、ＡＩによる処理を待っていたのでは、迎撃に間に合わない。逆に、レーダーがキャッチした情報を人間が視覚的、直感的に把握できるようなイメージに変え、それを瞬時に表示することで、すばやい判断を可能にしなければならない。「人は目標を定め、評価を実行する。計算機械はルーチン化された仕事はするが、それは決定の材料にすぎない」として、人間とコンピュータとの対話の必要性を理解していた。

アルパの支援を受け、エンゲルバート率いるオーグメント研究グループは、１９６８年の冬、カリフォルニアで研究成果のデモンストレーションを行った。それは最高に革新的と評され、「すべてのデモンストレーションの母」といわれる伝説のものとなった。

プレゼンの最中、自信なさげに舞台で照明を浴びたエンゲルバートは、観客がどういう反応をしているのかまるでわからなかったが、プレゼンが終わると観客は総立ちで拍手が鳴りやまなかったという。いまでは当たり前となっている、コンピュータのディスプレイに表示されるウインドウ、片手でカーソルを操作するマウス。人間とコンピュータの対話のためのこれらのツールは、すべてオーグメント研究グループの発明であり、このデモンストレーションで初めて世界に公開された。

オンライン通信によるコンピュータを介した人と人との対話まで披露したそのデモンストレーションは、人間とコンピュータの関係が逆転したことを表明するものとなった。あまりにも日常に溶け込んでいるので、マウスが画期的な発明だったと聞くとびっくりしてしまう。私たちが普段当たり前だと思っていることも、誰かの努力の上に成り立っている。知らなければ感謝することもできないが、そういうものに囲まれて私たちの暮らしはある。

マルチメディアの誕生

さて、当時のエンゲルバートは、コンピュータとの対話にはトレーニングが必要であり、簡単なインターフェースは論外としていた。彼が想定していたコンピュータとの対話に必要なコマンドは5万にものぼった。

それに対して、エンゲルバートの伝説のデモンストレーションに大きな影響を受けた者のひとり、アラン・ケイは「トレーニングが必要ではダメだ。子どもでも使えるように簡単にしなくてはいけない」と考えた。音楽なども含めてマルチな趣味を持っていたケイは、ファンタジーの担い手は子どもであると確信していた。子どもたちが文章、画像、譜面、アニメーションなどを自由自在に組み合わせてファンタジックな世界を創り、それを共有すること。これがコンピュータの未来の役割だとケイは考えた。ケイの所属していたパロアルト研究所はゼロックスのなかにあり、ケイはたびたび組織の上層部と衝突していた。「ゼロックスを守るために、未来のトレンドを教えてくれ」という幹部からの執拗な依頼に、「未来を予測する最良の方法は、それを発明してしまうことです！」といらだったという。

1973年、ついにその試作機、アルト（Alto）が発表された。人間が簡単にコンピュータと対話できるように設計されたアルトは、コンピュータのすべての機能を利用者ひとりだけのために使うという画期的なコンセプトを持っていた。その3分の2にあたるメモリを画面の表示のみに使い、利用者の直感的な操作をサポートした。コンピュータとコンピュータをつなぐ通信機能も装備していたアルトは、個人のアイデアが噴水のように吹き出し、世界中のコンピュータを通してつながり合う夢を見させた。マルチメディアが産声を上げ、潮流が人工の知能（AI）から人間の拡張（IA）へと一気に逆転した瞬間だった。しかし、残念ながら、当時のゼロックスのトップは、アルトの可能性をまったく理解できていなかった。彼は、アルトの試作機の感想を聞かれ、「あんなに速くタイプを打つ人間を見たことがない」と、説明を担当した技術者の手さばきに目を奪われていたという。

しかし、アルトを見学した者のなかに、のちにこの世界の主役を演じることになる2人の青年がいた。ビル・ゲイツとスティーブ・ジョブズだ。ここからパーソナル・コンピュータの大躍進が始まることになる。ジョブズがゲイツに対して、「ウィンドウズはマッキントッシュの真似をしている」と文句をいった際、ゲイツは、「マッキントッシュもアルトの真似をしているだけだ」と反論したという逸話がある。

使用の目的

みなさんもご存知のとおり、インターネットで企業が顧客に思ったとおりのメッセージを伝えることは難しい。豪華なグラフィックや美辞麗句を使って商品やサービスを紹介しても、素通りされてしまうことが多い。逆に、素朴なウェブサイトでも、開発者自身が登場し、熱い想いや開発の苦労話を披露したほうが評価されることがある。これは、インターネット元来の「使用の目的」が、人間どうしのコミュニケーションを意図していることによる（図2-2）。

旧来のメディアにおいて重要な関心事であったNGワードやドレスコードといった「できるだけよく見せよう」という姿勢は、無機質であたたかみのないものとして嫌われる。生身の人間が感じ

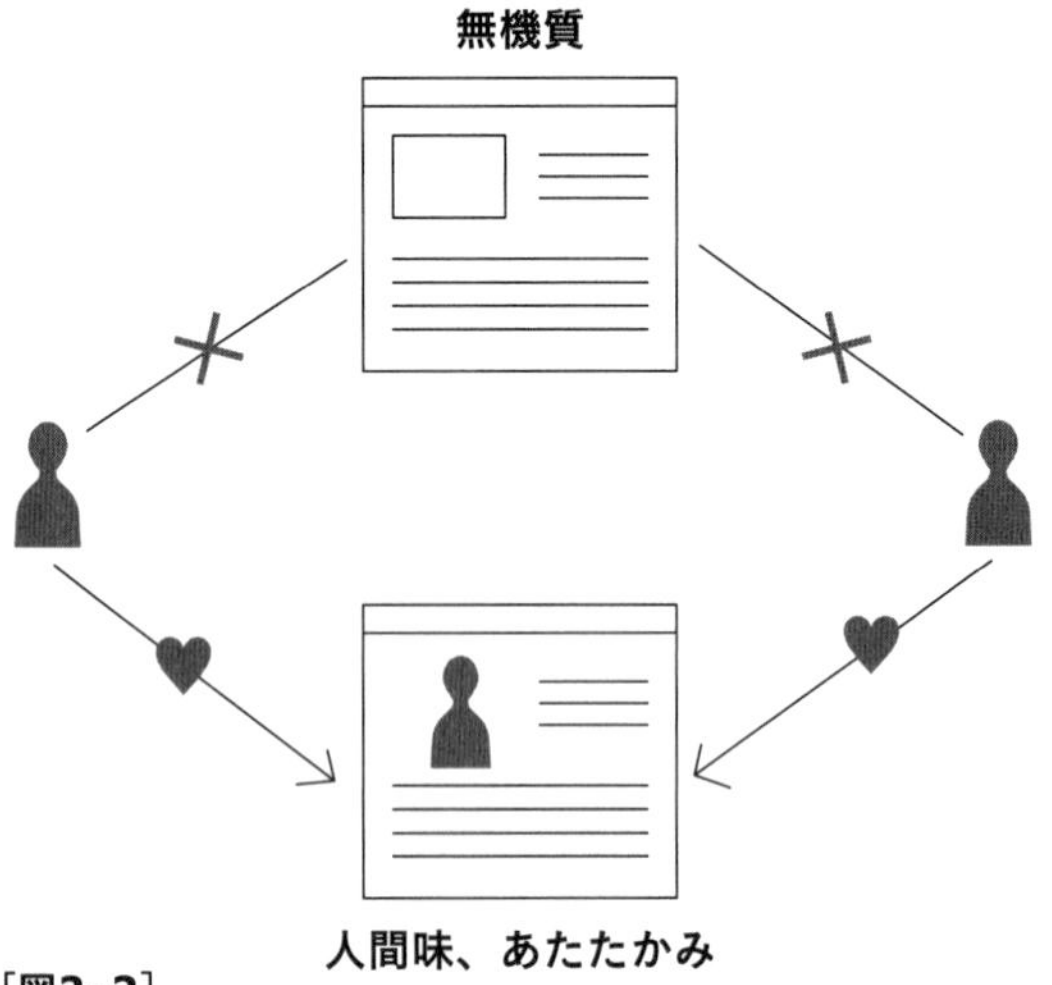

［図2-2］

られなければ無視されてしまう。インターネットに受け入れられたサービスを思い浮かべてみれば、ブログもSNSもツイッターも、オープンで人間味のあるものばかりだ。

このことを考えるとき、私は1通のメールのことを思い出す。経験も人脈も資金もない私が起業することができたのは、ウェブサイトをつくる技術を持っていたからだった。その技術をどこから調達したかといえば、世界中のウェブサイトからだった。インターネットはオープンで、世界中のどのウェブサイトもその中身のプログラムを共有できるようになっていた。ニューヨークのサイトも、アムステルダムのサイトも、内部に組まれたプログラムを見ることで、その手法や工夫をすべて学習することができた。ある日、サンフランシスコのとても繊細なデザインが施されたウェブサイトをのぞいていたとき、そのプログラムのなかに隠されたメッセージを発見した。そこには、「みんなでインターネットを盛り上げていこう！」と書いてあった。そのウェブサイトから多くを学ばせてもらっていた私は、そのサイトのデザイナーにお礼のメールを送った。数分も待たずに返事が届いた。

「魅力的な国の仲間からメールをもらえてうれしい。一緒にがんばろう！」

私たちはみな、インターネットという大きなプロジェクトの参加者だった。仲間は世界中に広がっていた。誕生当時、一部の研究者たちのものでしかなかったプロジェクトは、90年代に入り、プログラマーやデザイナーもその仲間に加わるようになる。21世紀になると、さまざまなソーシャルメディアを通して、多くの利用者が参加し、つながり合い、プロジェクトのメンバーは15億人を超えるまでにふくれあがった。

生み出されるもの

インターネットは、人と人とのコミュニケーションの革命だといっても大げさではないだろう。より以前の印刷や鉄道、テレビやコピー機の発明も、その本質はコミュニケーション革命につながる。印刷技術は、聖書を誰にでも読めるものにし、中世を支配したカトリック教会の権威を揺るがせた。ガンジーの非暴力運動をインド中に広げたのは、イギリスが統治のために整備した鉄道の力であった。アームストロングの月面着陸の映像は世界中に配信され、少なくとも６０００万人以上の人々がテレビでその歴史的瞬間を共有した。ヘッジファンドの帝王ジョージ・ソロスが東欧に対して行った共産主義を倒すための民主化支援活動で、最も効果的な手段はコピー機の寄贈だった。そして21世紀、史上初めてインターネットの力でアメリカ大統領になったオバマが登場する。世界はその相互のコミュニケーションを通してつながり合い、その距離を縮め、私たちは日々、急速にスモールワールドの住民となっている。

コミュニケーションに革命が起こるたびに、人々の距離は縮まっていった。馬車から自動車へ。手紙から電子メールへ。時間と空間による対話のコストは減少した。時間と空間によるさえぎりが少なくなるにつれて、人々はより近接してつながり合うようになり、密集していった。人々が密集するところには、公共圏《パブリック・スペース》が出現する。世界の人々がつながり合うことで、世界全体に広がる公共圏が生まれる。

メディア論の父、マーシャル・マクルーハンは、電子メディアが発展すると地球がひとつの村のようになると指摘し、それを「グローバル・ヴィレッジ」と呼んだ。これこそ、インターネットによって「生み出されるもの」である。インターネットを一言でまとめれば、以下のように表すことができる。

「蜘蛛の巣型のネットワークに、人々が参加しつながり合うことで、世界がひとつになる」

マクルーハンによれば、電子メディアによって地球全土がひとつの村に変貌し、さまざまな問題の解決に貢献する世界規模の討論の場が出現する。世界中の人々が同じタイミングで同じことを見聞きし、それぞれそれを共通のテーマとして議論できるようになる。

しかし、マクルーハンの指摘はこのようなユートピア的な予測だけではない。グローバル・ヴィレッジは、些細な噂話が瞬時に全体に広がるゴシップにあふれた世界になる。これまでのナショナリズム以上に分裂的で騒々しい場所となる危険性もあり、また、過去に例を見ないほどの全体主義と恐怖政治に支配されるリスクも高まると警報を鳴らした。世界が至近距離に密集し、スモールワールド化することで、たしかに対話も促進されることになるが、同時に、監視や統制をも容易にする。コミュニケーションの発展技術はその両方に対して有効だからだ。

私たちの目の前に現れたスモールワールドが、自由と平等に満ちた建設的な世界となるのか、権力に搾取された争いの絶えない騒々しい世界となるのか。この密集した世界規模の公共圏であるグローバル・ヴィレッジは、その両方の可能性を持っている。私たちがスモールワールドに住むようになったことで、それはどちらにも振れやすくなっている。

この問題は私たちにとって、他人事ならぬ現前のものとして突然に現れた。ここでもやはり、その発生の起源であるインターネット・クラシックに問いかけてみたい。そもそも、インターネットに託された公共圏とはどのようなものだったのか？　インターネットはどのような夢を持って生み出されたのだろうか？

インターネットが育った時代

考えてみると、ダグラス・エンゲルバートもアラン・ケイもスティーブ・ジョブズもみな、60年代のアメリカ西海岸を生きている。60年代の西海岸といえば、ベトナム戦争に対する反戦運動や、LSDを中心とするドラッグカルチャー、性の解放運動など、カウンターカルチャーの花々が満開に咲いていた。フラワーチルドレンと呼ばれた若い世代は、歌と愛と花をひとつのものとし、武器を捨て争いをやめ、自由と平等の世界を生きようと呼びかけた。インターネットは、このカウンターカルチャーに抱かれるようにして育った。インターネットに託された想いを探るためには、この時代に起こった出来事をふり返ってみる必要があるだろう。

60年代、資本主義各国ではその幸福のシナリオが崩れつつあった。イギリスは、石炭から石油へのエネルギー革命に乗り遅れ、地方の共同体《コミュニティ》は資本主義の進展とともに解体された。アメリカは、ベトナム戦争の泥沼化という大きな問題を抱える。1967年のポンド危機、1968年の国際金プール制の危機は、「資本主義の限界」という問題意識を世界中に広げ、別の選択肢《オルタナティブ》はないかと模索が始まった。日本では安保改定をめぐり、学生闘争がくり広げられる。

かくして、世界中で「反乱」が同時多発的に起こることになる。カウンターカルチャーは、世界でいっせいに起こった「グローバルに広がる全体主義」に対する、文化的、政治的、経済的な抵抗運動の総称である。では、カウンターカルチャーが打破しようとしたもの、敵とした「全体主義」とはいかなる相手であったのか？

カウンターカルチャーの戦い

全体主義とは、通常、国家権力が個人の私生活にまで干渉したり統制を加えたりする体制のことを指す。人々の行為を規制するだけでなく、その思考までも規制しようとするのが全体主義の特徴といわれる。60年代に世界に広がった全体主義は、国家によるそれだけではなく、システムによるものでもあった。カウンターカルチャーは、国家を超えた「システムによる全体主義」をその抵抗の主たる標的としていた。

システムによる全体主義とは何か？　システム化する世界では、政治も教育もメディアもすべてがシステムに組み込まれていく。もちろん、消費もシステム化する。しかし、国家ではなく、システムが権力を握るとはどのような事態なのだろうか？　そもそも消費とは、私たちが選択している行為であって、私たちに従属しているものであるはずなのに、それが逆転して、消費が私たちを支配するという状況などありえるのだろうか？　このテーマが議論される際、その優れて鉄壁な経営のゆえ、マクドナルドが槍玉に挙がることが多い。その批判的な意見の主旨は次のようなものである。

マクドナルドでは、効率性が最も重視され、従業員が効率的に作業するのはもちろんのこと、回転率を上げるため、客も効率的に（箸やフォークを使わずにすばやく）食事をすませることがすすめられる。業務は完全にマニュアル化され、機械のように定められた作業を決められた時間で行うように徹底し、誰が働いても「マクドナルドらしさ」が失われないようになっている。マーケティングも計算可能で予測可能なものが奨励され、客も個別具体の誰というわけではなく、すべて同じく頭数と単価で計算される対象となる。

この非常に合理的なシステムは、自己反射的でもある。つまり、客がその画一化（マクドナルドらしさ）を求め、それに応えるようにマクドナルドも画一化を進める結果、相互に画一化を強め合う構造を持つ。そこでは、個別具体の対応を求めるという行為も、そもそもそれを望むことも、システムから逸脱したものとして排除される。システムが発達すると、世界はみな合理化されるようになる。

システムによる合理化プロセスは、もちろんマクドナルドだけのことではなく、また、消費だけのことでもない。メディアにおいても、テレビは視聴率を追い求める結果、彼らが想定する視聴者のレベルに合わせた番組をつくるようになる。その番組によってそのレベルに慣れた視聴者は、また次も同じレベルを求めるようになり、番組もまたそのレベルに合わせようとすることで、お互いに強化し合うスパイラルの構造が生まれる。

システム化された世界では「効率」という正義のもと、統制することが難しい個性的な行為は、計算不能で予測不能であると退けられる。すべてを数値に置き換え、常に同じ反応を相互に期待させ、個人を機械のように扱う。個人もまた、無意識に自分が機械のように扱われることを望むようになる。日本、特に東京に住んでいる読者は、これを新しい問題提起だとは思わないのではないだろうか？　このような光景は、すでに私たちの日常となっているように思える。

「近代とは、システム的世界が生活世界を侵食することである」

公共圏をめぐる社会学の中心人物、ユルゲン・ハーバーマスは、これを「システム的世界による植民地化」と呼んだ。私たちは、知らず知らずのうちに、合理的で均一化を促進するシステム世界に加担し、自らの行為も思考もそのシステムに従属させるようになる。これが「システムによる全体主義」の姿であり、カウンターカルチャーが倒そうとした相手であった。

システム世界は瞬く間にグローバルに広がり、あらゆる領域に浸透していった。倒すべき相手が、世界的なレベルで、人間のすべての領域を無意識的に支配するものであるならば、それに対抗する運動も、あらゆる領域を視野に入れた、思想、文化、政治、経済のすべてをひっくり返すような、オルタナティブを示すべきものであったことは必然といえる。カウンターカルチャーが、反戦運動や公民権運動から始まって、ウーマンリブ、ドラッグカルチャー、フリースピーチ、ヒッピーカルチャーなど、キーワードだけが先行し中核概念が語りきれず、一見脈絡がないような印象を受けるのは、カウンターカルチャーが倒そうとした相手もまた「見えないもの」だったからのように思われる。そうした運動は、バカボンのパパの「反対の反対なのだ」というセリフに代表されるような自己目的化、蛸つぼ化に進むことになる。

伝説化している1969年ウッドストック・ロックフェスティバル。そのラストステージのジミ・ヘンドリックスによる神がかり的な演奏をピークに、カウンターカルチャーは失速していく。活動していた諸勢力もさまざまな場に散っていった。イーグルスは、その代表曲『ホテル・カリフォルニア』で、「そのようなスピリット（酒と魂のダブルミーニング）は1969年以降、いっさいございません」とカウンターカルチャーの終焉を歌う。「もし60年代を明確に覚えている人がいたら、その人は本当はその場にいなかった」というジョークがあるほど、目まぐるしい変化の波に飲み込まれた時代でもあった。そして、人々の記憶に残ったのは、「ラブ・アンド・ピース」や「パワー・トゥ・ザ・ピープル」といったキャッチフレーズだけになってしまった。しかし、本当にカウンターカルチャーは死んだのだろうか？　その戦いは敗北に終わったのだろうか？

消費システムへの対抗策

動画サイトのユーチューブ（YouTube）で何百万回と閲覧され、日本語訳も出された有名なスピーチがある。2005年、アップルの創業者スティーブ・ジョブズがスタンフォード大学の卒業式で行ったスピーチだ。

「たまらなく好きになれるものを見つけてほしい。それはみなさんの心が知っているはずだ」

と、卒業生にエールを贈ったジョブズは、

「ハングリーでありつづけろ。バカでありつづけろ（Stay Hungry, Stay Foolish.）」

という台詞を2回くり返し、そのスピーチを締めくくった。この印象深いフレーズは、ジョブズ自身がスピーチのなかで紹介しているように、彼の青年時代のヒーロー、スチュアート・ブランドの言葉からの引用である。

ブランドは、その方面に詳しい人々の間では有名な『全地球カタログ（*WHOLE EARTH CATALOG*）』を出版した人物だ。ジョブズによれば、そのカタログは「60年代のパソコンもない時代、グーグル誕生の35年前に出されたグーグルの雑誌版のようなもので、理想に満ちていて、巧妙な道具や偉大な概念がページの端々からあふれていた」ものだったという。

『全地球カタログ』は、カウンターカルチャー満載で、おもしろい製品の紹介、使い方のアドバイス、さまざまな評論などがごちゃまぜに詰まったまま、無造作に並べられている。読者の興味が刺激され、やってみたい行動やほしいアイテムなどが、偶然に見つかる仕掛けになっている。掲載されているアイテムは、すべて通信販売など郵便を使って買えるものだけが選定されていた。情報を集約し、それぞれにアクセスするためのリンクを張っていくというスタイルは、まさにグーグルの原型といえるものだった。

ブランドは、そのカタログで、「ＤＩＹ（ドゥ・イット・ユアセルフ）」のスタイルを提唱し、流行させた。既製品をただ買うだけよりも、組み合わせを工夫して自分自身でつくったもののほうが愛着もわく。創作するためには、積極的な情報収集が必要になるし、主体的な思考やコミュニケーションも必要となる。それらの行為を通じて、ほかの誰のものとも違うオリジナリティが生まれ、受動的な消費者としてだけではなく、創作者としての自分を発見することもできるだろう。ブランドは、DIYのスタイルが、世界で猛威をふるう消費システムに対する対抗策になると考えた。そして、この発想が、のちにパーソナル・コンピュータ、さらにはインターネットの特徴を決定づけることになる。

ちなみに、私の最近のDIYの自信作は、自宅の玄関の前にある門扉である。引っ越した先の門扉がかなり古く、買い替えたほうがよいと思われるほど錆びついていた。これを自分で改修しようと思いたった。もっとも、ブランドのような高尚な精神を持ってというのではなく、門扉の予算を削って、プレイステーションのゲームに充てようという邪な考えからであった。習志野にあるホームセンター「ビバホーム」で錆び取りを買った。私のささやかなアイデアは、錆びをとったあとにシルバーの塗装をするというものだった。親切な店員さんから塗装の順番や乾かす時間などをくり返し聞いてメモをとった。晴れた日を選んで実行に移した。できあがりを心配する妻の視線を浴びながら、作業に丸1日をかけ、トレーナーがひとつ銀色になって着られなくなったが、なんとこれが予想に反して、なかなか美しい仕上がりになった。私はそのシルバーに光る門扉を開けるたびに、少しだけ自慢げで幸せな気持ちになる。

私でなければならない理由

さて、スチュアート・ブランドのような消費と生産の中庸を行こうとする人々がいた一方で、より強く消費システムを否定し、貨幣そのものから離れ、物々交換を中心とする自然な村社会に還ろうとするグループもいた。世界中で自給自足のコミュニティがつくられ、なかには一種のカルトになったものもあった。

たとえば、1皿の「焼きそば」を食べたいと思ったとすると、物々交換の世界では、直接、豚肉をつくっている人に会わなくてはならない。豚肉を分けてくれるかどうかは、相手の欲しているものを自分が持っているかどうかによる。また、その豚肉の所有者との関係が良好でなければ交換してくれないかもしれない。小麦にしても同様であるし、特濃ソースに至ってはかなり複雑な交渉が想像される。1皿の焼きそばができる過程には、相当のドラマチックなコミュニケーションが必要となる。もはや、焼きそばはただならぬ存在だ。自分という存在がなければ、この焼きそばが生まれることはなかった。自分を軸にした一期一会の出会いの結晶である焼きそばは、さぞかしおいしいことであろう。村社会に回帰すべきだと考えたグループがとり返そうとしたのは、このようなつながりと生の実感であった。

しかし、物々交換の経済では、交換するものが腐らない距離で取引相手と会えなければならない。当然、自由度は低くなり、バリエーションも少なくなる。そもそも焼きそばを食べようなどと大それたことは考えなくなるかもしれない。

対して、お金は保存期間の制約を超え、距離による空間も超えた交換を可能にする。お金は市場を生み出し、特別な人間関係に依存する制限も払拭し、ほしいときにほしいものを買うという行為を可能にする。

また、貯めておくことができるお金は、人を村の束縛からも解放する。歌を歌ってお金を集めることができるならば、その職業が成り立ち、それで食べていくこともできるようになる。「どのように生きるか」を選択する自由が生まれる。お金の稼ぎ方が多種多様になればなるほど、需要と供給のマッチングはより複雑になり、人間の接触頻度と流動性を求めるようになる。

かくして、人々の自由への希求は、都市を形成することになる。都市化した世界では、コンビニに行けば280円で「焼きそば」を手にすることができる。お金さえあればたいていのものは買うことができるが、ほかの誰でも買える焼きそばは自分との関係も薄い。パックに入った焼きそばに自分のアイデンティティを重ねる人はいない。そこに自分らしさは失われている。許嫁《いいなずけ》から合コンへ。跡継ぎから就職セミナーへ。モノや人が流動すればするほど、そこに「私でなければならない理由」は減少する。

お金による価値尺度は、すべてのものを一律に比較できる相対的なものにしてしまう。何でもお金で買える予感は、自分のものでも他者のものでも、すべてが交換可能であると思わせる。行き着くところ、ほかの誰とも交換可能な自分自身が残される。自由と引き換えに失ったつながりと生の実感。これを不自由な村社会に戻ることなくとり戻す方法はないだろうか？　自分でつくるという行為は、交換可能で希薄になったアイデンティティに対する処方箋になるかもしれない。都市にいながらにして、テクノロジーも上手にとり入れながら、コミュニケーションをとり合っていこう。そして、個人の力をとり戻そう。ＤＩＹは、このような精神を持った試みだった。

１９８４年

このＤＩＹの精神が、個人の力を最大化させることをめざしていたパーソナル・コンピュータの文脈に飛び火したことは、必然だったといえる。実はブランド自身もまた、エンゲルバートによる伝説のデモンストレーションの演出を手伝うなど、テクノロジー擁護者でもあった。

70年代になり、マイクロプロセッサが開発され、電子工作のホビー用キットとして発売されると、コンピュータを自分でつくろうというＤＩＹ活動が活発化する。１９７5年には、アマチュアによるコンピュータ自作同好会「ホームブルー・コンピュータ・クラブ」の初回の会合が開かれた。このクラブは30名ほどで始まったが、すぐに４００名を超える参加者を集め、いわゆるマイコン（「マイクロ」と「私の」をかけ合わせた造語）ブームが到来した。このクラブのメンバーには、アップルの創始者「2人のスティーブ」こと、スティーブ・ジョブズとスティーブ・ウォズニアックもいた。アルトの研究者たちは、このクラブの熱気を噂では聞きながらも、「素人に何ができる？」と鼻で笑っていたという。しかし、ここからパーソナル・コンピュータ産業が爆発的に開花することになる。

アップルの代表作「マッキントッシュ」は、１９８４年に発表された。１９８４年といえば、ジョージ・オーウェルの小説『１９８４年』が連想される。そこで描かれている世界は壮絶だ。作品の舞台では、思想、言語、結婚などあらゆる市民生活に統制が加えられ、セックスも党の管理の及ばない独自の世界を創り出すという理由で規制される。市民は党が管理する「テレスクリーン」と呼ばれる双方向テレビジョンによって常にその表情や体温の変化など、ほぼすべての行動を監視される。発話に関しては、言語統制はもちろんのこと寝言までが処罰の対象とされている。主人公はノートに自分の考えを書き記すという、禁止された「日記」行為に手を染め、ついに思想警察に捕らえられる。

先に紹介した、ハンマーを持った女性が独裁者を破壊するアップルのＣＭは、ていねいにこの文脈をねらってつくられている。ＣＭには次のようなメッセージがテロップに流された。

「アップルコンピュータは、『マッキントッシュ』を発表します。そのとき、１９８４年が小説『１９８４年』のようにはならないということが、きっとおわかりになるでしょう」

60年代のアメリカ西海岸、ミッドペニンシュラ・メンロパークのエル・カミノ・リアル通り。カウンターカルチャーの聖地といわれるケプラー書店を中心に5マイルの円を描くと、オーグメント研究グループ、パロアルト研究所、全地球カタログの事務所、ホームブルー・コンピュータ・クラブのすべてが入る。もともと軍事予算で開発されたパーソナル・コンピュータとインターネットは、「個人の力を最大化させ、それらをつなぎ合わせる」というコンセプトのもと、カウンターカルチャー全盛の西海岸の土壌で育ち、ついに民間のものとなる。それは、「ラブ・アンド・ピース」「パワー・トゥ・ザ・ピープル」をアイコンとするカウンターカルチャーの精神が育んだ希望でもあった。

贈与贈答のコミュニケーション

ホームブルー・コンピュータ・クラブでは、贈与贈答のやりとりが奨励された。クラブでは市場経済への反抗から、貨幣による交換取引に対してアレルギーとも思える拒否反応を示し、その真逆である贈与贈答のコミュニケーションが志向された。

「好きなだけ持っていけ。そして、持っていったものよりもっとたくさん持ち帰ってこい」

こういったクラブの風土から、インターネットの文化が育ち、「自分でつくってみよう。みんなで助け合ってつくろう」と世界に広がっていく。欧州原子核研究機構（CERN）は、ワールド・ワイド・ウェブの公開に際して、社会全体への貢献を第一に考え、誰に対しても無償で開放することを発表した。実際、特許をいっさい取得せず、その使用料も徴収しなかった。「リナックス」

は、インターネットに集まったプログラマーが無償で力を合わせ開発しているOS《オペレーティング・システム》で、パーソナル・コンピュータや携帯電話、スーパーコンピュータに至るまで、幅広く応用されているが、使用するのは無料なうえ、オープンソースで改良することも自由になっている。

また、誰もが無料で使え、自由に編集に参加することができる辞書「ウィキペディア」は、約270の言語に対応し、記事数の総計も1600万を超えるまでに成長した。インターネットの検索でいつも上位に上がってくるこのサイトは、世界中の参加者による共同創作物である。

貨幣を中心とした交換取引では利己的な態度が奨励される。それぞれが利己的にふるまうことで、見えざる手によるシステムが市場をバランスさせる。そこでは効率と広がりが強調される。逆に、贈与贈答のコミュニケーションでは、利他的な姿勢が求められる。誰が誰のために贈ったのか？　その個別具体で唯一性を求めるドラマが強調される。

たとえば、昔ながらのスーツの仕立屋のような商売は、対話をしながらつくる過程で、ひとりのお客さまのために、世界にひとつだけの商品を提供する。しかし、対話を必要とするため、効率性や広がりは犠牲になる。逆に、合理的な分業の流れ作業でつくられる商品は、いちいち対話を通さず大量に生産されるので、効率的に世界へ流通することができる。しかしその半面、「あなただけに」という唯一性は喪失する。

この対比は、つながりと深さを求めて村に帰ろうとする心と、自由と広がりを求めて都市に出ていこうとする心との葛藤に似ている。この2つの相容れない心を、新たに誕生したインターネット

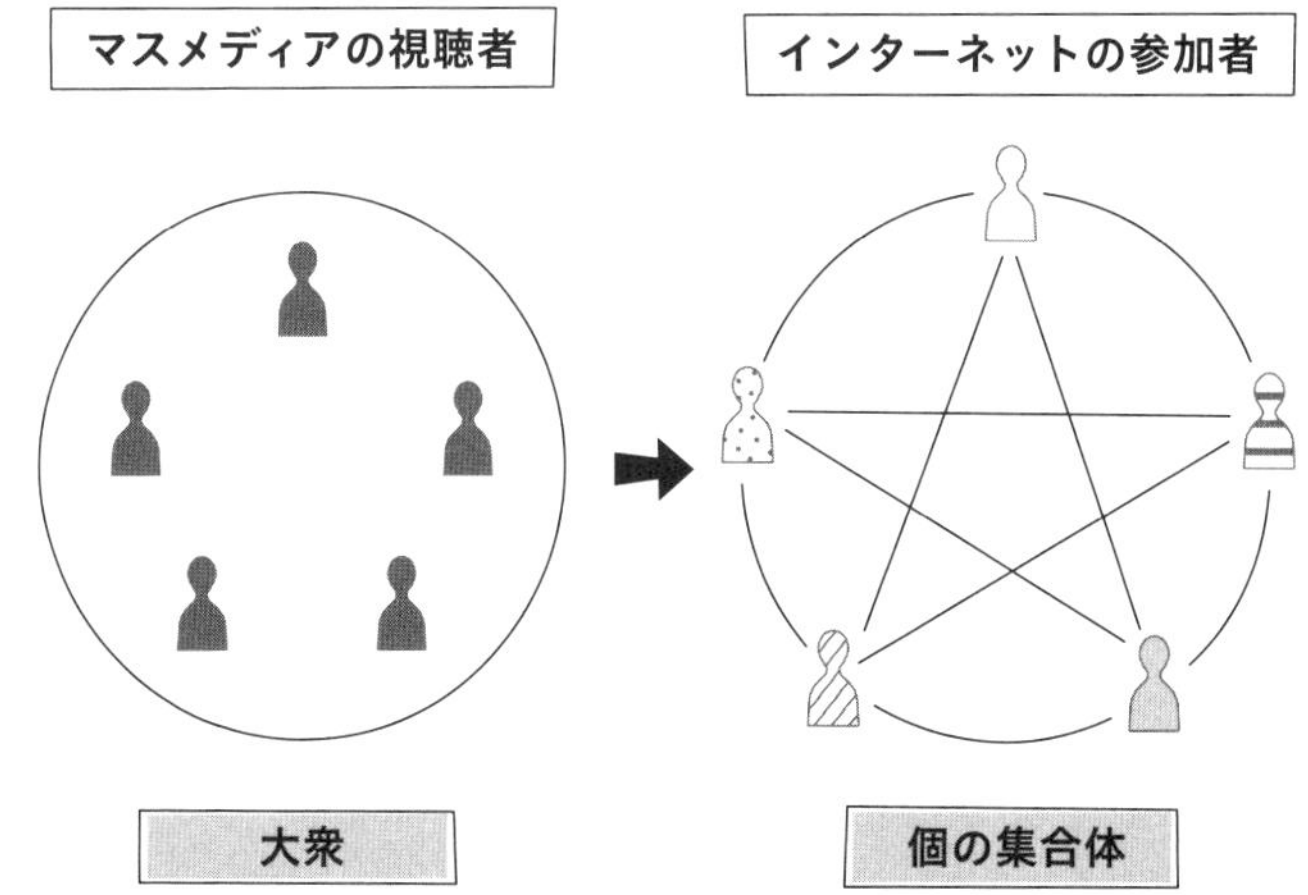

［図2-3］

によるコミュニケーションが結合させる可能性がある。インターネットは、対話にかかるコストを縮小してゼロに近づけることで、唯一の対話を維持したまま、効率的に広がるコミュニケーションを実現する。

インターネットの参加者は、大衆として扱われることを極端に嫌う。自分たちは、個の集合であると主張する（図2-3）。交換可能な大衆として扱えば、無視されるどころか噛みつかれる。インターネットでは、対話を通して、ひとりひとりを特別で唯一《オンリー》の存在として扱う態度が求められる。

2006年、アメリカ『TIME』誌が、年間を通じて最も活躍した人物を決定する「パーソン・オブ・ザ・イヤー」に選んだのは、「YOU《あなた》」であった。同誌は、「今年、かつてない規模の共同体と共同作業が起こり、その主役は『あなた』であった」と評価した。

もうひとつの要素

インターネットは、世界に広がる蜘蛛の巣だ。そこでは、世界中の人々が主役となり、お互いに発話し、つながり合っている。一極集中のピラミッドから多極分散の蜘蛛の巣へと変わり、無機質なシステムよりも、有機質な人と人とのつながりが求められるようになり、私たちは受動的な大衆から、主体的な個の集合へと脱皮することになった。

インターネットの中心にソーシャルメディアがやってきたことは、驚くことではないかもしれない。なぜなら、ソーシャルメディアは、フラット、オープン、オンリーを特徴とするインターネットの特徴をそのまま体現している。ソーシャルメディアが、誰かの思いつきや、口コミビジネスのためのものや、単なる一過性の流行ではないこともはっきりとしてきた。ソーシャルメディアは、インターネットそのものから生まれている。インターネットの歴史をひもとけば、ソーシャルメディアに至る道は一直線である。

さて、本章では、時代の変化を俯瞰するべく、インターネットの本質的な特徴を正確に把握することを目的とした。「基盤となる構造」「使用の目的」「生み出されるもの」という順番でその解剖を試みた。確認された姿は、

「蜘蛛の巣型のネットワークに、人々が参加しつながり合うことで、世界がひとつになる」

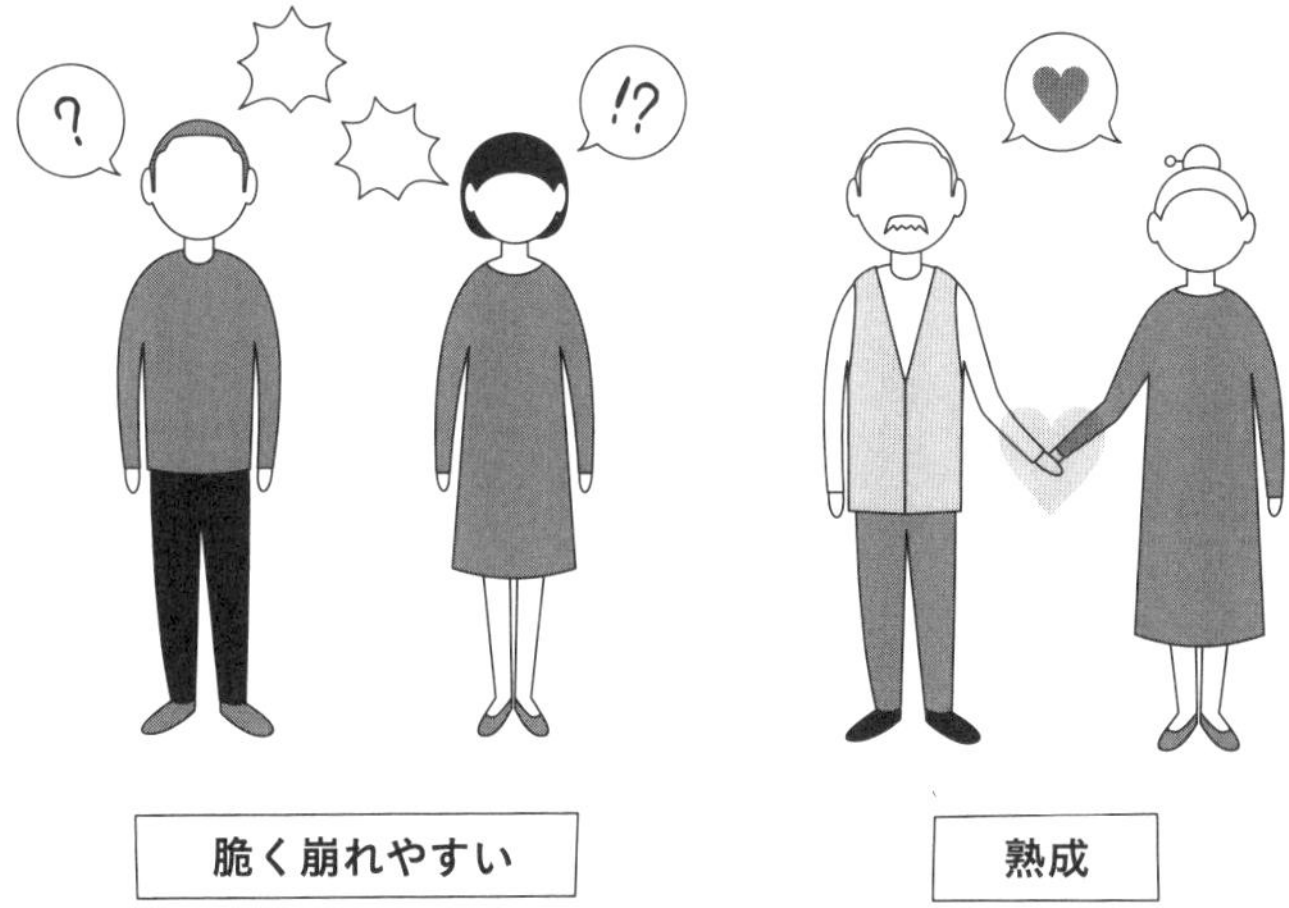

[図2-4]

というものであった。そこでは、上から目線で戦略的に大衆を操作する、という態度が拒否され、逆に、フラットな目線とオープンな人間味、そしてオンリーを求める対話が受け入れられるという理由を、その歴史に問うことで整理した。読者の視界は晴れてきただろうか？　万全であった方もそうでなかった方も、準備は整っただろうか？

いよいよ次章、現出した世界に広がるインターネット公共圏、ソーシャルメディアについて思考のメスを入れていきたい。だがその前にもうひとつだけ、重要なインターネットの要素を付け加えておきたいと思う。ソーシャルメディアに参加したり、ソーシャルメディアを創ろうとしたりする際に、忘れがちであるが必ずなくてはならないもの。それは、その形成に「必要とされる期間」だ。

私たちが実際の経験で知るように、よい人間関係は相応の時間をかけてゆっくりと熟成する。簡単に即席でつくられた信頼は、やはり脆く崩れやすい（図2-4）。まったく同じことがインターネット上のコミュニケーションについてもいえる。インターネットは対話によって成立するネットワークであるから、やはり対話の持つ特徴がそのまま反映される。対話を通してお互いを理解し、信頼を深め、場に対して愛着を感じるようになるまでには、継続《ロングターム》した育成の期間が不可欠だ。インターネットでは短期的なスポット施策はなかなか受け入れられない。その期間の短さが無機質な臭いを漂わせてしまう。関係構築にかかる熟成の期間を軽視することは、ネットワークそのものの価値を軽視する印象を与えてしまう。

結局、関係構築に近道はないようだ。腰を据えてじっくりと向き合わなければならない。そもそも「場」をつくるという行為には、継続的な育成の姿勢が含まれている。過去に炎上した施策が、みなこの「場」の存在を無視した行動であったという記録は、私たちに重要な示唆を与えてくれている。

†

以上で、インターネットの本質に適応するコミュニケーションのスタイルがすべて出そろったことになる。フラット（Flat）、オープン（Open）、オンリー（Only）、ロングターム（Long term）と並べて、その頭文字をつなげてみれば、「FOOL（フール）」となる。これは単なる言葉遊びでしかないが、スティーブ・ジョブズのスピーチで最後を飾った、「ハングリーでありつづけろ。バカでありつづけろ（Stay Hungry, Stay Foolish.）」のＦＯＯＬとつながるおもしろさがある。ＦＯＯＬには、我を忘れるとか熱中するといった意味もあり、どことなくカウンターカルチャーの残り香を感じさせる言葉でもある。

本章では、ネットワーク時代の申し子であるインターネットの本質を探った。インターネットは双方向のコミュニケーションの集合体である。そこではどのようなふるまいが求められるのか。インターネットの歴史をひもとくことで見えてきたものは、ＦＯＯＬなスタンスであった。

しかし、インターネットが求めるふるまいを理解したところで、私自身を省みれば、それを実際に実行に移すことは簡単ではない。フラットがよいとわかっていても、私が望むように私を見てほしいと他者に求めてしまうこともある。オープンになれといわれても、自己開示するのにはやっぱり勇気がいるし、オンリーにしても、面と向かって他者と向き合うのには、少なからず覚悟が必要だ。それに、腰を据えてロングタームで関係を育てていくためには、相当の根気が求められるだろう。

企業がインターネットを通して顧客と向き合う際にも、このＦＯＯＬの姿勢が求められる。しかし企業にとっては、個人の抱える難しさに加えてさらに大きな課題が残る。フラットな目線とオープンな態度で、顧客との対話を継続して行う。このような態度が時代に受け入れられるということがわかったとしても、企業はステークホルダーと貨幣経済においてコミットしている。たとえどんなにすばらしいものであっても、お金に換算できないかぎりそれを受け入れることはできない。ひとつひとつの関係を特別に唯一なものとして扱うことが解決法だと知っても、それにかかる費用が膨大であるならば、実行することは難しい。また、深く紡がれた関係がどんなに揺るぎないものになるとしても、それが規模としてスケールしないことには、リターンはねらえない。つまり、投資対効果がバランスしないのであれば、その施策を長期間続けることができなくなってしまう。企業にとってインターネットに適応するということは、贈与贈答と交換取引のコミュニケーションという対局の姿勢を自分の中にあわせ持たなければならない困難さをともなう。

インターネットが私たちの生きる社会をよりよいものに変えようとするなら、現在の社会の中核をなしている「経済」という名のシステムとの連繋を無視するわけにはいかないだろう。また、その経済において最も影響力を持つ存在、「企業」との連繋からも目を背けるわけにはいかないはずだ。経済の持つ力をインターネットとより有機的につなげるためには、交換取引や貨幣経済や資本主義といったものから逃げるわけにはいかない。

この問題を一言でまとめるとするならば、「ネットワークをいかに収益化《マネタイズ》するか?」という問いになる。つまり、「心あたたまる関係」と「お金儲け」を両立させようとする挑戦である。これが本書の主題となっている。このテーマについて考える際、私がいつも思い出すウェブサイトをひとつ紹介して、次章にバトンを渡すことにしたい。

インターネットが民間に広がり始めた黎明期、人気を集めたウェブサイトのひとつに「ワールド・バースデー・ウェブ(World Birthday Web)」というものがあった。その仕掛けは単純で、自分の誕生日とメールアドレスを登録しておくと、誕生日の当日、それを見た世界中の人からお祝いのメッセージが届くというものだった。私は登録したことも忘れていたのだが、誕生日に3通もメールが届いた。ドイツの少女からのメールには自分の育った田舎町の誕生日の唄が綴られており、辞書を引きながら一生懸命に返事を書いたことを覚えている。

そんな感動体験から1年経ち、また誕生日がやってきた。期待に胸をふくらませながら開いたメールボックスには、なんと50通を超えるメールが届いていた。しかし、そのすべてが迷惑メール（スパムメール）と呼ばれる営業目的のものだった。

「やぁ！　君はとっても信用できるから無担保で５００ドルを貸そう。これは誕生日プレゼントだ！」

そのサイトにたくさんの人々のメールアドレスが記載されていることを見つけた業者が、それを営業リストとして利用し始めたのだった。その翌年、ワールド・バースデー・ウェブは閉鎖することになった。みんなの心にぽっとあかりを灯してくれたサイトの閉鎖を、私は寂しく感じるのと同時に、まあしかたがない、インターネットにお金が入ってくるということはこういうことだと、どこか冷めた気持ちで納得している自分も発見していた。

第3章 ソーシャルメディアの地図

地図を描くにあたって

いま私たちは、市場が急速につながり合うネットワーク時代を生きている。スモールワールドがそのパスポートを全世界に向けて大量発行し、日々その人口を拡大させている。ネットワーク時代の申し子であるインターネット。世界のインターネット利用者は2010年の段階で15億人に達している。

そのインターネットの中心に、ソーシャルメディアがやってきた。ソーシャルメディアは人々がつながり合うことで生まれるメディアだ。まさにネットワークの権化のような存在である。果たして、その新しいメディアは、私たちの社会をよいものに変えてくれるのだろうか？「心あたたまる関係」と「お金儲け」を両立させるものになりうるのか。また、「ネットワークをいかに収益化《マネタイズ》するか？」という問いに答えを持ち合わせているのだろうか。そもそも、ソーシャルメディアとはいったい何か。その姿をしっかりと見つめてみることにしたい。

日々、拡張を続けるソーシャルメディアは広大なジャングルのようだ。複雑に入り組んだ世界に目を回しているうちに、本来は味方となるはずのものを見過ごしてしまうかもしれないし、新しいものが次々とよく見えて混乱してしまうかもしれない。ソーシャルメディアを俯瞰して簡潔に整理できる地図をつくってみよう。フェイスブック、ミクシィ、ブログ、2ちゃんねる、ツイッターなど、現存するソーシャルメディアを網羅して4つの種類に分類し、まずそれぞれの特性と利点を並べる。それぞれが前章で整理したインターネットの本質的な特徴をどのようにとり込んでいるのかについて観察する。

その後、個々が抱える問題点を検証し、それぞれのソーシャルメディアにはインターネットを体現しきれていない部分があることを確認する。ソーシャルメディアの抱える不毛性を見つめることで、地図を完成させたい。ソーシャルメディアの活用に向けて私たちが踏み出すべき道が照らし出されるはずだ。

現実生活と価値観のソーシャルメディア

人々がつながり、集まろうとする際には、何かしらの「拠りどころ」が必要だ。ソーシャルメディアを概観してみると、人々がつながる「拠りどころ」の種類で2つに大別されることが見えてくる。片方には、現実生活の交友関係でつながるソーシャルメディアがあり、もう片方には、趣味や想い、価値観でつながるソーシャルメディアがある（図3-1）。

現実生活でつながるソーシャルメディアでは、学校や職場など生活の行動範囲でつながる知人を拠りどころにネットワークがつくられる。このタイプのソーシャルメディアとしては、アメリカ発の「フェイスブック」や日本生まれの「ミクシィ」など、SNS《ソーシャル・ネットワーキング・サービス》と呼ばれるジャンルが挙げられ

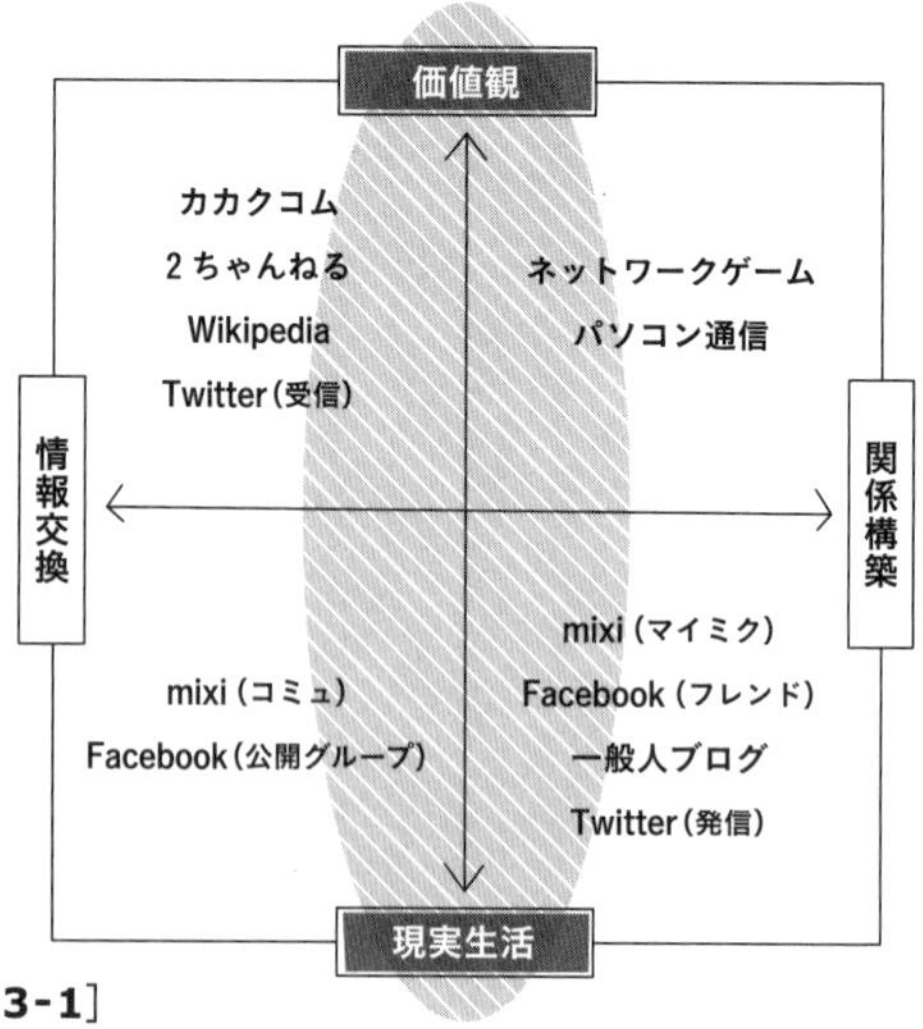

[図3-1]

る。SNSは、狭義には知人を自分のプロフィールページで紹介し、知人どうしでつながり合うシステムを指す。ミクシィの利用者数は、２０１０年には２０００万人を突破し、同時期におけるフェイスブックの利用者は世界で5億人にのぼる。

SNSの元祖は、２００２年にスタンフォード大学の卒業生が始めた「フレンドスター(Friend-ster)」といわれるが、そのアイデアを模倣する形でさまざまなSNSが誕生した。参加者がそれぞれの人脈をオープンにしお互いにつなぎ合わせていけば、そのうちに世界がひとつであるということを発見できるだろう。そのような想いを持ってSNSは生み出された。それらの共通したコンセプトは「人脈の可視化《ビジュアライズ》」であった。

これに相対するのが、価値観でつながるソーシャルメディアだ。利用者は地縁や血縁の交友関係を離れて、趣味嗜好や興味関心でつながり合う。現実生活の関係に見られる継続的で包括的な人間関係を持たなくても、何か1点でもお互いに共通の関心事があれば即座につながることができ、またそこから離れることも自由になる。

さまざまなテーマのトピックで会話がなされる「ヤフー掲示板」や「2ちゃんねる」のような電子掲示板はこのエリアのサービスとなる。また、「カカクコム」「アットコスメ」「食べログ」などの消費者によるレビューが集まる比較サイトや、「ヤフー知恵袋」「オウケイウェイヴ」などの質問者と回答者によって構成されるQ＆Aサイトもこの仲間になる。加えて、参加者が互いに剣士や魔法使いになりきって遊ぶ「ラグナロクオンライン」などのネットワークゲームも、趣味の集まりとしてこの類に入るだろう。

このようなつながり方は、専門的にヘテロジニティ（Heterogeneity）と呼ばれる。都市に人々が集中し、お互いに触れ合う頻度が増すことによって、さまざまな趣味嗜好や価値観が生まれる。それらは細かく枝葉のように分かれていくので、現実生活の交友関係のなかでは自分と共通の趣味を持つ相手を探すことが困難な状況になる。私は、慶應義塾大学名誉教授の高橋潤二郎先生とお会いした際、この概念を教わった。まだ私たち研究グループにもようやくいくつかの事例が出始めたころで、日本の社会学の権威がソーシャルメディアにどのような評価を下すのか不安な気持ちで面談に向かったことを覚えている。台風7号の上陸を待って曇天に包まれた六本木ヒルズ。面談は1時間の予定だったが、気づいたら3時間が過ぎていた。

「ヘテロジニティとは、それぞれ異なった考え方、異なった期待、異なった価値観を共有した個人が、ネットワークを通じて、ある1点の共通する興味関心によって共同体《コミュニティ》を形成するというもので、その考え方は、普遍性を志向するユニバーサルではなく、全体として統合されていながら、内部では多様な価値を認めるマルチバーサルの世界観に通じるもの」

先生はそうおっしゃった。つまり価値観が多様になる一方、人と人とのつながりが希薄になる都市生活においては、お互いの関心に合わせてそのつどつながることができる場所が必要となる。それらの場所は全体としては都市に統合されるが、人格やふるまいを一元的に強制するものではなく、さまざまなつながりの多様性を許し、色とりどりの価値観が緩やかに内包される公共圏《パブリック・スペース》を形成する。面談の最後に、先生から「あなたの活動を一言でいうと何か？」と尋ねられ、「コラボレーションです」とお答えした。「評価できる」と先生が笑われた。たくさんの勇気をもらった思い出だ。

実名性と匿名性

ソーシャルメディアの考察を掘り下げていくうえで、実名性と匿名性という問題に触れないわけにはいかない。実名性とは本人を特定できるという意味だが、よく誤解されることとして単に本名を名乗ったからといって、本人が特定されるというわけではない。

たとえば、「武田隆」という名前は全国にたくさんいるだろうからそれだけでは特定には至らない。山羊座Ｏ型の武田隆といえば多少は絞られるかもしれないし、海浜幕張出身の昭和49年生まれの山羊座Ｏ型の武田隆といえばかなり高い確率で特定できる。逆にニックネームを使っていても、さまざまな情報がつながり合えば本人を特定できるようになる。たとえば「虎ノ門にあるAから始まるＩＴ企業で代表をしている『らりほ』です。私の仕事はソーシャルメディアのコンサルティングです」などと書けば、ほぼ実名と変わりない特定力を帯びる。本人の特定がされやすい状況を実名性が高いといい、逆に特定がされにくい状況を匿名性が高いという。

現実生活のソーシャルメディアで実名性が高くなるのは、知人のネットワークが公開されていることによる。知人という有力な情報をたどれば、刑事コロンボや名探偵コナンでなくとも容易に個人を特定できる。対して、何も情報の連繋がない状態のニックネームは、手がかりがなく個人の特定が困難なため匿名性が高くなる。

その中間のソーシャルメディアも存在する。たとえば、ニックネーム制で本人の特定は避けつつもその場でのニックネームが固定されている場合、その場においては発言者の特定がなされる。そのため前後の文脈を無視した行動や誹謗中傷などを行えば、その場から名指しで退室させられることにもなる。

実名性か匿名性かという議論は、どちらか一方の選択ではなく、それぞれの場や目的に合わせて調整されるものとなる。基本的に価値観のソーシャルメディアは、実名性が高い現実生活のそれにくらべて匿名性が高くなる傾向がある。

現実生活のソーシャルメディアの利点

現実生活のソーシャルメディアのネットワークモデル

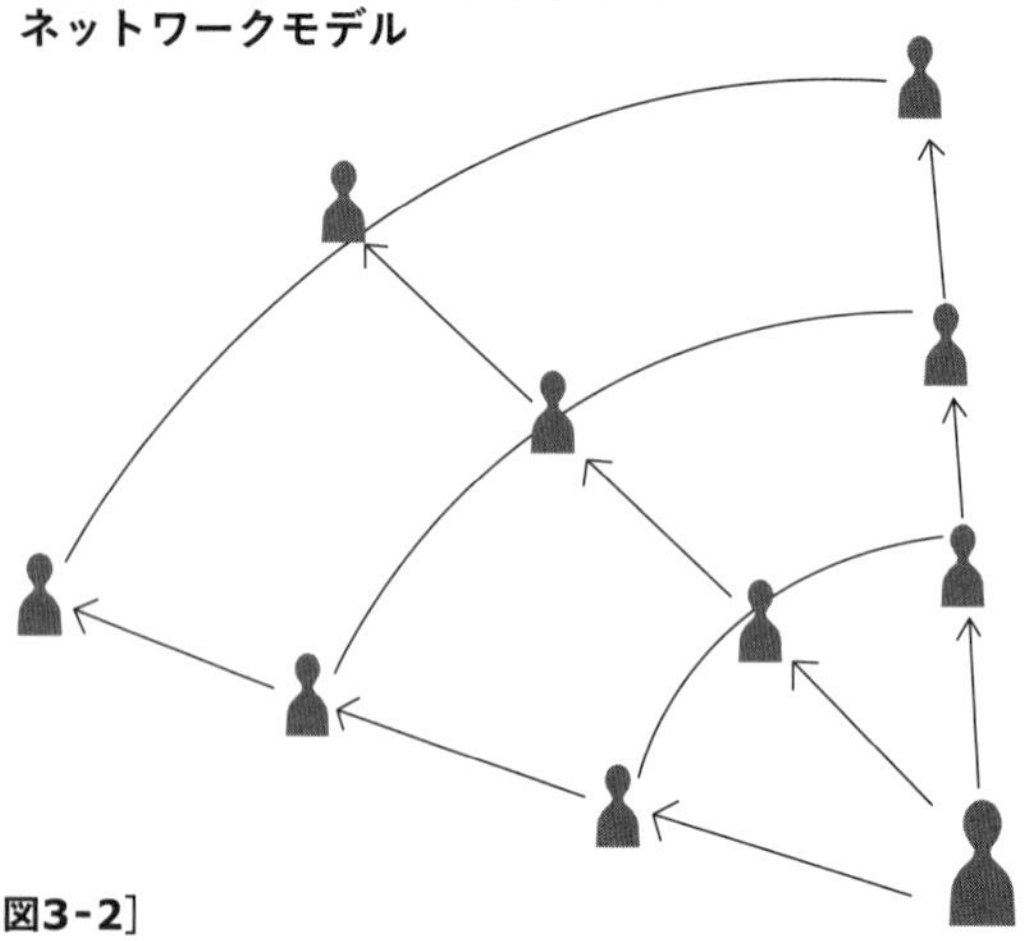

［図3-2］

現実生活でつながる実名性の高いソーシャルメディアにはどのような利点があるのだろうか。ミクシィは当初、招待制をとっていたのでサービスの存在を知っていても自由に参加することはできなかった。あるとき知人からの招待状が電子メールで届く。それはなんともドキドキと興奮するもので、誘ってくれた知人に対して自然と感謝の気持ちがわく仕掛けになっている。

自分の知人はマイミク（相互に「友人」関係の登録を行っている利用者）と呼ばれるリストに追加され、公開される。ミクシィで活動しているとこのリストが増えていく楽しさに魅了される。「こんなに知人がいるのだ」とマイミクの多さを自慢する人たちも現れる。マイミクが増えるとなんだか社会的に自分が認められているような気分になり、もっと増やしたいという欲求に駆られる。マイミクの知人がどのような人物なのか、その交友関係や本人の日記を読むことによって、よりよく知ることができるようになる。フェイスブックのフレンドにしても同様である。

現実生活を拠りどころにするソーシャルメディアは、仲間内の連絡網を形成する。個人が起点となり、扇状のモデルをつくる（図3-2）。お互いを特定し合える状況が安心感を与え、個人と個人がつながり合うことでそれぞれの関係を強化させる。

価値観のソーシャルメディアの利点

対して、価値観による匿名性の高いソーシャルメディアにも、現実生活でつながるそれとは異なった特別な利点がある。たとえば、友人や親戚にはいいたくない病気や悩みを自分や家族が抱えていて、同じ境遇の仲間との出会いや情報交換を求めているケース。また、同じ趣味を持つ知人が交友関係に見あたらない場合や、まだ学習過程で公開を控えたい習い事なども、匿名性が担保されていないと発話自体が困難になる場合がある。

私たち研究グループは、参加者がインターネット上に作成する対話のための部屋を「サークル」と名づけ、その機能を一般の利用者に開放した。さまざまな趣味嗜好で集まるサークルが生まれ、ほとんどのケースで匿名性が高いサークルが活性を見せた。作成されたサークルは4万個を超え、

価値観のソーシャルメディアのネットワークモデル

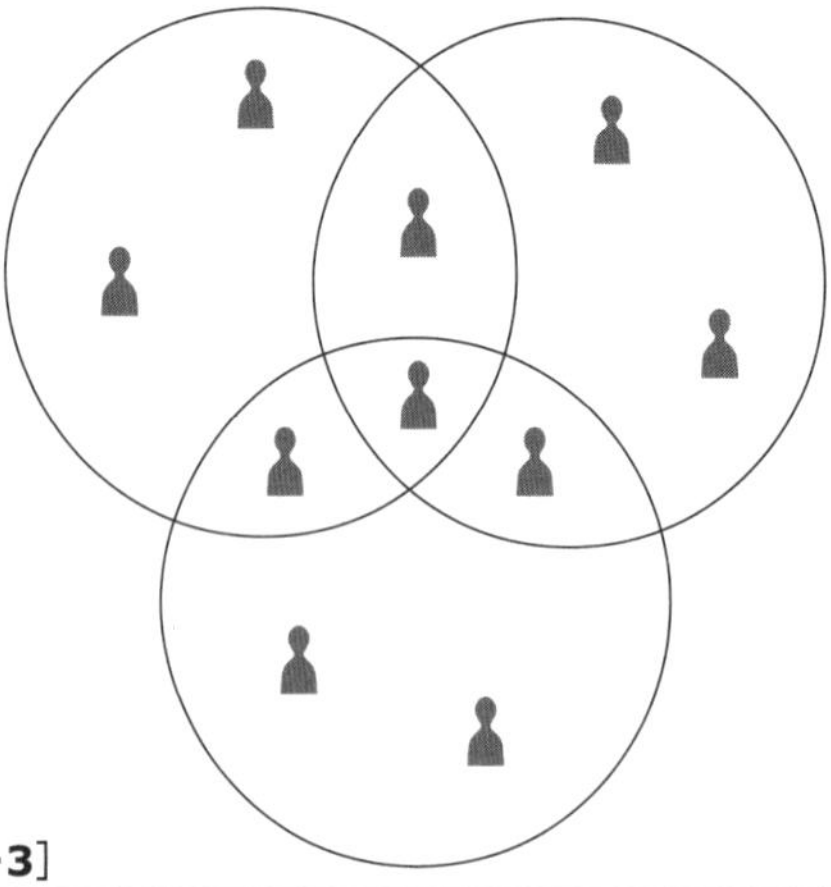

［図3-3］

多種多様な目的を持って集まり、年齢や居住地域、あるいは所得の額など細かく複数の要素で分かれていた。

たとえば、子どもの教育にまつわる関心事をテーマにしたサークルでは、夫婦間の意見の相違に悩んだ際の解決法や限られた教育予算のやりくりについて、また、同じクラスのモンスターペアレントから学校への抗議活動を強要された場合の回避方法など、日常の挨拶から私的な悩みまで活発にやりとりされた。

価値観を拠りどころにするソーシャルメディアは、自由な発話環境を形成する。個を起点とするのではなく、まず場の「和」がありきとなる。ネットワークのモデルは扇状ではなく円状になり、個を媒介としていくつもの円が重なり合うような形態を見せる（図3-3）。

情報交換と関係構築のソーシャルメディア

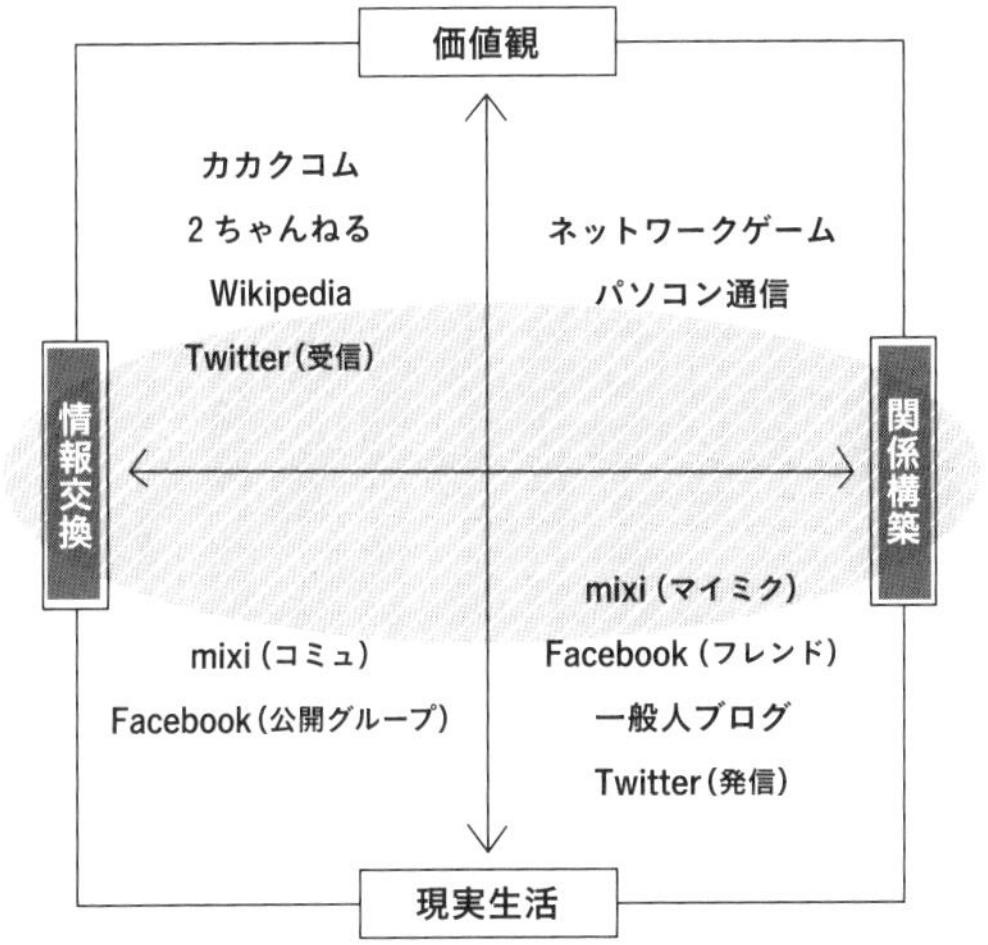

[図3-4]

価値観 / 現実生活、情報交換 / 関係構築の軸

- 情報交換側・価値観側: カカクコム、2ちゃんねる、Wikipedia、Twitter（受信）
- 関係構築側・価値観側: ネットワークゲーム、パソコン通信
- 情報交換側・現実生活側: mixi（コミュ）、Facebook（公開グループ）
- 関係構築側・現実生活側: mixi（マイミク）、Facebook（フレンド）、一般人ブログ、Twitter（発信）

ソーシャルメディアを把握するための地図は、もうひとつの軸で完成する。それは場に「求めるもの」の違いだ。

人々が集まるのには何かしらの目的がある。片方には「情報交換」を求める場があり、もう片方には「関係構築」を求める場がある（図3-4）。

「情報交換」を目的に場に集う人々は、便利で有用な情報源を求める。その場から情報を収集し、ときには自らが情報の提供者になることもある。参加者がみんなで協力して創りあげる辞書「ウィキペディア」は典型的な情報交換のソーシャルメディアだ。ウィキペディアは、一般の参加者から提供される情報が大量に蓄積されれば、辞書の代替にもなりうるということを証明している。参加

第3章●ソーシャルメディアの地図

者それぞれが知識を出し合って、それを集合させることで大きな知識を創っている。

このような共同作業の結果に現れる大きな知識は「集合知」と呼ばれる。いままでは単なる読み手という存在だった個人は、自らも主体的にかかわるようになることで、集合知を創るプロジェクトへの参加者に変わる。参加者は集合知から情報を収集することで知識を得る。また、そこに情報を提供することで参加者としての主体性を高める。こうしたやりとりのなかで全体とのつながりを意識するようになると、そこは自分にとってただならぬ関係を持った情報源となる。参加者の意識が高まることでより多くの有用な情報が集まるようになり、集合知のレベルも上がる。集合知の有効性が上がればより多くの参加者が集まるようになる。このような双方向に影響し合う全体の関係性が集合知の姿だ。この観点で見れば、インターネットもまた巨大な集合知としてとらえることができる。

あるソーシャルメディアが情報交換に使われているかどうかを見分けるにはコツがある。まず、その大きさを見る。その場が情報交換に使われているのであれば、情報がたまっていくにつれてひとつのユニットの規模が巨大になっていくという特徴が現れる。次に形だが、情報交換のソーシャルメディアは、情報の集めやすさや検索のしやすさを高めるため、情報の重複を排除したり序列をつくったりする動きが観察される。

誹謗中傷が多いことで有名な「2ちゃんねる」も、情報交換のソーシャルメディアの仲間としてこのような特徴を色濃く持っている。2ちゃんねるというといかにも無法地帯で、それぞれが書きたいことを勝手気ままに書き散らしているというイメージで見られがちだが、実は2ちゃんねるにも独自のルールが数多くある。たとえば「重複スレの禁止」だ。スレッドと呼ばれるいわば章にあたるものを作成する際（この行為を2ちゃんねるでは「スレを立てる」と呼ぶ）には、過去に同じテーマのスレがないかどうかをしっかりと確かめてから作成するというルールがある。2ちゃんねらー（2ちゃんねるの常連の呼称）の間では重複スレは恥ずべき行為として疎まれ、自らがそうした行為をしないばかりでなく、事情を知らない初心者が重複スレを立ててしまったときには、常連がそのスレをつくった利用者に注意を与えたり、すでに本物のスレがあることを教示したりする。また、ほぼ同時期にスレが立ったために重複スレができてしまったときには、そのスレに参加している人がオンライン上で話し合いを持って本スレを決め事態の収拾を図る。

一方、関係構築のソーシャルメディアの特徴にも目を向けてみよう。私たち研究グループは、利用者が自ら作成し運営するサークルの誕生から活性、そして解散に至るまでのプロセスを細かく観察するなかで、場が非活性になる決定的な要因を見つけた。私たちはそれを「20名の法則」と呼んだ。たいていのサークルは作成されてから数名の間、挨拶や自己紹介で緩やかにコミュニケーションを始め、気心の知れた仲間たちによって場の雰囲気が醸成されていく。その後はそのテーマや雰囲気に共感する参加者が増加し、それと比例して発言の量も増加する。ところが20名を超えるあたりから急速に活性が失われ、サークルが分散したり解散したりする現象が起こる。どうやら、お互いのニックネームやプロフィールを覚え合って、長期間にわたりお互いを配慮し合える空間は20名程度が限界で、それ以上になると関係構築の場としては不向きになるようだ。

このように時間をかけて育まれる小規模で親密な空間を、私たちは「思いやり空間」と呼んだ。観察を続けていると、思いやり空間の限界値である20名を超えて活性を維持するサークルも出現する。それらのサークルは、参加者が20名を超えたあたりで場の用途を関係構築から情報交換に変えて使用し始めるという状況がくり返し観察された。関係構築の場として使われるソーシャルメディアは、情報交換を目的としたそれとは正反対の形態を見せる。目的はこれといってなく（あったとしても緩やかなもので）、それよりも居心地が優先される。規模は巨大化することはなく小規模にとどまり、同じテーマで複数のグループが生まれ、中心となるリーダーの数だけ重複を許す特徴が現れる。ミクシィのマイミクなども、このエリアのソーシャルメディアとして分類することができる。やはりマイミクでも実際に交流がさかんなのはだいたい10名程度で20名を超えることはめずらしい。私がいないと成り立たない、自分はこの場の大事な一員だとみんなが思えている状況が、場を最も活性化させる。

コンピュータは、CPU（中央処理装置）が加速度的に賢くなったことで、大量の演算が可能になった。また、通信回線の速度も日ごとにスピードを上げ、大量の情報でも瞬時にやりとりすることができるようになった。ところが、結局のところ人間のキャパシティの限界が、人間どうしの関係構築の絶対量を決定する。悲しむべきことなのか、それとも喜ぶべきことなのか。いずれにしても、ここは私たちの「心」が請け負う領域のようだ。関係構築のソーシャルメディアでは、お互いの距離は情報交換のそれとくらべてより密接し、目的に向けた有効性よりも、対話を重ねることで居心地や唯一性を確認することを大事とする。

ソーシャルメディアは、場に求めるものの違いで、情報交換と関係構築の2つに大別される。情報交換のソーシャルメディアは、大きく有意義な集合知を求め、関係構築のそれでは、小さく親密な思いやり空間を求める。

情報交換のソーシャルメディアの利点

さて、情報交換を目的とするソーシャルメディアにはどのような利点があるのだろうか。

私たちが電気製品を購入しようとする際、いまやインターネットで発話される消費者レビューは欠かせない存在となっている。インターネット以前の時代には、テレビや新聞の広告を信用するか、あるいは雑誌の特集を読むほかは方法がなかった。しかし広告は出稿費を払っている企業による自己アピールであり、特集記事にしても広告主である企業の意向を反映している可能性を否めない。

それではと、家電量販店の店員に聞いてみたところで、その店員もどこかのメーカーから出向している人かもしれないし、そうでなかったとしても、いまお店にとって最も粗利率の高い商品を勧めることを義務づけられているかもしれない。どの情報を信じてよいのかわからず、迷った消費者は知人からの推薦を求めようとするが、商品があふれ返る市場において、現実の交友関係のなかからお目当ての商品の利用者を探すことは、これまた難しいという状況があった。

インターネットにレビューが登場したことで事態は一変する。商品名で検索すれば、あらゆる商品に関する生々しい消費者のレビューを見つけることができる。また、そのレビューを書いた人がほかにどのようなレビューを書いているかも簡単に参照できる。それらを追うことで自分と近しい消費者が、その商品にどのような感想を持っているかを詳細に確認することが可能となった。

自らが能動的に情報の検索を行うことで、騙されているかもしれないといった不安を抱えることなく、商品を選び納得して購入することができる。このことは、いままでマスメディアが担ってきた信頼のある情報が、一般の消費者たちの手に委ねられるようになったととらえることもできる。

2ちゃんねるが多くの利用者を獲得するに至った理由を考えてみよう。2ちゃんねるの画面表示のレイアウトは、発言されたばかりの最新スレッドが画面の左上から順番に並び、最も目立つように設計されている。一見、文字の羅列のみで粗悪に見えるデザインだが、情報の更新、ただその1点のみを強調してほかをばっさりと切り捨てたことで「現在」を演出することに成功している。2ちゃんねるにアクセスすれば現在がわかる。現在に触れられる。自分も含めた参加者たちと現在において一緒になれる。強烈な共有感がそこにある。情報の真偽など二の次でいい。むしろ真なる情報というのはその個人に拠るものであって、真偽は情報を読みとる個人が自分自身で判断するべきものであると、これもまたばっさりと切り捨てる。

いままで既存のマスメディアが公的メディアの責任として自らに課してきた「正解を発しなけれ

ばならない」というルールが2ちゃんねるにはない。むしろマスメディアが政治や経済と蜜月になったことで情報に嘘を感じるようになってしまったと、(視聴者であり一般消費者でもある)2ちゃんねらーたちは確信しているかのようにふるまう。

2ちゃんねるは現在を知る参加型メディアである。そのメディアに触れる全員が参加者となる。マスメディアは視聴者を「大衆」と呼んだが、2ちゃんねるはそれを「個人の集合」として、仲間であるとした。情報交換のソーシャルメディアは、多くの参加者が集まれば集まるほど有効性が高くなり、魅力的な集合知になる。魅力が増すことによってさらに参加者が増えていく。その圧倒的な量によって、信頼性と現在性というマスメディアだけが持つことを許されていた権力を民間に引き戻そうという熱情を持っている。

関係構築のソーシャルメディアの利点

さて、関係構築を目的とするソーシャルメディアにも、情報交換のそれにはできない特別な利点がある。インターネットを使ったコミュニケーションが始まったことで、会話を重ねてお互いの呼吸を合わせるための時間が大幅に増加した。パソコンでもケータイでも、いつでも好きなときにアクセスして人間関係を育むことができるようになった。もちろん実際に会わなければ、人間どうしの関係を深めるという点で限界はある。しかしインターネットは時間に加えて、距離や空間の制限も取り払う。全国どこにいてもインターネットを通してつながり合うことができる。

このことは知人との関係強化を支援する一方、いままで出会うことができなかった共通の趣味や価値観を持つ人々との出会いの可能性を著しく向上させた。さまざまな趣味や嗜好、悩みや希望を持つ人々がいままでとは比較にならないほどの速度と広がりをもって、マッチングされるようになった。このことはまだ見ぬ気の合う誰かとの関係を育むチャンスを期待させ、異性との出会いに限定されないとてもロマンチックな空間をつくっている。

私たち研究グループは、慶應義塾大学湘南藤沢キャンパス（ＳＦＣ）の加藤文俊《かとうふみとし》教授と共同で、匿名性が保持された関係構築のソーシャルメディアの利用者が、どのような心理状態でそれと接しているのかを探るために、自宅のパソコンのある部屋に訪問するという形式のインタビューを試みた。

複数の利用者は、ソーシャルメディアに向けて「(素の自分を) 表現できている」という。この場合、そこにはその表現を受け入れている他者の存在が不可欠であり、というよりもむしろ、その他者へアクセスできている状態を「(そこで、そこにしかありえない自分、新たに発見された自分を) 表現できている」というのであろう。関係構築のソーシャルメディアは多面化する自己のアイデンティティを映す鏡となっているようだ。それは、自然な自分との語らいの時間であり、そこには複数の自分が緩やかに統合されていく感覚があるのだという。

ある被験者がソーシャルメディアに参加することを「仕事のあとにビールを飲むのと同じ感覚

(で、自分をリセットする)」と説明したときには、はっとさせられた。調査関係者をみな一様に納得させるだけのリアリティがあった。この他者を通した自分との語らいの時間が、ある種の「癒し」を提供している点は見逃せない。ソーシャルメディア利用者の行動分析やインタビューなどからこの癒しの効果を確認するたびに、人々がソーシャルメディア、とりわけこの関係構築のエリアを欲する本質的な理由は、このアイデンティティにかかわる問題と近接しているという確信を持つようになった。

ソーシャルメディアの4象限

ソーシャルメディアの地図は、縦軸にネットワークの「拠りどころ」を、横軸に「求めるもの」を置くことで4つのエリアを出現させる(図3-5)。

「現実生活」を拠りどころとするソーシャルメディアは個を起点に広がる。実名性が高くなり、生活範囲の人間関係でつながる傾向が生まれる。ネットワークは扇状を描き、安心できる連絡網が交友関係を強化する。

「価値観」を拠りどころとするソーシャルメディアはまず和があり、次にそれを構成する要素として個をとらえる。匿名性が高くなり、趣味や想い、価値観を通してつながる傾向が生まれる。ネットワークは円状を描き、自由な発話環境を形成する。

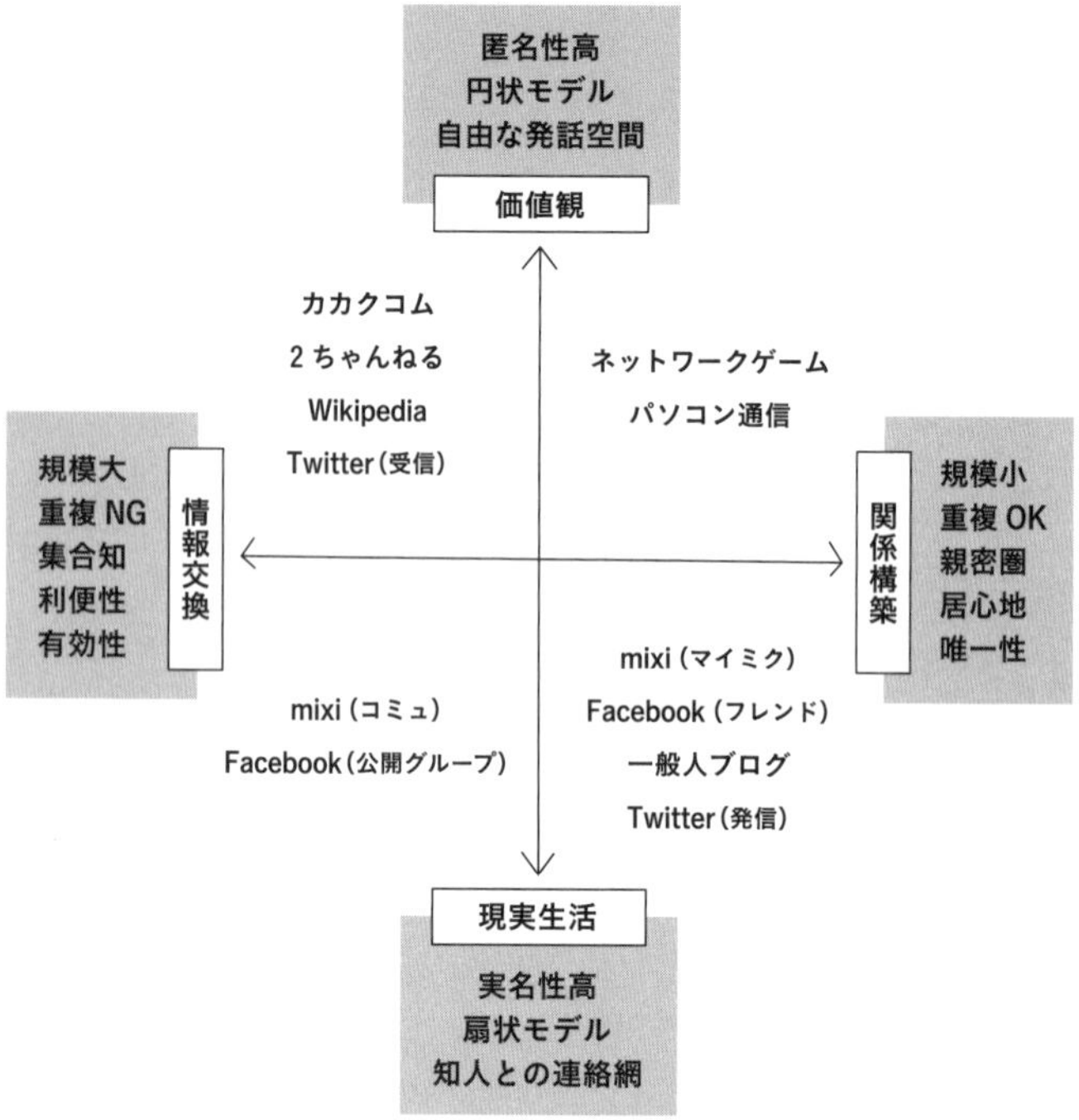

［図3-5］

また「情報交換」を求めるソーシャルメディアは規模が巨大になり、重複を排除する特徴が現れ、集合知を生成する。参加者どうしの距離は比較的離れており、利便性や有効性がその評価の対象となる。

「関係構築」を求めるソーシャルメディアの規模は20名程度、中心となるリーダーの数だけ重複を許す特徴が現れ、親密な思いやり空間を生成する。参加者どうしの距離は時間とともに縮まり、唯一性と居心地のよさがその評価の対象となる。

ここまで、ソーシャルメディアのそれぞれのエリアの利点を整理して地図を描いてきた。どれもが、フラットな目線とオープンな人間味、オンリーを求める対話の継続というインターネットの本質的な特徴を取り込み、利用者に恩恵を与え、また、必要とされていることを確認した。しかし同時に、それぞれのエリアにはまだインターネットのコンセプトを体現しきれていない部分がある。またそこには、私たち利用者を苦しめる問題が隠れていることも忘れてはならない。その問題を記さなければ地図として使えるものにはならないだろう。

ソーシャルメディアの不毛性から目を背けることはできない。今度は、区分された4つのエリアに潜むそれぞれの落とし穴に焦点をあて、私たちが踏み込もうとしているソーシャルメディアのジャングルには、いくつかの危険が待ちかまえていることを確認することにしたい。

現実生活と関係構築のソーシャルメディアの問題

現実生活のソーシャルメディアはSNSが代表格となる。そのうち関係構築のエリアと重なるものとしては、ミクシィの「マイミク」、フェイスブックの「フレンド」のような知人リストが挙げられる（図3-6）。

また、意外と思われるかもしれないが一般人の書くブログもこのエリアの仲間に入る。実際にブログを公開したことがある読者ならわかると思うが、ブログを書き始めたところでよほどの有名人でないかぎり誰も見にきてくれないという現実を知ることになる。この寂しさに堪えきれず、自分

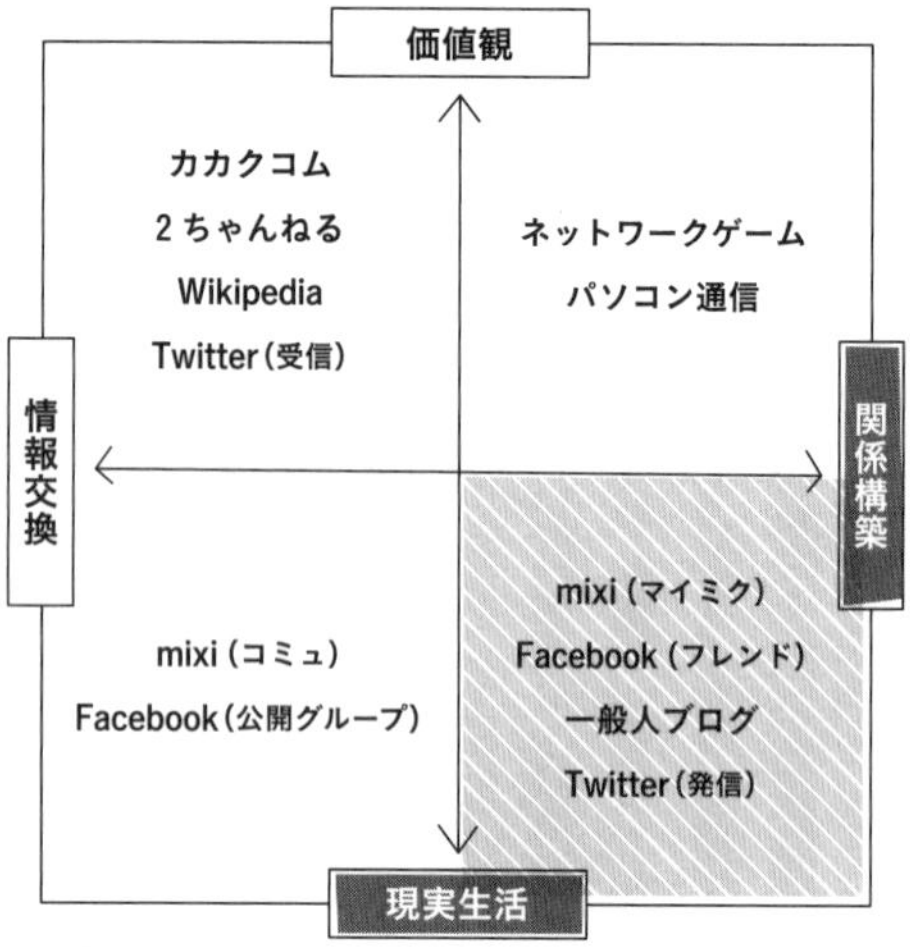

［図3-6］

のブログの存在を知人に教え始めるようになる。知人であれば見にきてくれるが、そのお返しにその知人のブログものぞきにいかなければならない。実際、一般利用者のブログの閲覧者の数は10名程度で20名を超えることは少なく、ＳＮＳのアクティブな知人リストとほぼ同数となっている。

　ミクシィには「足あと」という機能があった。これは自分のプロフィールページを訪問してくれた人が記録され、自分のページを誰が見にきてくれたのか教えてくれるものだ。この「足あと」をめぐって、さまざまな人間関係が展開している。

「（仲のよい同級生から）日記を更新したのに見にきてないじゃんって思われたらマズイから！（足あとを残しておく）」

「ママ友から足あとがあるのに（日記には）コメントがなかったんです。忙しかっただけかもしれないけど、気を悪くする内容だったんじゃないかと心配で……」

　義務感でつながることに疲れたとしても、それをやめると現実の人間関係の悪化を招いてしまう。これが俗にいう「ミクシィ疲れ」と呼ばれるものだ。私たち研究グループは、ＳＮＳを特に頻繁に利用している主婦を対象にグループインタビューを行った。被験者の大半が「ＳＮＳの利用に疲れている」と答え、その理由として、みんなが共通して選んだ言葉は「窮屈」というものだった。

私のマイミクはほとんどが子育て中のママさん仲間です。2歳児の子どもを持つママさんたちとつながっています。昨夜、わが家はホットプレートで焼き肉パーティーだったので、写メ（携帯電話で撮る写真）を撮って日記にアップしようとしましたが、あ、そういえば、牛肉アレルギーを持っているお子さんのママがいたな、と思い出して、その日記の公開をやめたんです。

現実生活の交友関係という、いわば退室することのできない閉じられた空間のなか、過度なやりとりがお互いを監視するような状況をつくってしまう。２００８年にシノベイト社が行った調査では、「ＳＮＳへの興味を失ってきている」という質問に55％がＹＥＳと回答している。好調であったフェイスブックも２０１１年の5月、ついにその活性の伸びを減少させ、北米で７００万人以上のユニークユーザーが離脱したと発表された［「フェイスブックのユーザー数、5月に米などで減少」http://www.afpbb.com/article/environment-science-it/it/2806338/7345337］。個を起点につながる知人どうしの連絡網としての利点と、お互いの距離を縮める親密な思いやり空間の利点とが重なり相互に増幅される結果、つながればつながるほど息苦しくなるという状況をつくりだす。社会学者の宮台真司《みやだいしんじ》氏が「終わりなき日常」と表現した変化のない生活のくり返しが、ＳＮＳにアクセスするたびに強化されていってしまう。

情報交換と現実生活のソーシャルメディアの問題

ＳＮＳには、知人どうしのつながりをサポートするために、特定のテーマで集まる場所を作成したり参加したりすることができる機能がついている。これが情報交換と現実生活のソーシャルメディアのエリアを形成している（図3-7）。ミクシィで「コミュ」と呼ばれ、フェイスブックでは「公開グループ」と呼ばれているものだ。

そこで選ばれるテーマは、高校や大学の卒業年度や住んでいる地域などを中心に個人が自分の属性に合わせて知人を発見しやすいように工夫されている。それは好きな芸能人であったり、行きつけのお店であったりすることもある。どれも規模が大きくなり重複を避けるというところで同じ特徴を見せ、これらが情報交換を目的としていることがわかる。ミクシィの事務局は「新しくコミュニティを作成する前に、似たコミュニティがないかご確認ください」と公式に注意を促してもいる。

それぞれにテーマがあるので、一見、価値観のソーシャルメディアのエリアの仲間に入るように思われるが、これらは現実生活のソーシャルメディアとして分類したほうがより正確だ。なぜなら、個のネットワークが中心となる現実生活のそれでは、コミュで知り合った者どうしもお互いの知人リストに加わり「マイミク」となることで（つまり知人になってから初めて）、関係強化のための交流が行われる。

　実際、このような現実生活のソーシャルメディアにおける交流は、圧倒的に知人リストどうしのやりとりが多く、コミュによる交流は比較にならないほど少ない。コミュそのものにしても「私はこのような学校を卒業して、このようなテーマに関心を持っているものです」と自己紹介のために参加するケースが多い。実名性の高い連絡網が匿名性への境界を越えることを許さない。コミュは知人リストに公開されるため、自然と見せたくないもの、見られたくないものを避けるようになる。

「妻の友達からフレンド申請が来たため、長い間お世話になった『六本木の夜を研究する会』とお別れすることになりました」

「彼氏候補をマイミクに入れたので『合コン必勝メイクコミュ』から脱退します」

　ほかにも、「歯周病」というテーマで観察してみると、匿名性の高いQ&Aサイト「ヤフー掲示板」では1万件以上の質問が挙がっているのに対

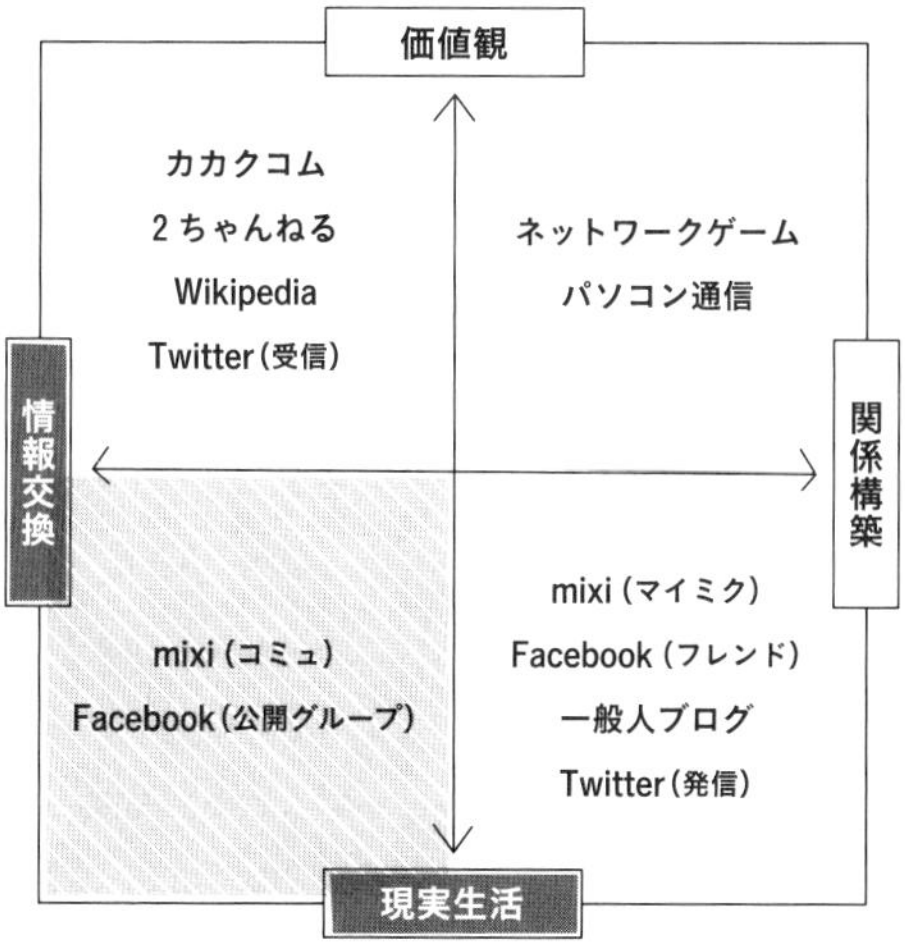

［図3-7］

して、ミクシィのコミュはわずか2つしか見当たらない。

そもそも情報交換のエリアは利便性や有効性を求める集合知が生成される場所だ。情報交換が求める合理的な目的に対して、現実生活の安心感と窮屈さは邪魔になってしまう。もっと自由に発言したいという要望が現れる。

また、現実生活でつながる場を情報交換で使おうとするということは、交友関係そのものに利便性や有効性を求めることになる。もうちょっと肩の力を抜いて付き合おうよといわれてしまう。自治体や地元のＮＰＯなどが運営する地域ＳＮＳと呼ばれるジャンルが行き詰まり、全滅の様相を呈しているのはこのミスマッチによるものだと整理できる。つながればつながるほど、職場、学校、地域の一員としての立場に拘束されていく。現実生活のソーシャルメディアにおいて、知人とつながっていくことは、昔の恋人と高校時代の悪友と馴染みの居酒屋の店長を連れて、新しい上司に会いにいくようなシチュエーションが起こるということだ。ＳＮＳが、比較的社会における関係が限定されている主婦や学生を中心に広がっていった背景にもうなずける。

ツイッターとフェイスブック

ところで、ツイッターはたいへん興味深いサービスである。１４０文字という制限が流れをつくり、ある種の気軽さを促している。ツイートを「つぶやき」と訳したのは秀逸だった。この気軽さが発話の緊張を和らげてくれる。

ツイッターは知人リスト（フォローリストとフォロワーリスト）を持つことからも、実名性が高くなる傾向があり、個人を中心として、現実生活と関係構築のエリアからスタートすることになる。だがしかし、ミクシィやフェイスブックのようなＳＮＳと違い、情報が個人の属性に帰属されず、もっと自由に表出される。ひとりの人間は、父親としての自分、仕事人としての自分、地域の一員としての自分といった、さまざまな側面を持っている。ＳＮＳは、これらをひとりの個人の性格として集約し、プロフィールで説明させようとする。

ツイッターは、そういった息苦しさから比較的解放されている。ツイッターでは、「なう」という言葉がよく使われる。これは、いまを表す英語の「ＮＯＷ」からとったもので、「出勤なう」とか「ラーメン二郎三田店なう」といった使い方をする。つまり、プロフィールを書くのではなく、いま現在何をしているかということを書くのである。プロフィールとしてまとめる必要がないので気楽だということに加えて、「いま、何してる?」という質問には誰もがいつでも答えられる。そして、「なう」という時間軸に何かお互いに共通項が見えたとき、たとえば、いまこの瞬間に同じ場所にいるとか、同じものを聴いているとか、同じことを考えたとか、そのような出来事に遭遇すると、とても深いつながりを感じる。これをセレンディピティ（Serendipity）という。そこには「納得可能な思わぬ出会い」がある。

このセレンディピティを感じる確率は、ＳＮＳよりもツイッターのほうが圧倒的に高い。もしつぶやきが本当に硬直化の問題を解決するのであれば、ツイッター疲れからも回避されるはずだ。さまざまなつぶやきがお互いに共鳴し合い、私たちに集合知が生成される実感を与えてくれる。

しかし一方で、このエリアのソーシャルメディアは、否が応にもお互いの人間関係に負荷をかけてしまう。ツイッターも泥沼の関係につかまってしまうようであれば、ツイートはセルフプロデュースのためのあたりさわりのないつぶやきが中心となり、結局、タイムライン上に本当の発話はされていないという不毛さの確認とともに活性を失っていくだろう。

これに対して、自由な報道を求め記者クラブ批判で有名なジャーナリストの上杉隆氏が興味深い分析をしている。上杉氏はツイッターを、情報を受信《インプット》するためのツールとして使うべきだと主張している。世界の政治家やジャーナリスト、またセレブな有名人がツイッターで情報を発信《アウトプット》している。これらをフォローすれば、記者クラブなどの中間機関を通さず、直接その人の「なう」を集めることができる。複数の有名人をフォローすれば、自分だけの〝新聞〟ができるというのだ。上杉氏はツイッターを、「ユーザーの数だけ、この世の中に『新聞』が存在することになった、人類史上初のメディアなのである」と評価している。

情報発信をするのは、有名人に限らない。現実生活の交友関係は、通常20名ほどの規模に固まる傾向があるが、その仲間のなかには必ず数名は情報通の友人がいるものだ。情報通の友人がツイッターをアウトプットツールで使い、ほかのメンバーは主にインプットツールとして使用する。また、より多くのフォロワーを抱える有名人の「なう」を直接フォローすることもできるので、ネットワークのモデルは図3-8のように柳状の形を描く。つまり、一般の利用者がアウトプットツールとして使う場合は、図3-7の右下、すなわち現実生活と関係構築のエリアで使われるが、インプットツールとして使う場合には同図左上の価値観と情報交換のエリアで使われる。これらを両立させるところがツイッターの独自性になっている。

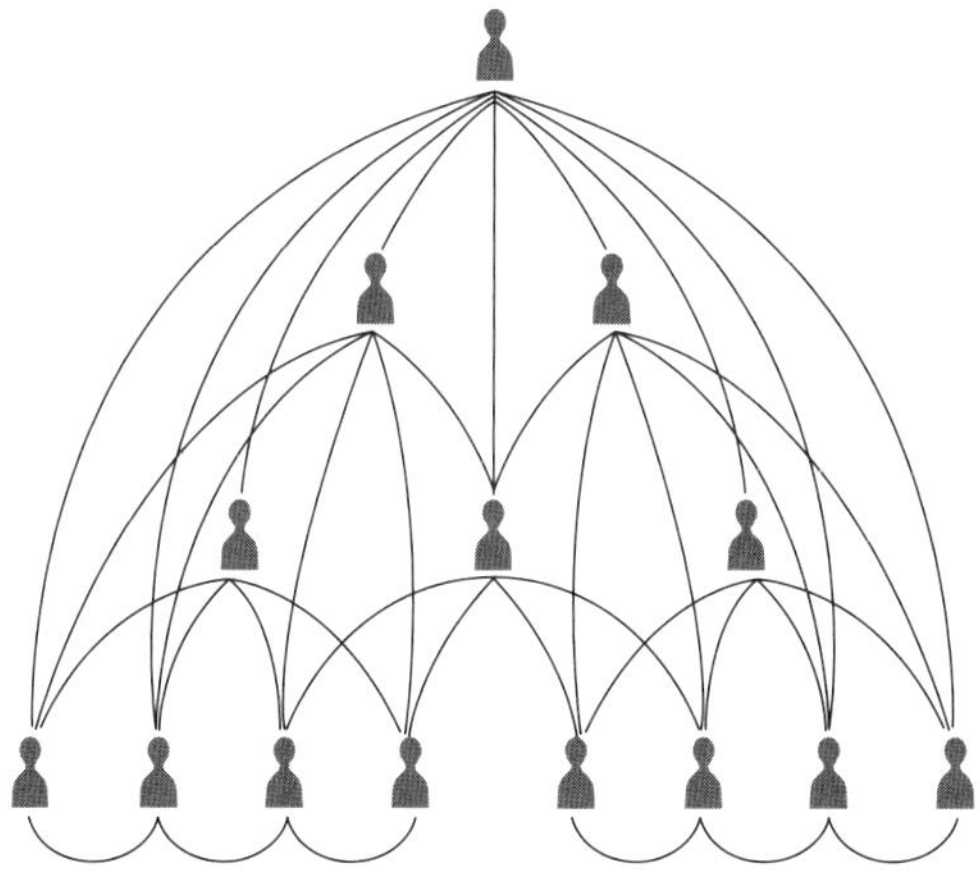

［図3-8］

フェイスブックはこれからが見どころだ。知人どうしのネットワークがメーリングリストのようなつながりを促す。日本でももう少し利用者が増えれば、フェイスブックの魅力も大幅に向上するはずだ。実名性を強化し、あらゆる属性を開示することを求めるフェイスブック。しかし、人々は本当にすべてを開示することを望むだろうか。フェイスブックの創始者マーク・ザッカーバーグは、「透明性の高い人間関係」を提唱する。もっとみんなが自分を開示するようになれば、世界はもっとつながることができるのだという。果たして、この透明性は人々をより深くつなげていく原動力になりうるだろうか。それとも、やはり人々は「あなただけに打ち明ける秘密」に気持ちを動かされるものなのだろうか。これもまた、私たち人間の「心」にかかわる問題である。

このテーマについて考える際、私はいつもひとりの女性政治学者を参照する。公共圏《パブリック・スペース》にまつわる社会学の中心的人物ユルゲン・ハーバーマスもたびたび引用する、ハンナ・アーレントという人物だ。火星と木星の間にある小惑星にも同じ名前があるが、これは彼女に敬意を表して命名されたものだ。

アーレントは第二次世界大戦当時、ナチスから迫害されたユダヤ系ドイツ人で、その過酷な全体主義による圧政の経験から公共圏に関するたくさんの著作を残した。アーレントが生きていれば、フェイスブックに対して、おそらく「NO！」というであろう。

アーレントにかかると、この話はもっと大きな社会的問題となる。男性であるとか、商社に勤めているとか、世田谷区に住んでいるとか、40代で2児の父親であるとか、このような「属性」とされているものによるコミュニケーションには限界があるという。そもそも地位や属性はほかの誰かと交換可能なものであり、本当の私が唯一の存在として「誰」なのかを伝えるには不十分であるという。アーレントはこのような交換可能な属性によるやりとりを「表象のコミュニケーション」と呼び、お互いの深い関係構築を阻害するものだと否定している。「表象する」とは記号的なものや上辺のイメージでその人を説明しようとする行為を指す。私たちは人を表象した時点で固定概念にとらわれたり、自分自身もその表象を壊さないようにふるまったりする。これが、お互いに深いコミュニケーションをとり合うことを難しくするのだという。

情報交換と価値観のソーシャルメディアの問題

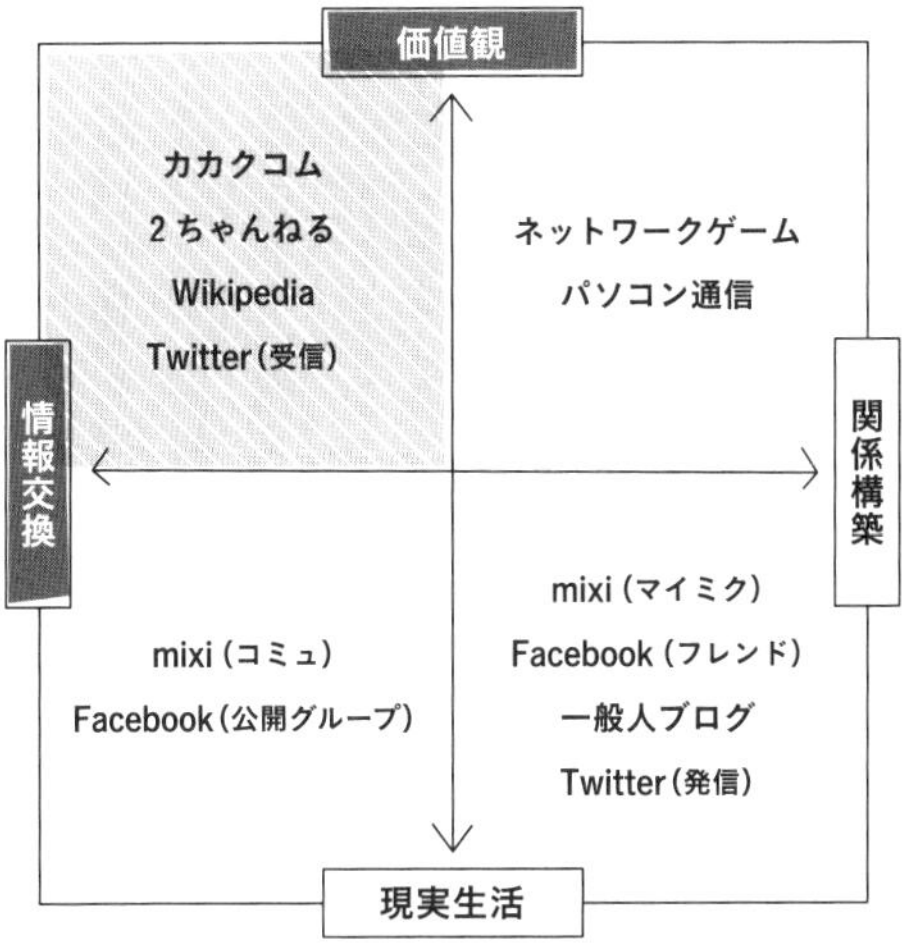

［図3-9］

同じ情報交換のソーシャルメディアでも価値観と重なるエリアでは、担保された匿名性によって現実生活のしがらみから解放され、私たちは自由に発話できるようになる（図3-9）。アーレントは表象によるコミュニケーションから逃れられない社会を生きる私たちに、「仮面《ペルソナ》」をつけて語ることを推奨する。社会で生きているとどうしても表象で見られてしまう。また自らも他者に対してそのような目を向けてしまう。さまざまな表象が刻印された「顔」を仮面によって隠すことで、その仮面の下から本当の声が語りだされる。それこそが注意《アテンション》や関心を向けるべきものであり、アテンションの配分配置が公的な「みんなの空間」をつくるのだという。

私たちの実験コミュニティでも「仮面をつけることで語りだす」という現象は再三にわたって確認された。適切に匿名性が確保された空間では、本音の発話を通して自分でも気づいていなかったような自分の本心に気づくことがある。それらを他者と共有する。そのような機会が癒しの効果を持つことも多く再現された。人は自らを物語ることで、自分の立ち位置を確認する動物なのかもしれない。

では、アーレントのいう「アテンション」とはどのようなものなのだろうか。仮面の下から聞こえる自由な声に注目や評判が集まるということは、どういった状況を生み出すのか。また、それらがどのように影響し合うことで、公的なみんなの空間が形成されるというのか。これらの問いについて考えることは、ソーシャルメディアの未来に向けて、その不毛性を払拭するアイデアへとつながる。

市民の注目が経済になる

全米で最優秀雑誌賞を獲得した『ワイアード（*WIRED*）』というインターネット・カルチャー誌がある。90年代、インターネットの本といえば分厚い説明書のようなものしかなかった時代に、『ワイアード』は、フルDTP《デスクトップ・パブリッシング》で蛍光色の鮮やかな装丁を持ちピカピカに輝く雑誌だった。内容もカウンターカルチャーを骨太に継承し、テクノロジー、アート、経済、社会などをごちゃ混ぜにして、カテゴリーを超えた時代の先端を行くインターネット文化論を展開していた。それは当時の私にとっての『全地球カタログ（*WHOLE EARTH CATALOG*）』のようなものだった。いつか日本から『ワイアード』に特集されるようなソフトウェアを開発しよう。そんな決意を仲間たちと誓い合った（残念ながらまだその夢は果たされていない。私たちが当初設計したシステムはまだ20％も完成していない）。

その『ワイアード』の編集長を2001年から務めているクリス・アンダーソンが、全世界でベストセラーとなった著書『フリー』〔小林弘人監修、高橋則明訳、日本放送出版協会〕のなかでこういっている。

「市場にとって注目も評判もなんら新しいものではない。テレビ番組は注目を得ようと競い合うし、ブランドは評判を争う。セレブは、評判を高めてそれを注目に変える。だが、オンラインで起きているユニークな事態は、この注目と評判が測定可能なものになり、日々、実体経済のようになってきていることだ」

インターネットは通信とデータベースでできている。通常、人と人との会話というのは風とともに消えゆくものだが、コンピュータ通信による会話はデータベースに記録として残る。この会話の履歴が残るという特性が、人々がつながっている様子を計測したり分析したりすることを可能にし、またそれによって、人々の注目と評判も測定できるものに変えた。

アンダーソンは「ロングテール」という言葉を流行させたことでも有名だ。ロングテールとは、頭も高いが尻尾も長い恐竜の身体のようなグラフ（図3-10）のことを指す。たとえばインターネ

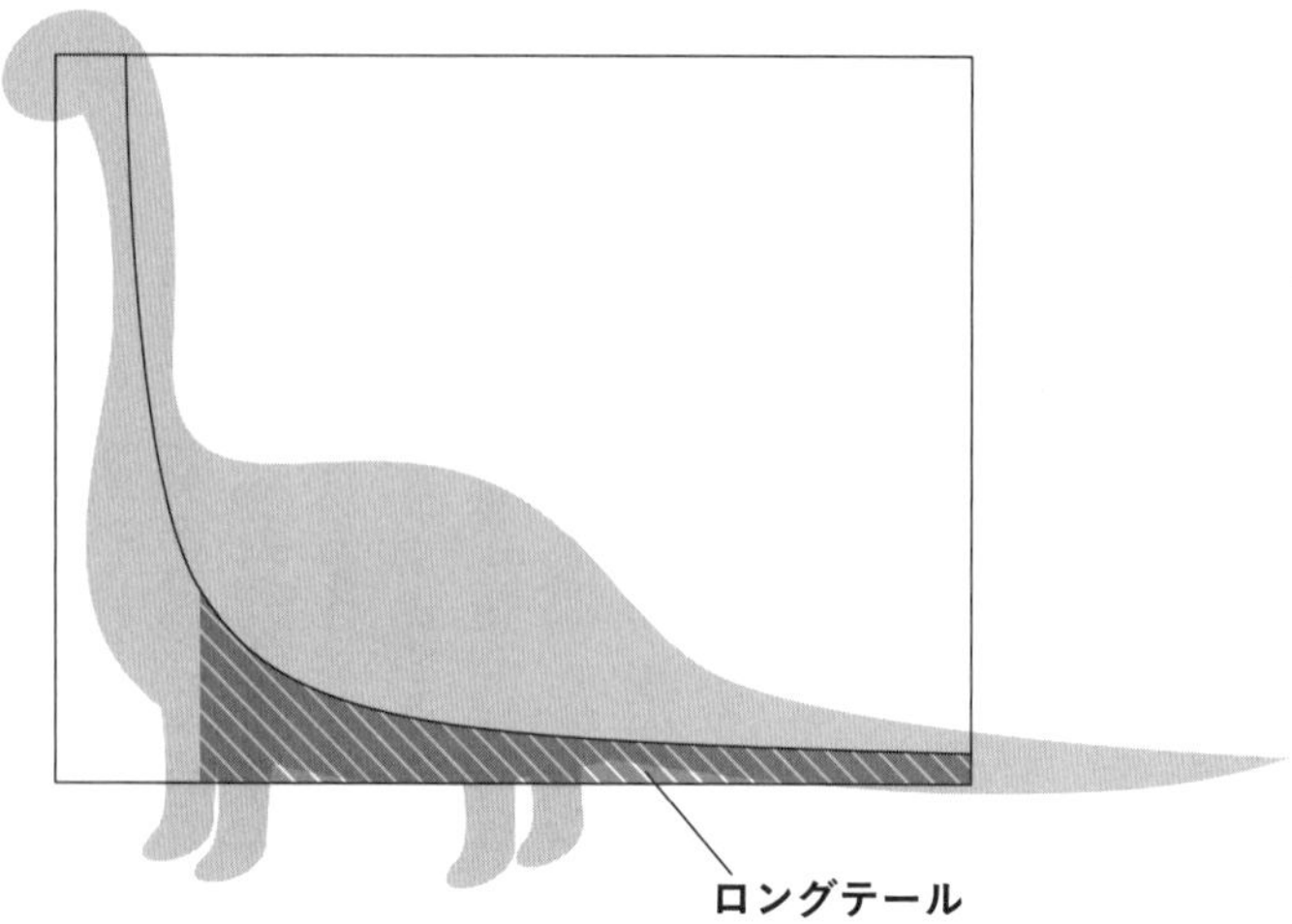

［図3-10］

ット上で行われる通信販売（ＥＣ）サイトでは、商品を並べる実際の棚が必要なくなることから、ウェブサイト上で制限なく商品を紹介することができる。そのようなサイトでも人気は売れ筋の商品に集まるが、無視できないほどの売上が、1年に数回しか買われないような大量の商品によってもたらされるようになる。グラフを描くと恐竜の尻尾のように見えるのでロングテールと呼ばれる。

ロングテールは、ニーズが細分化し多趣味となった現代の市場にぴったりマッチする販売手法ということで評価された。いままでは、みんながほしがるだろうと予測される売れ筋のものにしかスポットライトをあてることができなかったが、ロングテールになったことで、消費者に対してより自分のニーズに合ったものを探し購入する機会を提供できるようになった。

このロングテール現象は、商品だけでなく情報検索においても同様に見られる。インターネットは巨大な集合知である。グーグルを使ってインターネットを検索すれば、どんな細かい情報でも瞬時に探すことができる。その情報が10年に1回しか検索されないものだとしても、図書館の棚を必要とするわけでもなければ新聞の枠を必要とするものでもない。インターネットでは情報は制限なく蓄積しておくことができる。このことによって、情報の細かなマッチングが可能となった。どんなに質が高くても自分と関係が薄いものであれば価値は低い。多少質が劣ったとしてもより自分に合ったものを探したい。これが現代の消費者のニーズとなっていることを知れば、大型液晶モニターで観るハイビジョンの映像とくらべて、画質も音質も悪いユーチューブがなぜ人気があるのかも理解できる。

情報交換と価値観のソーシャルメディアは、今も昔もインターネットのメインステージである。広範囲に細かく創出される情報はロングテールを描く。しかしグーグルが細かな情報のすべてを探してくれるといっても、検索結果として1画面に表示できる情報量は決まっているし、検索結果のすべてを見ていては日が暮れてしまう。重要な情報から順番に並べてほしい。このように願うのは当然の要求であった。

グーグルが最初に現れたとき、「天才的な検索エンジンがリリースされた！」と噂された。私もさっそく触ってみたが、いままでの検索エンジンと何が違うのか、すぐには理解できなかった。しかし何度か試すうちに、いままでのものとは検索結果が大きく異なることに気づいた。不思議なくらいほしい情報が先頭にくるのだ。グーグルの革命的な技術は、この検索結果の表示に序列をつけるウェブサイトの評価づけにあった。

グーグルはあるウェブサイトの価値を測定する際に、そのサイトがほかのサイトからどのくらいリンクを張られている（参照されている）のかを指標とした。リンクされている数を人気投票だと考えて、多くリンクされているほど価値の高いサイトであるとし、また、価値が高いとされるサイトからリンクされればその評価は通常からのものよりも高くなるようにした。このように、「みんなから評価されている人からたくさん評価されている人を信用しよう」という民主的な方法をとったことが、グーグルの人気を支えた。

評価の高いページは、当然たくさんの人々の注目が集まるウェブサイトになる。そのサイトが誰かの意見や商品を紹介すれば、それらにも多くの注目を向けることができる。この力をアンダーソンは「注目の経済《アテンション・エコノミー》」と呼び、いまや貨幣経済に匹敵するほど強大な力を持ち始めたと指摘する。たとえば、ユーチューブで楽曲を無料《フリー》で配布して大きな注目を集めることに成功したアーティストは、ライブに世界中から多くのファンを集めることが可能になっているという。

マイノリティ以前の孤独

情報ネットワークは私たちの身体を流れる毛細血管や神経系のように、世界にその網を張りめぐらせ、私たちのアテンションは世界のすみずみにまで行きわたるようになった。グーグルは、アテンションが向けられることを待っている世界中の人々や意見に対して、どんな小さな関心でも検索結果に表示してその声を社会に知らせるしくみをつくった。

つい最近まで情報はマスメディアに一極集中しており、マスメディアが放つ情報以外のものが公的なみんなの空間に現れることは難しかった。また、マスメディアがお互いに視聴率を競争するようになれば、みんなが観たいと思う番組の作成に傾倒していくのは必然でもあった。多数派《マジョリティ》が観て、マジョリティが心地よくなる情報が世界にあふれ、少数派《マイノリティ》たちの小さな声は公的なみんなの空間に届く前に消えてしまう。マスメディアを使ってこちらから積極的に情報を届けるためには、広告を打つという手段しかなく、それをできる企業は貨幣経済における強者だけであった。ゆえにインターネット以前の世界では、お金と注目は同一のものであり、お金がなければ注目を向けさせることができず、貨幣経済の強者だけに注目が集まる状況が続いた。

インターネットにおいては、集合知がマスメディアを代替する。いままでマスメディアが独占していた情報配信機能は、いまや市民によって自ら発信し共有されるものとなった。このことによって私たちは、いままで聴こえなかった小さな声にも気づくようになった。市民のアテンションはロングテールを描き、市民のための市民による分配を可能にした。企業にとっても、いままで聴くことのできなかった消費者の声を集めるチャンスが訪れた。同時に消費者にとっても、自分たちのニーズを企業に届ける（企業にアテンションを向けさせる）機会を手にすることになった。

情報交換と価値観のソーシャルメディアは、目的を持って集まる和の重なりをつくる。有用性を求めて拡大する集合知と自由な発話環境とが組み合わさり、それらは一気に加速する。マイノリティに光をあて、アテンションの配分・配置を可能にし、多種多様な価値観をロングテールに内包する公共圏を示唆する。

しかし、ここで素朴な疑問がわいてくる。声なき声はどうなるのだろうか？　たしかにグーグルは声を拾ってくれる。しかし、声を発することができないもの、もしくはその機会に気づいていない声はどうなるのか？　声がなければ、検索することもできず、そこに関心を寄せることもできない。

これがこのエリアのソーシャルメディアに潜む問題となっている。たとえば、ドメスティックバイオレンスやセクシャルハラスメントなどの問題は、ずっと、個人が私的なものとして耐え忍び、解決すべきことだとされてきた。私的なものとされたテーマについて、私たちは公的なみんなの空間へメッセージを投げることができない。「空気を読め」といわれるかもしれないし、公共の場に私的な話題を出してみんなを不愉快にさせたとして攻撃されるかもしれない。

発話されることがなければ、ほかの人々はその問題を無視するどころか存在に気づくこともない。人種の問題にしろ同性愛の問題にしろ、かねてより私的なものとされ公的なみんなの空間から排除されてきた数々のテーマは、自らの発話の積み重ねによって注目を勝ちとってきた。私たちの社会には、まだまだ無数に私的なもの、あるいはタブーとされる問題がそれぞれの孤独の裏に隠されている。ハンナ・アーレントはこのことを「マイノリティ以前の孤独」と呼んで警鐘を鳴らす。

このような孤独はマイノリティが抱える孤独よりも深刻であるという。というのも、マイノリティは自らがマイノリティであることが確認されていて、同じような境遇の仲間がほかにいることを知っている。だが、そのような仲間の確認も許されないような孤独は、マイノリティが持つ怒りや悲しみよりもより痛切なものとなる。アーレントはこのような孤独を抱える人々の本質的な問題は、他者に自分のことを聞いてもらうという機会、すなわち対話の喪失にあると指摘している。

グーグルのアキレス腱

この孤独にまつわる問題は、社会的なテーマにおいてのみ起こっているものではない。消費におけるマイノリティ以前の孤独も深刻な様相を呈している。最近、若者を中心に「消費離れ」が騒がれている。ほしいものがないという状況は、消費が重要な役割を担っている日本の社会においてことさら深刻な問題を示唆している。それは「消費が下がればGDPも下がる」というだけの問題ではない。

想像してみてほしい。朝起きてから就寝するまでの間に、私たちはどれほどの広告を見ているだろうか。テレビ、新聞、街頭、電車のつり革、1日に100を超える商品やサービスのアピールを受けている。広告のシャワーを浴びながら日々を生きているといっても過言ではない。それらがほしいと思えない情報ばかりであるとするならば、どのようなことになるだろうか。社会から受けとる情報のほとんどが自分と無関係であるということは、大げさにいえば、私たちは毎日、自分と社会との関係の希薄さを確認しながら生きていることになる。このような情報環境のなかでは「社会が遠くに感じる」といった疎外感を持つこと自体、自然な反応のようにも思えてくる。

もし社会が自分と無関係なものであるならば、そもそも自分の欲することを伝えてみようとする発想すら失ってしまうかもしれない。果たして私たちは、孤独ではないといいきれるだろうか？無敵のグーグルにアキレス腱があるとすれば、これが「世界のすべてだ」と誤解させることにある。孤独に隠れた本当のことや秘密のことは、インターネットに発話されてはいない。また、動機がないものが検索されることもない。このエリアのソーシャルメディアにはらむ問題は、マイノリティ以前の孤独、それを促進させてしまう可能性である。

価値観と関係構築のソーシャルメディアの問題

何をもって「公的なもの」とするかは、何を「私的なもの」とするかによって決まる。その境界に変化をもたらすのは、発話の蓄積とそれに向けられる私たち市民のアテンションである。結局、発話がなければ何も変化は起こらない。価値観と関係構築のソーシャルメディアが重なることで、匿名性が担保された自由な発話環境と唯一性を求める親密な思いやり空間とが融合する。自分のことを理解してくれるだろうという期待。無視はされないだろうという確信。話すことの恐怖を和らげてくれる仲間。これらが公的なみんなの空間への発話を支える勇気につながり、発話する人を無視や攻撃から守る思いやり空間をつくる。

思いやり空間は発話の場であると同時に心の空間でもある。修学旅行の夜を思い出してみてほしい。夜更けにどこかの部屋に集まってクラスの好きな女の子をいい合おうということになる。最初は誰も口を開かない。しびれをきらしたせっかちなやつが口火を切る。場に安心感が生まれ、誰となく告白が連なる。場に告白が蓄積されることで親密な空気が生まれる。そのような空気が参加者に安心感を提供し、さらなる告白を促していく。

自分の発話が求められていることを忘れていた人々が、自分に適した親密な思いやり空間を見つけることによって、自分の内面深くに隠れていた欲求に気づかされる。告白のような発話から物語が噴水のように吹き上がる。しかし、この価値観と関係構築のソーシャルメディアは、現在のところ最も未発達なエリアといえる（図3－11）。いま

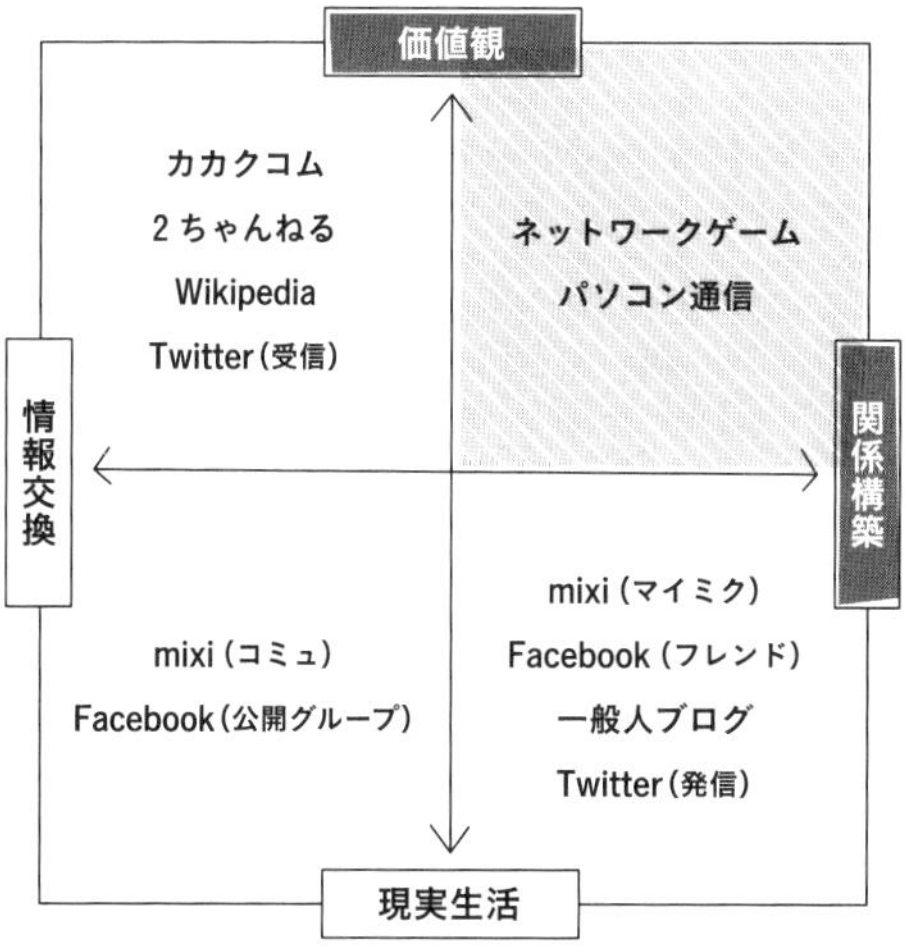

［図3-11］

ソーシャルメディアに不足しているのは、深い本音の発話である。

かつて、インターネット以前の世界には「ニフティサーブ」や「ファーストクラス」といったパソコン通信の活性があったが、現状ではこのエリアのソーシャルメディアといえるものは存在しない。無理矢理に近いものを探すならば、ネットワークゲームが思いあたる。ネットワークゲームの活性も無視できないほどに大きくなってきていて、その代表格である「ラグナロクオンライン」には、日本からも300万人が参加している。これらの強力な魅力に引き込まれ依存症となるケース（「ネトゲ廃人」と呼ばれる）も多数報告されている。ひとりの女子高生のエピソードを紹介したい。

成績も容姿もごく普通、学校でも目立たないその女子高生は、将来に明確な希望も目標もなく変化のない退屈な日常を送っている。しかし、ネットワークゲームの世界で彼女は一騎当千の戦士として華やかに活躍している。そこでは十数名のパーティー（一緒に戦う仲間のグループ）から慕われ、仲間が苦境に立たされているときは颯爽と登場して敵を追い払い、仲間の命を助ける。その戦士が「半日落ちる」といい残して戦場から立ち去った。仲間はその間みんなで力を合わせて堪えようと励まし合い、戦士の帰還を待つ。戦場から離れた彼女はケータイの出会い系サイトで「練馬区、サポ2万円希望」と書き込み、売春する。そこで得た資金をゲームの利用料としてネットワークゲーム会社に振り込み、約束の時間に仲間のもとに駆けつける。彼女にとって現実生活はただ単調で息苦しく、そこにいる自分はどうなってもよい存在だ。彼女にとっては、ネットワークゲームの世界のほうが輝ける場所であり、本当の自分が住む世界なのだ。

この話を聞いて、2009年に公開されたジェームズ・キャメロン監督による大ヒット映画『アバター』を連想された読者も多いのではないだろうか。アバターの物語は西暦2154年に設定されている。人類はパンドラという衛星を侵略しようとするが、人間はその星では呼吸ができないためアバターと呼ばれる人工の身体をつくり、それを操縦することで星を偵察している。主人公は下半身不随の元海兵隊員。パンドラでのアバター操縦の報酬で治療を受けようとしている。アバターに乗り移り、スパイ活動という名目でパンドラの戦士として活動するようになった主人公は、原住民から勇者として慕われるようになる。さまざまな冒険を経験するなかでパンドラの女性と恋に落ちる。しかしアバターから離れた実際の自分には、刺激もなく注目されることもないさえない日々が続いている。主人公はとうとう逆転を試みる。架空の身体であるアバターでの生活と現実の生活とを入れ替えて、アバターの世界を本当の世界にしてしまおうとするのだ。

この2つの話は同じ状況を描写している。社会からその他大勢のひとりとして扱われる個人にとって、ほかの誰でもない「自分」を求めてくれる場所は何よりも貴重で必要なものとなるが、その親密な思いやり空間が公的なみんなの空間につながることを拒否し自らを閉じて繭《コクーン》化するという状況である。これを異常として否定することは簡単だ。しかし、他者から求められ、自分が誰かの役に立つ可能性から離れ、システム化した社会の歯車として無味乾燥な毎日を平然と送りつづけるほうが、実は異常といえるかもしれない。ほかにも、現実と仮想が入れ替わったところで何が悪いんだと開き直った反論も出てくるかもしれない。そもそも現実と仮想の境界だってどこまで確かなものなのか、芸術家も夢の世界を生きているではないか、と。しかし私は、繭化に疑問を持つスタンスをとりたい。

人間交際メディア、または社交的メディア

私たちは身体を持っている。この身体から離れられない以上、いくら社会との無縁を気どったとしても、身体が所属する社会への参加は不可避である。身体に危機が訪れたときには、社会と関係を持たないわけにはいかない。繭化する親密圏はみな、社会に対する絶望が前提となっているように見える。絶望ゆえに対話を拒否するのであれば、その雲が晴れることはないのではないか。自分の力なんて微小なもので社会はどうせ変わらないというあきらめた空気が漂ってはいないか。リア充（現実生活が充実している人々）もそうでない人も、この空気を疑ってみる価値はあるはずだ。

マジョリティと思われるものも、よく見ればひとつの繭である。大きな共同体という発想自体がもはや幻想であり、そういった価値観を是とするこれもまた繭であるといえる。どちらが主流なのかと問うこと自体が難しくなっているいま、むしろ問題は、繭と繭との間のコミュニケーションが不可能になり、相互にリスペクトなき断絶が起こっている状況にあるのではないだろうか。そのような環境では、社会はどこまでもかたくなで素っ気なく、自分と無関係な存在になってしまう。

かつて福沢諭吉は「ソサエティ（Society）」という英語を「社会」ではなく、「人間交際」と翻訳

した。社会というと固く動かない固定されたものという印象を与えるが、人間交際となると柔らかく変化する人々の自由な交わりを想像させる。ソーシャルを社会と訳せば、ソーシャルメディアは「社会的メディア」となり、やはり生真面目で退屈な印象となる。これを「人間交際メディア」、または社会よりはもう少し楽しげな言葉である「社交的メディア」と訳してみれば、ソサエティは私たちの交際や社交の力で変化させることができるものだという気持ちになってくる。福沢諭吉は人間交際について、『学問のすゝめ』のなかで次のような説明を残している。

人の性は群居を好み決して独歩孤立をするを得ず。夫婦親子にては未だこの性情を満足せしむるに足らず、必ずしも広く他人に交わり、その交わり愈々《いよいよ》広ければ一身の幸福愈々大なるを覚えるものにて、即ちこれ人間交際の起る由縁なり。既に世間に居てその交際中の一人なれば、また随ってその義務なかるべからず。凡そ世に学問といい工業といい政治といい法律というも、皆人間交際のためにするものにて、人間の交際あらざれば何れも不用のものたるべし。

現在に蔓延する自分と社会は無縁であると感じる諦観は、ネットワークゲームの世界だけの話ではない。宮台真司氏が「仲間以外はみな風景」と表現したように、限られた小さな仲間内のグループで固まり、社会との接触が薄くなっていく現象は、私たちの生活のあらゆるところで見られる。むしろ大半の人々が、このシステム化していく世界の片隅で、自分が社会から求められることなどないかもしれないという疑念を抱えて生きているのではないか。

繭化に対する処方箋

この問題を解決するためには、親密な思いやり空間と公的なみんなの空間との橋渡しをどのように設計していくかということがテーマとなる。そもそもつながることの期待を失ってしまっている人々に「この指とまれ」と、集合の動機を提供する役割も必要になるし、奥に埋もれてしまった発話を引き出すための司会進行《モデレーター》の役割も重要となる。

最近になって、「ソーシャルメディアには実名で参加するべきだ」という主張が目立つようになった。そのうちのほとんどは、ソーシャルメディアの経験が不足していることによる「人は実名じゃないと信用できない」という素朴なものだ。それらの主張は、属性に縛られた表象のコミュニケーションを取り払った際に現れる個性豊かな本心、個人に帰属しない真剣なオピニオンがあることを知らない。

このほかにも一部の有名人による主張もある。それは、自分が誹謗中傷や無責任な意見を受けた際、その発言者を特定し反撃や反論ができないことへの批判からくるもので、「意見を述べるのであれば、実名でせよ。議論にならない」というものである。実名を主張している人々は、素朴なものか議論を求めるものか、だいたいこのどちらかに分類された。しかし最近になって、このどちらでもない主張も現れるようになった。その主張は一見、匿名性を否定しているように聞こえるが実際はそうではなく、よく聞いてみるとその否定の対象は社会との断絶にある。つまり、匿名性の繭のなかにいては社会と無縁なままになってしまう。逆に、実名性を高めると本人到達度が上がる。それは最終的には個人の身体にまで到達する。身体は社会に属しているので、実名で参加すれば社会との断絶はなくなるであろうという主張である。つまり、「実名は社会とつながる」という主張だ。

匿名に隠れる弱さを糾弾する正義を身にまとったこの主張は、個人にとって強引で乱暴な提案になってしまっている。そもそも、個人が実名性を高めた状態でソーシャルメディアに参加することには大きな危険がともなう。

たとえば、子どもの写真やよく行く公園を紹介しただけでも、誰かが子どもに名前を呼びかけて接触することはたやすくなる。このような個人の情報開示にともなう事件が多発するだろう。そのようなリスクを負ってまで、今後、なぜ情報発信をするのか？ その動機が問われるようになる。ほとんどの個人はそのような動機を持ち合わせていない。そのリスクを承知で舞台に立てるのは、先のような一部の有名人のように、名前を売ることが自分の利益につながるような立場の人である。実際、実名性を擁護している人を見てみれば、地位も名声もお金もある人が多い。しかし、それができない人たちの声こそ大切なのではないだろうか。むしろ現代の評論家、専門家、政治家、経営者、マーケターといった論客には、その声なき声に耳を傾ける姿勢こそ求められているのではないか。

実名性を擁護する主張には、個人が抱えるリスクのほかに、もうひとつの重大な問題が未解決のまま残る。それは、自分のまわりにネットワークを持たない個人が情報発信を行っても、有名人のように社会からの注目を集めることは難しく、寂しい想いをするだけだという現実だ。注目が集まらないのであれば、せっかくの能動的な参加も徒労に終わる。情報発信も友達どうしで交換日記をやりとりするというレベルにとどまってしまうだろう。これでは社会に参加するという実感にはほど遠い。社会とつながるどころか、むしろ社会と断絶していることを再確認する場になってしまうに違いない。実名性が高い状態で個人がソーシャルメディアに参加することは、個人に大きな負担をかける。

このような現状を踏まえれば、繭化の問題に対する処方箋は、実名性を高める方向ではなく、匿名性を維持したまま、社会につながるモデルであるという結論になる。そのモデルを機能させるためには、自らが個々の人々とつながりつつ、同時に社会に強い影響力を持つ主体が求められる。その役割を担えるのはどのような主体だろうか？　やはり、有名人はそのひとつの解になるだろう。有名人は社会に対して強い影響力を持つ。有名人は自分のまわりに集まった人々の想いやアイデアを社会とつなげて、拡張させることができる。

しかし、ひとりの人間を中心としたネットワークのモデルは扇状を描く。扇状のモデルはコミュニケーションにかかる負荷の問題をはらむ。有名人が個々の人々とつながることができる量に限界があるということは、つまり、人々を社会とつなげる量にも限界があるということだ。有名人だけに頼っていては、この繭化の問題は解決しない。それでは、有名人という個人ではなく、何かしらの社会的な目的を持って集まる「組織」が主体になるというアイデアはどうだろうか。

組織はひとつの主体でありながら、ひとりの有名人と異なり、複数の人間が連繋して活動することができる。より多くの人々とつながることができる。個人ひとりの力は小さく弱いかもしれないが、和になってみんなの力を合わせることで、社会に大きな影響を与えることができる。組織が、実名性による個人のリスクを軽減し、注目を適切に分配する。また、個人の力を社会につないでいく。個人が組織に貢献する代わりに、組織が個人をリスクや孤独から守る。たとえるなら、イソギンチャクとクマノミの共生のような関係モデルを創るというアイデアである（図3-12）。

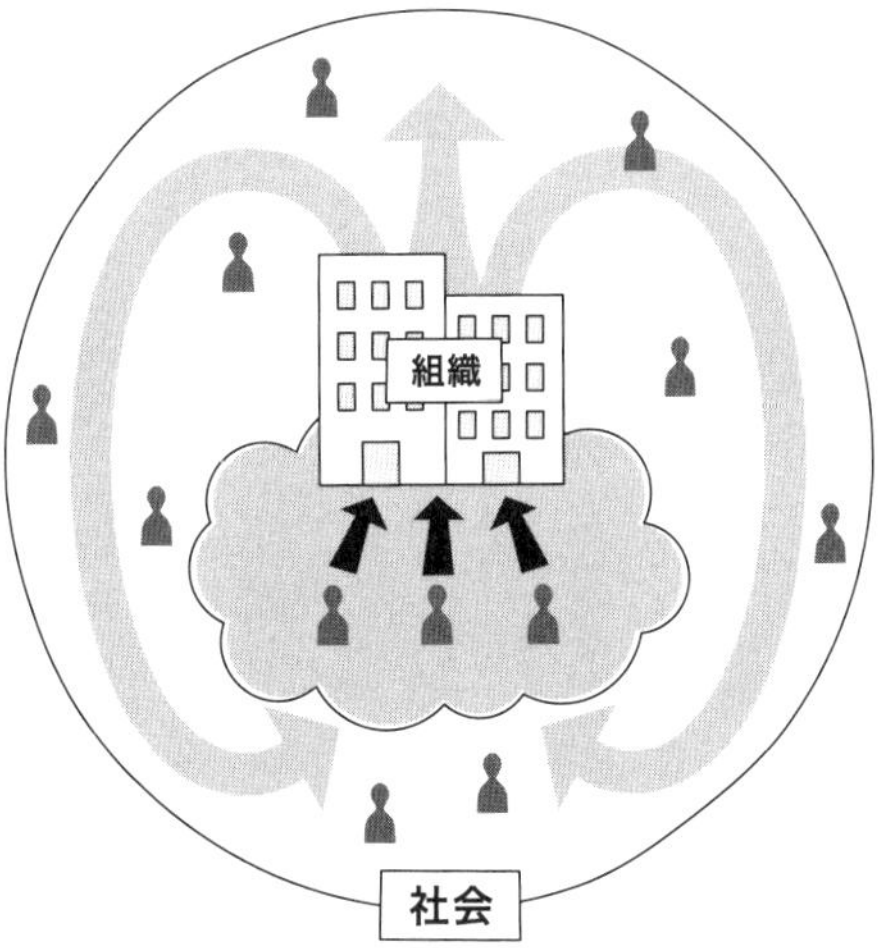

［図3-12］

ソーシャルメディア、とりわけ、価値観と関係構築のエリアにはらむ社会と無縁になる問題は、組織が参加することで解決する可能性がある。では、繭化して社会と断絶していくソーシャルメディアを社会とつなぎ、その力を、社会を変える力へと変換する役割を担える組織とはいかなるものであろうか。それは社会とつながるハブであり、また同時に社会に影響を与える力を持つ組織でなければならない。

私はここで、「企業」という組織にスポットライトをあてたい。私が企業に注目するようになった背景と経緯について、また、企業がソーシャルメディアの問題を解決する具体的な方法について、次章で詳しく共有する。

†

本章では、ソーシャルメディアの地図を描いてきた。縦軸に人々がつながる「拠りどころ」を置き、横軸に人々がつながりの場に「求めるもの」を置いた。縦軸は「現実生活」と「価値観」で分かれ、横軸は「情報交換」と「関係構築」に分かれた。そして、それぞれが重なる4つのエリアごとに問題を整理した（図3-13）。

現実生活と関係構築が重なるソーシャルメディアのエリアには、フェイスブックやミクシィなどのSNSの知人リストがあるが、個を起点につながる知人どうしの連絡網にお互いの距離を縮める親密圏が強く効きすぎてしまい、参加者が関係を広げれば広げるほど疲れが増幅する問題を指摘した。

現実生活と情報交換が重なるソーシャルメディアには、フェイスブックの「公開グループ」やミ

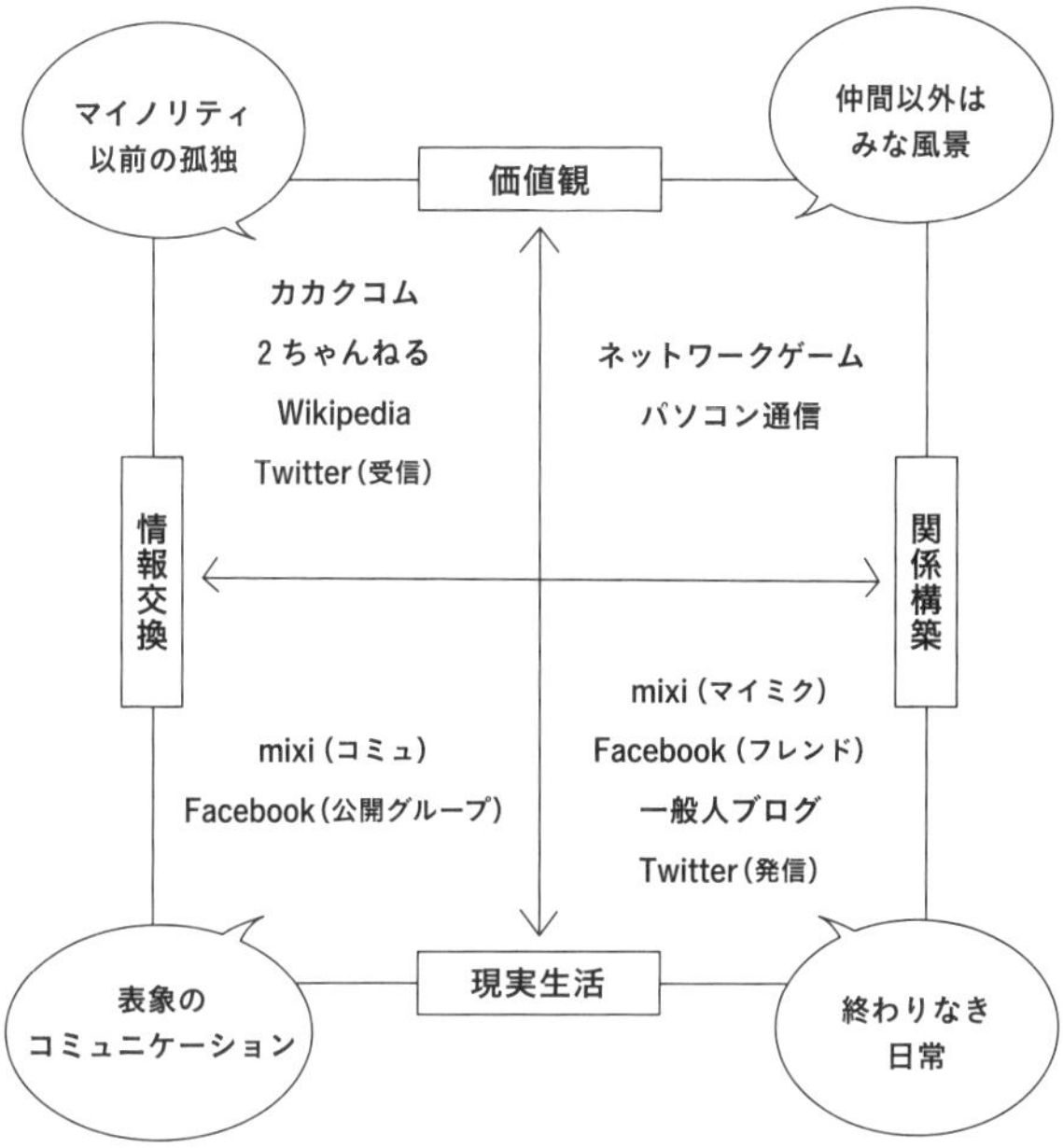

［図3-13］

クシィの「コミュ」のほか、地域SNSのようなサービスがあるが、表象のコミュニケーションによる窮屈さに加え、交友関係そのものに利便性や有効性を求めることのミスマッチが問題となった。だからといって、このエリアのソーシャルメディアが実名性を捨て匿名性を高めてしまえば、現実生活のそれが壊れてしまう。一線を越えれば両方が崩壊するリスクがある。

価値観と情報交換が重なるソーシャルメディアには、2ちゃんねる、カカクコム、ウィキペディアといった数々のサービスが挙げられる。匿名性の高い自由な発話環境が目的合理性を備えることで、多くの参加者に有益な集合知がつくられる。ここでは、市民によるアテンションの配分配置がなされ、マイノリティに光をあてることを可能とするが、逆に、そのことによって「これが世界のすべてだ」と誤解させ、マイノリティ以前の孤独の闇が深まる危険性を確認した。

価値観と関係構築が重なるソーシャルメディアには、「ラグナロクオンライン」などのネットワークゲームに類するものしかいまのところサービスが見当たらないが、さまざまな価値観でつながる和の集合がお互いの唯一性を確認する親密な思いやり空間を兼ねることで、孤独を昇華する強力な発話環境を創り出す可能性を秘めている。この発話環境が多種多様な物語を表出させ、公的なみんなの空間に複数の価値観を提示する源泉となる未来を期待させる一方、繭化して社会と無縁になっていく傾向も同時にはらんでいることを問題視した。

ソーシャルメディアの概念について初めて触れた読者にとっては、やや詳細すぎる説明になったかもしれない。しかし、今後さらに複雑な広がりを加速させるであろうソーシャルメディアと対峙していくうえで、この地図はきっと役に立つはずだ。逆に、ソーシャルメディアを専門にしている読者は、この区分では粗すぎると感じたかもしれない。今後、新しいソーシャルメディアが誕生するなかで、より詳しい地図が必要となるだろう。もし、今回描いた地図がその新しい地図を創るプロジェクトの叩き台になれたとしたらうれしい。

さて次章、この地図を持って、本書の本題である企業によるソーシャルメディア活用の秘訣、すなわち、「心あたたまる関係」と「お金儲け」を両立させる方法を確認する。「ネットワークをいかにマネタイズするか？」という問いに解答を見出すための冒険へ出発することにしたい。私たちはソーシャルメディアの不毛性を解決させるための方法を発見できるだろうか。

第4章

企業コミュニティへの招待

企業に注目する理由

企業とはそもそも何か？　いったい何のために存在しているのだろうか？　社会主義の経済は、国家の立てる計画によって経済を回すので「計画経済」と呼ばれる。対して資本主義の経済は何によって回るのか。ハーバード大学の経済学者ジョセフ・シュンペーターによれば、資本主義の経済とは、起業家《アントレプレナー》が市場の需要を探し、株式という形で市場から資本を集め、そのアイデアを市場に供給するものであるという。それは、市場とのやりとりによって経済が回るので「市場経済」と呼ばれる。

この2つの経済は性格が大きく異なる。たとえば、社会主義の計画経済では、ある地域で食料不足が起きそうだとわかると、遠方にあるトウモロコシ畑とその地域を鉄道で結ぼうという計画が立てられる。その計画に基づき、鉄道を敷く工事が始まるが、不運にもその年のトウモロコシが不作であったとしても、計画は途中で止まらない。それぞれの作業は当初に立てられた計画どおりに進行する。かくして、食料不足の地域と不作の畑との間を誰にも歓迎されない鉄道が走ることになる。

対して、資本主義の市場経済では、起業家が食料不足の地域とトウモロコシ畑をつなぐことにニーズがあることを発見する。そこをつなぐことで利益が創出されることを投資家にプレゼンし、株式を使って資金を集め、鉄道を敷く工事を開始する。その会社にとっては、鉄道を敷くことが目的ではない。食料不足の地域に食料を届け、地域からの満足を得ることで、利益を生むこと。そして、その一部を株主に還元することが目的である。よって、当然のことながら、その会社にとってトウモロコシ畑の状況は死活問題となる。不作の危険性を知った会社は、さらに遠くのサトウキビ畑にまで路線を伸ばす企画を株主に提案する。追加の投資が必要になるが、ここで投資をやめれば、株主にとってもいままでの投資が無駄になってしまう。お互いに必死だ。株主もその企画の実現性を検討する。もし他社がより実現性の高い企画を持っていれば、そちらに投資をすることになるだろう。会社側も負けじとがんばり、健全な競争も生まれる。そして株主からの賛同を得ることができれば、新たな資金が投入され、サトウキビ畑と食料不足の地域との間に鉄道が走ることになる。

このように資本主義の市場経済では、社会にニーズさえあれば、そこに必ず利益創出の機会が生まれ、需要と供給をマッチングさせる活動が起こる。これは社会主義による計画経済よりも、すばやく細かく対応できるシステムとなる。もし指揮をとる人間が全知全能であれば計画経済も成り立つかもしれないが、現実にそのような人間はいないのだから、需要と供給のやりとりで成立する市場経済に任せたほうが、全体最適に近づくだろうという考え方だ。

このとき企業は、最も重要な登場人物となる。起業家によるアイデアと投資家による資本とを出会わせ、ビジネスモデルを駆動させる。また、人材を集めたりパートナーと提携を行ったり、それらすべての関係者とつながるネットワークのハブの役割、これを担う主体が企業という組織である。

このような「企業は関係者がつながり合う場所」であるという考え方は、１９９１年のノーベル経済学賞に輝いたロナルド・コースの理論にも見られる。経済活動には、交渉にしても物流にしても必ず取引のためのコストがともなう。そこに企業という組織が存在しないとすれば、ひとりひとりの個人がひとつひとつの取引を個別にしなくてはならなくなり、そのたびに交渉や物流にコストがかかってしまう。たとえば、1皿の「焼きそば」を食べるためにも、膨大なコミュニケーションにかかるコストを支払わなければならなくなる。そのコストが欲するものに見合わないほど膨大であるならば、それを欲することもなくなってしまうだろう。そこで企業という組織が、買いたい人と売りたい人のそれぞれのニーズをつなぐ結節点となることで、そのコストを大幅に削減し、社会全体の需要と供給をマッチングさせ、それぞれのニーズを満たせるように活動する。この観点で見れば、企業は、個人と個人、その欲求と欲求とをつなぐネットワークのハブであるといえる。

企業に集まる想いや意志

資本主義のしくみを知れば、これほどまでに社会にとって重要な存在である企業なのだが、現在、消費者から受ける視線は凍えるほど冷たい。上から目線で戦略的に大衆を操作しようとする無機質であたたかみのない存在。まるで、お金のためなら何でもする悪役である。また、フラットな目線とオープンな態度で、オンリーな対話をロングタームで継続するインターネットらしいコミュニケーションとは、対極の態度をとる代表格でもある。

私もひとりの消費者として、企業をそのような無機質で冷たいものとして見ていた時期があった。インターネットはその誕生の経緯から、お金で回る市場自体を否定する傾向があったこともあり、インターネットに育てられた私の目には、企業というものがお金の亡者のような存在として映っていた。しかし、私は自分で起業をしてみてその考え方が少し変わった。お金がやりとりされるひとつひとつの流れには、気持ちが入っているものもある。

たとえば、私が会社を株式会社化する際に集めた資金は、当時の創業メンバーがなけなしの貯金をはたいたり、両親や親戚から借りたりしたお金であったが、誰ひとりとしてその冒険が安全なものだとは思っていなかった。そのお金には、捻出してくれた人々の気持ちが応援のメッセージとともに深く込められていた。ベンチャーキャピタルから投資を受けるときにも多くの気持ちをもらった。企業とは、お金を媒介として、そういった気持ちをまとめている存在なのだと知った。

また、企業で働くたくさんの人々と出会うなかでも、私の企業に対する見方は変化していった。私が出会った人々の多くは自社や商品についてたいへん熱い想いを持っていた。それらの企業活動を通して社会に貢献するのだという強い意志を持っていた。しかし、それらの想いや意志は市場にほとんど伝わっていない。多くは誤解されたままだ。企業をとりまく関係者のうち、いま、最も遠くにいるのが消費者だろう。企業と消費者の間には深い隔絶が横たわっている。しかし、企業は消費者とつながりたいと思っているし、消費者も本当は企業を通して社会とつながりたいと思っている。両者は実は同じニーズを持っているのではないか。そのように考えるようになった。

企業に期待される役割

企業の存在はソーシャルメディアの抱える問題を解消する可能性がある。ソーシャルメディアを通して個人が社会に対して発言する際、企業はその橋渡しの役割を担えるかもしれない。なぜなら、企業は社会に向けて商品やサービスを提供する活動体であり、その組織の力は個人ひとりのエネルギーとは比較にならないほどの大きさを持っているからだ。

企業はそれ自体、ネットワークのハブであるといえる。社是や商品のコンセプトという形で自らの価値観を発信し、顧客、従業員、取引先、株主といった関係者とつながっている。企業は社会とつながっている。企業コミュニティに関係者が集まり、対話を重ねることで、お互いの関係はより直接的で創造的なものになる。

そのような関係が利益を生み出すことがわかれば、企業は強い目的を持って、企業コミュニティの運営に投資することができるようになる。そうなれば企業は、その場に集まってもらうように関係者へ呼びかけることも、快適に対話がなされるように司会進行《モデレーター》の役割を担うことも喜んで引き受けるだろう。つまり、企業はお金が儲かるということさえ担保できれば、心あたたまる関係を育てるプロジェクトに全力で投資することができる。ソーシャルメディアにとってこんなに心強い援軍はいない。

現在、この新しいメディアであるソーシャルメディアを舞台に、企業と消費者の新しい関係構築に向けた試みが始まっている。この試みの成功は、ソーシャルメディアの不毛性を払拭し、ネットワーク時代に適応する企業の姿勢を明示する。また、インターネットらしい双方向のビジネスモデルを成立させ、私たちが生きる社会の未来にひとつのアイデアを提案する。ソーシャルメディアは、その未開拓な領域である価値観と関係構築のエリアにおいて、社会とつながるための橋渡し役を求めた。それはソーシャルメディア全体のミッシング・ピース（ジグソーパズルの完成に足りない1ピース）でもあった。一方の企業も、ソーシャルメディア施策の拠点となる企業コミュニティを構築するにあたり、さまざまな試行錯誤を通して、価値観と関係構築のエリアが最適なのではないかという仮説を持つようになった。本章では、まず前章で手に入れたソーシャルメディアの地図を頼りに、企業コミュニティの構築に際して、企業はなぜこのエリアを出発点に選んだのか、ほかのエリアではどうして困難であったのか、その理由を見ていくことにしたい。

現実生活の企業コミュニティ

ではまず、現実生活のソーシャルメディア（図4－1）を見てみる。このエリアでは、参加者の帰属意識《ロイヤルティ》の矛先は友人どうしの交流に集中しているので、それが商品や企業へと転化することはなかなか起こりづらい。現実生活のソーシャルメディアは、個人と個人が直接つながり合う場である

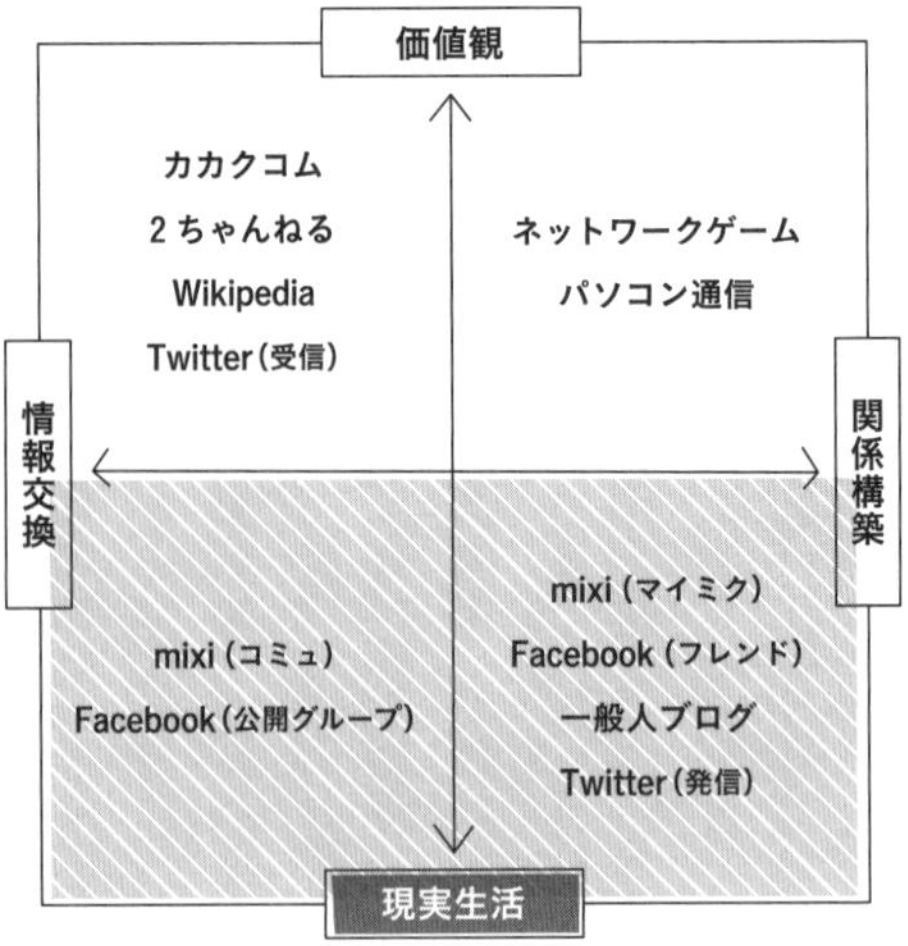

［図4-1］

ので、アムウェイやニュースキンのような、やはり個人どうしのつながりを直接ビジネスに活かせるような企業が主体とならないかぎり、消費者とコミュニケーションを成立させることは難しい。企業は組織であるため、ひとりの個人としてつながることができないからだ。

「オフ会に来いよ！」と企業が個人に誘われるシーンは、現実的にはありえない。企業がこのエリアで消費者とのコミュニケーションを図るとすれば、まず、部署のスタッフを個人のレベルまで分解し、それぞれが個人としてつぶやいたり、日記を書いたりすることから始めることになる。あくまで個人としてふるまい、たくさんの足あとを残しまくり、地道に知人を増やす。知人の日記にコメントをつけるなどして、オフ会に誘われるのをじっと待つ。オフ会のチャンスが訪れたら、飲んで飲んで飲みまくり、飲みつぶれたところで、おもむろに自社商品を懐から取り出して、「これ俺がつくったんだけど！」と叫ぶ。「たけちゃんがつくったものだったら買うよ」といってもらう――やはり現実的ではない。

フェイスブックなどのSNSを使った消費者との関係構築の難しさを確認するには、それほど時間はかからない。どちらの企業のものでもファンページをのぞいて、そこに寄せられた消費者からのコメントを読んでみてほしい。文字数が少ないことと、文章が言い切りで終わっていて問いかけがないことに気づかれるだろう。これは、お互いに双方向のコミュニケーションを要求しない関係において表出する状態である。

フェイスブックは実名性が高いため、知り合い以外とコミュニケーションをとることに大きなハードルが生まれる。それゆえ、企業の用意するファンページはお互いに意見や感想を求め合うようなやりとりは影を潜め、それぞれに独白を重ねるような空気に包まれる。このような状況は、お金で投稿者を雇う、いわゆる「サクラ」を使ったコミュニティにも見られる。残念ながら、ソーシャルメディアの業界にはサクラを使う企業がある。活性させる技術を持たないため、活性しているように見せかけようという苦肉の策なのだが、これでは参加者の態度変容はおろか、消費者との関係構築など望むべくもない。

このようなサクラの見分け方は簡単だ。それらはフェイスブックのコメントと同じく、文末に「みなさんはどうですか?」といった問いかけが見られない。サクラを仕事にしている人は、純粋な参加者と本当に関係を持ってしまっては商売にならない。自分の虚構の投稿に返答がついてしまうと困るので、文章は基本的に言い切りのものを好む。この2つに共通して不足しているのは双方向のコミュニケーション、つまり横のつながりである。

また、企業の担当者が個人としてツイッターに登録し、つぶやくという手法は、「公式」というには肩の力が抜けていて柔らかいということで、しばしば「軟式」と表現される。この軟式アカウントを持った担当者の疲弊は並たいていのものではない。ランチや天気の話を振りつつ、3日おきくらいに商品の話題も出していく。このスイッチの加減が難しい。発言があまり会社の情報に偏れば読者である消費者に引かれてしまうし、そうかといって個人に寄りすぎれば成果から離れていってしまう。会社を代表するアカウントとなると、当然、いえないことも出てくる。小さな嘘をつかなければならないことも多く、これが徐々につらくなってくる。

また、商品や企業を個人の人格で体現することは可能なのか、という疑問も出る。アーティストや芸能人であれば、自分自身が商品なので成り立つが、企業となるとたとえ社長であっても難しい。ソフトバンクの孫正義社長のように個人と会社が同一視されるオーナー経営者には可能かもしれないが、そもそものような経営者は少ないし、もし自分の会社の社長が「今日から孫正義をめざす」といってツイッターを始めたら、広報担当者は冷や汗をかくだろう。

このエリアは、個を中心に扇状を描く特性上、つながり合った企業の担当者と消費者との間には、ひとりひとりと一対一のコミュニケーションが発生する。企業がその膨大な費用を利益に転じさせるには、相当の高額商品でないかぎり厳しいが、たとえば、外国車のディーラーのような高額商品を扱う仕事は、ひとりの顧客とのやりとりをほかの顧客に知られることを嫌う傾向がある。

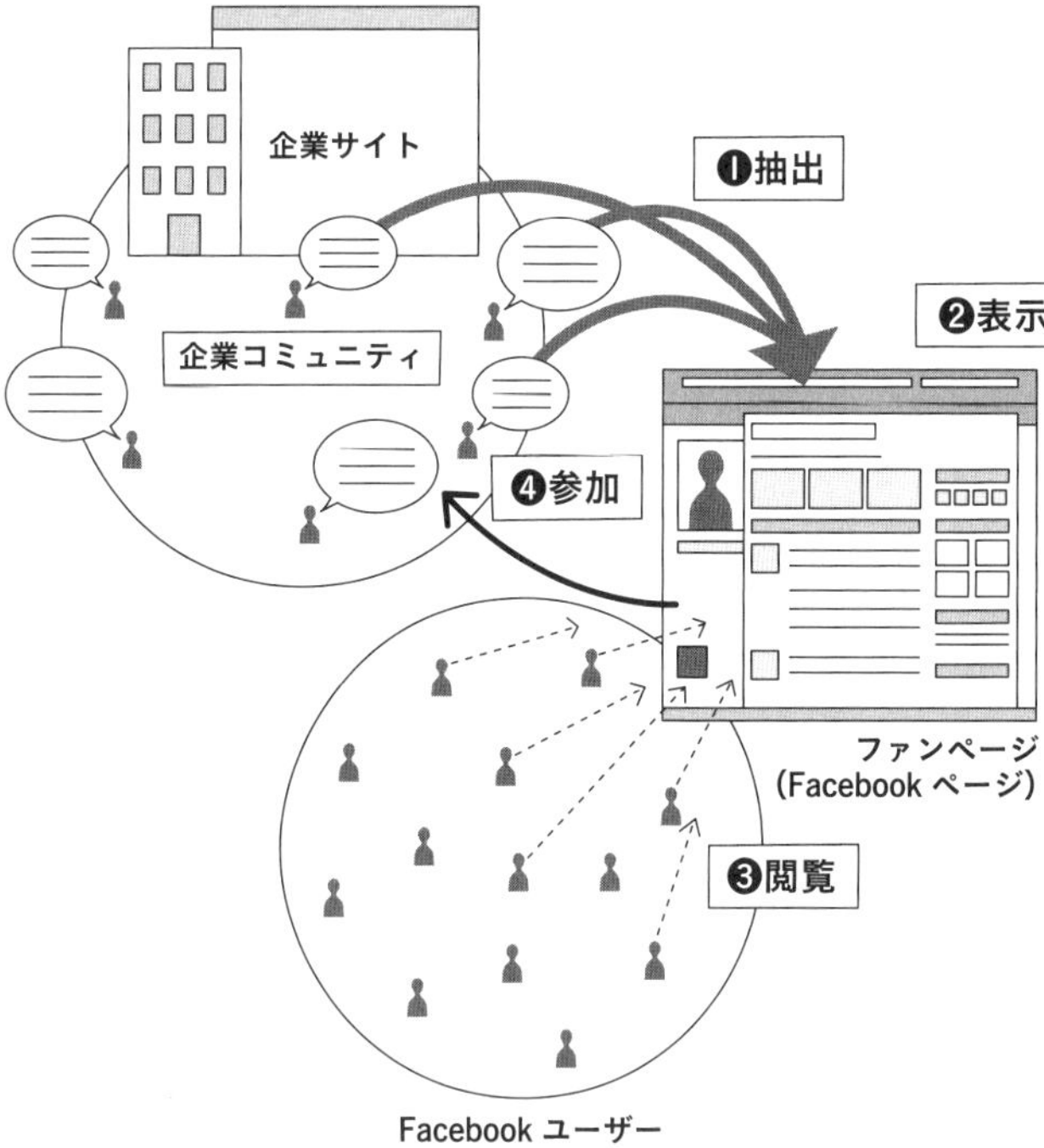

[図4-2]

「あなただけ」という言葉がセールストークであるとあからさまに露呈することは、双方にとって気持ちのよいものではない。双方向の対話の場である企業コミュニティを構築するうえでは、このエリアは外したほうが賢明であろう。

ミクシィにしてもフェイスブックにしてもツイッターにしても、それらは個人による個人のためのメディアである。企業がつながることはそもそも難しい。企業がこのエリアのソーシャルメディアを有効に活用するためには、あまり双方向を意識せず、メールマガジンのようにプッシュ型の情報配信に徹する形が適している。ファンを育てる場所ではなく、ファンの活動を表出する場として使う。

ツイッターなどはメールマガジンよりも伝搬力があるし、気軽に更新できるのでライブ感あふれる情報発信も可能になる。ミクシィやフェイスブックのファンページの使い方もこれに似たところがあるが、深い双方向性を求めず、ライトな関係構築と割りきれば、十分に機能するだろう。企業コミュニティで醸成したファンの深い愛情を、ファンページを通して一般の消費者に向けて告知するという方法をとれば、不特定多数の消費者に向けて、ライトに情報発信できる利点を活かすことができる（図4－2）。この際、企業の担当者が注意すべきは、ミクシィやフェイスブック内に構築するファンページは、自社のエリアではない、いわば「アウェイ」の場所につくるものであるということだ。ミクシィやフェイスブックの流儀に反すれば、マイナスの評価が蔓延するリスクがある。ここはあくまで軽めの設計を行う必要がある。

価値観と情報交換の企業コミュニティ

もうひとつ、価値観と現実生活を問わず、情報交換のソーシャルメディアも、企業がマーケティングで活用することが難しいエリアだ（図4－3）。情報交換の場では、利便性や有効性が求められ、情報提供を優れて行う者が評価される。2ちゃんねるやヤフー掲示板などのような掲示板にしても、カカクコムやアットコスメのような比較サイトにしても、そこでは多様な意見をできるだけ冷静に客観化するふるまい以外は受け入れられず、自社を特別視してほしいとアプローチする企業の姿勢は敬遠される。

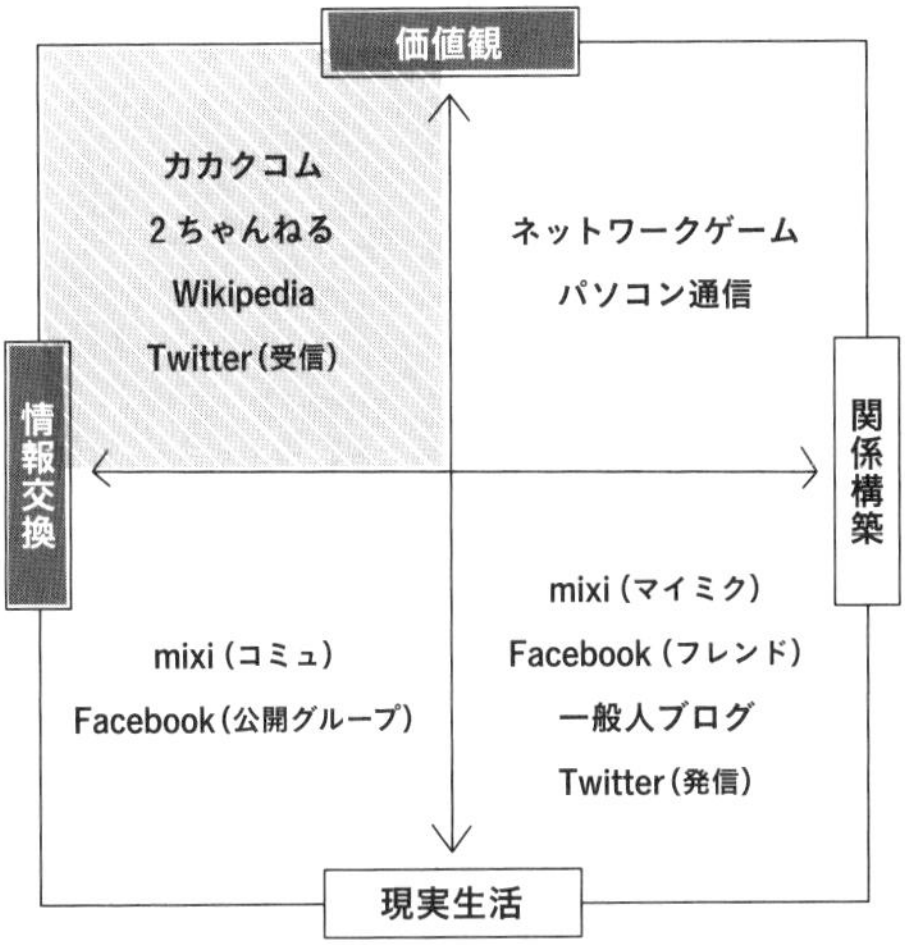

［図4-3］

こうなってくると企業としては付き合い方が難しい。自社を贔屓してほしいと望むこと自体、場違いな要求として拒否されてしまう。情報交換のソーシャルメディアは、企業が踏み込むことを許さない消費者による消費者のための聖域である。当然のことながら、消費者のふりをして投稿する行為は、ルール違反として厳しく批判される。ふるまいを間違えて、企業のプロモーション施策が炎上した例は枚挙にいとまがない。情報交換のソーシャルメディアには企業が直接影響を与えることはできない、と潔くあきらめるのが賢明だろう。

ソーシャルメディアに近道はない。飛び道具が通用しないなら、自然に利用者が愛情を発信してくれるようになるまで、地道にファンを育成する正攻法しかないということになる。

企業コミュニティのスタート地点

現実生活のエリアが消え、情報交換のエリアも難しいとなれば、価値観と関係構築のソーシャルメディアのエリアが最後に残ることになる（図4-4）。関係構築のエリアは、冷静な批評を求める情報交換のエリアとは違い、お互いに特別であろうとすることが求められる。企業による「私たちと特別な関係になってください」という呼びかけにも拍手が起こる。こうなってくれると企業としてはやりやすい。

また、価値観のエリアでは、人々は現実生活の交友関係から離れ、趣味や想いを中心に集まる。考えてみれば、企業という集合そのものが、企業文化や事業活動への共感をもとにした価値観の共同体《コミュニティ》だといえる。日々の何気ない社内のルールや活動などが、消費者にとっては意外と感動や納得を呼ぶものだったりする。このエリアでは、価値観でつながる和の集合が思いやり空間をつくり、自由な発話を促す。企業コミュニティをつくるということは、つまり、「企業と顧客が価値観で共鳴し合う関係構築の場」をつくるということだ。企業の担当者が個人で表に出ていくような真似をせず、ファンが集う場をつくり、そこを運営することに徹する。そうすることで、企業は個人としてではなく、企業という組織のまま消費者とつながることができる。そしてそれらのつながり合った消費者は、現実生活や情報交換の外部のソーシャルメディアにも参加している。彼らを通してファンの熱と声がインターネット全体に広がっていく。

しかし、理論上成立するものであっても、実際にそのようなつながりが生まれる保証はない。私たち研究グループのチャレンジは、企業コミュニティを活性させることから始まった。私たちはその場を活性させるにあたって、さまざまな実験と失敗をくり返す必要があった。

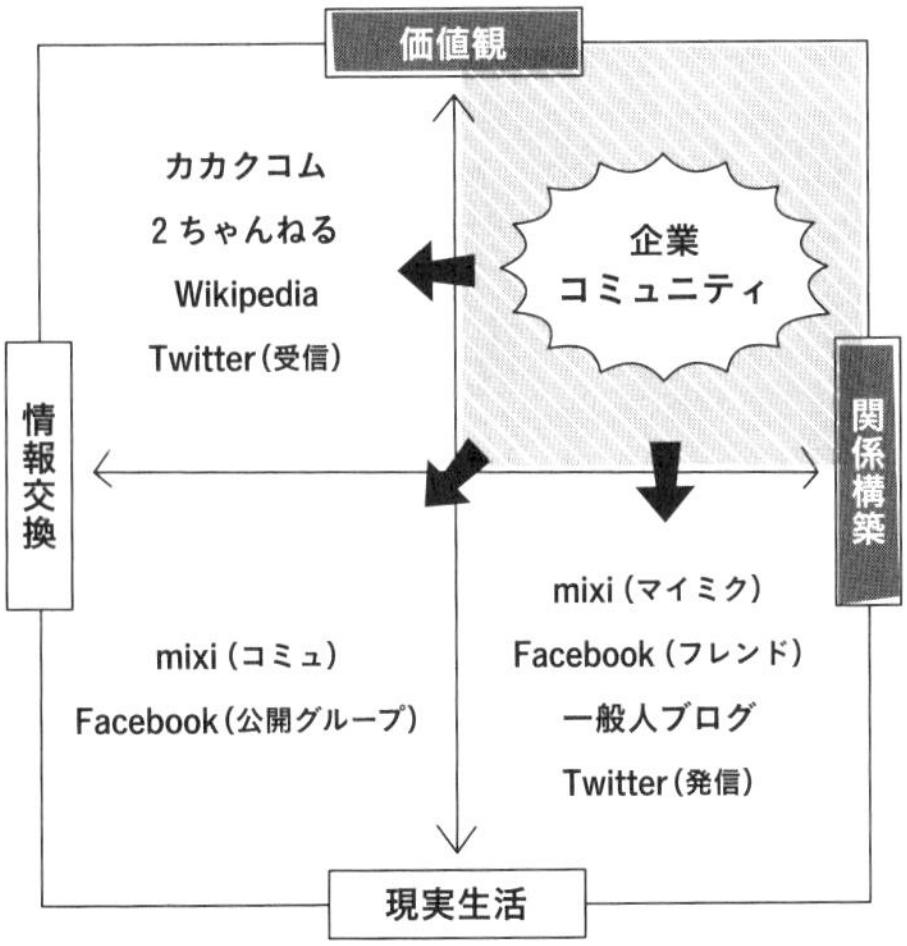

［図4-4］

企業と消費者が関係を育む場をつくるためには、まず、その場を盛り上げなければならない。冷えきった場から関係が醸成されることは一度としてなかった。参加者が集まり、活発に会話する。そんな盛り上がりを見せる企業コミュニティをつくらなければならない。しかし、通常のコミュニティでも場を盛り上げることは難しい。それを、特定の企業という縛りを設けた場で活性させるというのは至難の業である。果たして企業コミュニティは、人々が集まり活性し、価値を生み出す場所になりうるのだろうか？　きっと活性するコミュニティには何か理由があるはずだ。私たちは、活性の源泉を見つける航海へと出発することになる。その正体を突きとめることさえできれば、企業コミュニティを自由自在に活性させることができるようになる。

私たちはひとつひとつ発見を積み重ねていったが、その冒険は決して順風満帆なものではなかった。本章では、12年という期間をかけて探った企業コミュニティを活性させる方法を、その発見の経緯とともに紹介する。

企業サイト進化の歴史

1996年、ウェブサイトをつくる技術は、学生ベンチャーである私たちが社会で戦う際の唯一の武器だった。最初は重宝がられたその武器も、時代の流れとともに量産され、あっという間に価値を失う。1998年には、広告代理店が本格的にウェブサイト構築に参入し、商流（お金の流れ）も代理店経由になっていった。「インターネットらしさ」は不要とはいわないまでも、おまけのような付属品でよくなった。企業のウェブサイトは、広告イメージとの連動が重視された。ときには、カタログの焼き直しでよいといわれることもあった。インターネットの本質は双方向なのだと叫んだところで、のら犬がキャンキャンと吠えている程度のことだった。私たちは追い詰められるように、インターネットの本質に向かった。ほかとの違いをアピールするには、それしかなかったからである。プライドもあったが、それ以外に生き残る道がなかったことも現実だった。

企業のウェブサイトはどのような変化を遂げていったのだろうか？　日本を代表する消費財メーカーである花王株式会社。その花王が自社で運営するウェブサイト（以下、「企業サイト」）の歴史をふり返ることで、その変化の経緯を追体験してみたい。企業コミュニティの活性が、企業サイト構築の試行錯誤から、必要に迫られて生まれたものであることを確認できるだろう。

１９９４年、花王の企業サイトは、一般的な日本企業に先駆けて、情報発信の目的を持ってスタートした。花王に限らず、当時の企業サイトは、「閲覧者が有用な情報だと思ってくれれば、企業サイトに再訪問《リピート》してくれる」という発想のもと、編集費用をかけて良質なコンテンツをつくり、訪問者を集めるという方法をとっていた。

このようなスタンスは、まるで新聞や雑誌といったメディアのあり方を思わせる。一般的に、編集費用に比例して情報の更新量と有用度は上がり、読者の数も増えていくとされた。このような施策が多く採択された背景には、ウェブサイトを構築するＩＴ企業が積極的に営業をしたことの影響もある。彼らのビジネスは、作成するページが増えれば増えるほど売上が上がるというもので、企業サイトのページ数が増加することは歓迎であった。

こういったメディア的手法は90年代、まだインターネット上にウェブサイトが少なかった時代には効果的であった。しかし２０００年代になると、やや出遅れていた新聞社や雑誌社といった、まさにメディアのプロたちが本格的にウェブサイト運営に参入するようになり、インターネット利用者の注目はそちらに移動した。メーカーやサービス事業者は、自社の企業サイトに読者を惹きつけておくことが難しくなった。日ごとに再訪者《リピーター》は減っていき、逆に、それを引きとめるための費用は増えていった。2001年、ブログが登場すると消費者から発信される情報が爆発的に増加し、ますます企業サイトの存在は目立たないものになってしまった。

　検索サイトを利用して、自分のほしい情報を探すという消費者の行動も一般化し、テレビでも「つづきはWebで！」というCMが流れるようになった。こういった時代背景に企業サイトも適応を見せる。このころ、私たちの会社は2年の開発期間を経て、企業コミュニティのα版（試作機）を完成させていた。これをもって、企業サイト制作事業から撤退することになる。事業を一本化し、退路を断つことで背水の陣を敷いたというわけだ（といっても、ほかに選択肢もなかったのだが）。

　一方、花王の企業サイトは、2003年に次の時代へと移行した。花王は、同社に蓄積されていた顧客に役立つ生活情報を検索しやすいように整理し、辞書として使えるようにした。利用者が何かしらの情報をほしいと思い、サイトに訪れた際、必要な情報を簡単に探し出せるようにした。花王のウェブ作成部長の石井《いしい》龍夫《たつお》氏はこれを「ツールの時代」と呼び、それ以前の「メディアの時代」と区別する。このころから急激に各社のウェブサイトのデザインが、システムと融合するようになる。ウェブの担当者にかかる負担も大きくなっていった。知らなければならないことが加速度的に増えたのだ。

　しかし、担当者の疲労とは裏腹に、このツールとしての企業サイトも徐々に競争優位を保つことが難しくなってくる。情報のストックを維持するための費用がかさむという問題に加えて、定期的に新しいシステムにつくり替えないと、古くて使いものにならなくなってしまう。さらに、インターネット上のさまざまなサイトに細分化されたお役立ち辞書があふれてくると、利用者の注目を継続して惹きつけることも難しくなった。また、企業サイトがシステムとの連動を強めたことで、訪問者のサイト上での行動が追跡できるようになり、そのことによって、訪問者の量だけでなく質も問われるようになった。企業サイトを通して、消費者とどのようなコミュニケーションをとるべきなのかという議論が活発に交わされるようになり、いよいよ、双方向の機能にも関心が集まるようになってきた。

２００７年、ついに花王は、第三世代の企業サイトとして、花王と顧客が相互に対話するコミュニティを設け、「場の時代」への移行を果たす。石井氏は、「情報を受けとるだけの消費者は、もういない。企業は、自ら情報を発信するお客さまと、どのように対話するかが問われている」という。

私たち研究グループはこのプロジェクトのパートナーに選ばれた。花王の製品といえばそれこそ私たちの生活にあふれている。もちろん、子どものころから私の日常にも存在していた馴染みのアイテムたちだ。その花王と顧客との関係構築を手伝うプロジェクトを任された。この大きなチャレンジは、大きな興奮とともにあった。「まずは、始めてみないことにはね」と石井氏から発注をいただいた帰り、東京・茅場町の駅でチームのメンバーと「絶対に成功させよう！」と固い握手を交わした。私はリーダーとして締まった表情を保っていたが、本当はガッツポーズでホームを走り回りたいほど高揚していた。

花王のコミュニティ「GO GO pika★pika MAMA（通称「ピカママ」）」では、赤ちゃんの誕生月ごとにサークルが用意されている。花王の看板商品「メリーズ」の愛用者は数えきれないほどいるが、メリーズについて語ろうとするよりも、その利用シーンのライフスタイルまで引き上げたほうがコミュニティは活性した。利用者が登録時に子どもの誕生日を入力すると、同じ月齢の新米ママが集まるサークルが紹介される。同じ月齢の赤ちゃんを持つママたちは、同じような不安や悩みを持っている。サークルでは活発なやりとりが展開された。

参加者たちが子育てをテーマに会話を交わしていると、ある日、「いつもコミュニティを盛り上げてくださってありがとうございます」という感謝のメッセージとともに、花王の商品が送られてくるという経験をする。自らの行動に対して、花王から感謝される。消費者にとってその感動は、強力なブランド体験となる。商品の配送から3日もすれば、ウェブサイトは「花王さんありがとう！」という、これまた消費者による感謝の声で満たされる。彼女らは、この場所に帰属意識を持つ、花王ファンクラブの住民となったのだ。

コミュニティに参加すればするほど帰属意識が高まる構造が、メディアの時代、ツールの時代では得られなかったような注目を集めるようになる。このような場を企業サイト内に組み込み、消費者とつながろうという試みが企業コミュニティ施策である。企業は、情報発信する役割を消費者に渡し、ファンどうしがお互いの興味関心でつながり合える場をサポートする役に徹する。マイクを持ったら離さない目立ちたがり屋の存在から、消費者を主役にするための舞台を支える縁の下の力持ちへと変わる。

企業サイトは、第一世代の「メディアの時代」では、コンテンツを発信することで興味関心を惹きつけようとした。続く第二世代の「ツールの時代」では、優良なコンテンツを蓄積し、それを便利に使えるようにした。そして第三世代になり、企業サイトは、消費者に協力してもらってコンテンツをつくる仕掛けを搭載し、「場の時代」へと突入することになった（図4-5）。

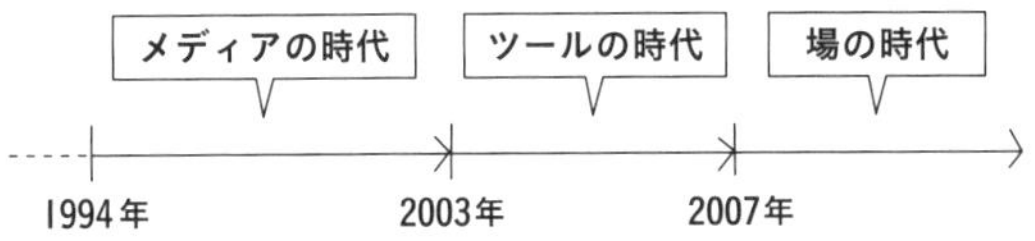

［図4-5］

場所の感覚

しかし、「場の時代」といっても、コンピュータ上に本当の場所があるわけではない。0と1のデジタル信号のやりとりに、部屋というような空間が現実にあるわけではない。いまから遡ること12年前、私たち研究グループの実験は、インターネットに場所をつくることから始まった。果たして、コンピュータどうしのコミュニケーションで、場所の感覚を持つことは可能なのだろうか？　もし、それが難しいのであれば、帰属する場所がないわけだから帰属意識を持ってもらうことも不可能ということになる。

インターネットに〝場所〟をつくる。私たちは、参加者のデスクトップに同じ絵柄のアイコンを表示させ、そのアイコンのなかに、メンバーの投稿したメッセージがたまっていくようにした。利用者のひとりがそのアイコンのなかに投稿すれば、あとでほかの誰かがそのアイコンを開いた際、同じメッセージを閲覧できるしくみだ。このように、共通のアイコンを持ち合うことで、たとえコンピュータの電源を切っても、そのアイコンはアイコンとして、インターネットに存在しているという感覚が生まれる。この感覚が場所の認識をもたらす。そして、参加者に芽生える帰属意識の拠りどころとなる。

龍安寺の石庭

私たちは、このようなシステムを考案するにあたって、日本の伝統芸術から多くのアイデアをもらった。私は、企業コミュニティのシステムを設計する期間、月の半分を京都で過ごした。というのも、私の大学時代からの師であるメディア美学者の武邑光裕《たけむらみつひろ》教授が京都に移られたからだ。私は自分の大学を中退し、師を追いかけて、京都造形芸術大学のメディア美学研究センターに籍を置いた。

研究センターで私は主に雑用係であったが、「デジタル・ジャパネスク」というプロジェクトに参加した。幕末の浮世絵師、豊原国周《とよはらくにちか》の三枚綴り（3枚の独立した絵が、合わせると巨大な浮世絵になる）は、それぞれ保管された歴史や状況によって、色調も保存状態もバラバラになっていた。これを高解像度スキャナで読み込み、色や線を補正して、コンピュータ上で3つの絵をひとつにつなぎ合わせ、高精度プリンタで印刷し、復元させた。デジタル技術で息を吹き返す日本の伝統美の、そのダイナミックな迫力に圧倒された。

ほかにも、平安時代から伝わる古代色をRGBでデータ化し、デジタル色見本帳をつくる試みも手伝った。同じような緑色でも、古代色は萌葱色《もえぎいろ》や花緑青《はなろくしょう》と、その微妙な違いごとにちゃんと名前がつけられている。これがまた風情があっていい。また、古代色には昔から伝わる組み合わせの妙というのがあり、この色とこの色の相性がよいという決まり事がある。これらをまとめて配色パターンを作成した。それらの色の組み合わせは不思議なくらい心地がいい。見ているだけで落ち着いたり、気分が上がったりするような並びもあり、ひとつひとつに驚いたのと同時に、その歴史の深さに畏敬の念を持つようになった。

私は、プロジェクトの合間を縫って、京都の街を歩いて回った。日本が誇る古都から多くのインスピレーションをもらった。幕張の埋め立て地で育った私は、標識に「銀閣寺」とあるだけで、歴史の重みを感じ、その格好よさにしびれてしまう。

ふらっと立ち寄ったのは、龍安寺《りょうあんじ》だった。日本最大の禅寺、妙心寺《みょうしんじ》を通り抜け、その有名な枯山水の石庭へと向かう。庭と対峙すると、まず、一面に敷き詰められた白い石の絨毯が目に飛び込んでくる。その白い絨毯は海にも見える。その海に浮かぶように、ぽつりぽつりと苔に囲まれたたく

［図4-6］

さんの石が見えてくる。それらは山のようにも見える。白い海に波紋を描き、静かにたたずんでいる。浮いているようにも見えるし、落ちてきた一瞬をとらえているようにも見える。しばらく眺めていると、さっきまで静かに見えていた山が、いまにもダイナミックに動き出すのではないかとも思えてくる（図4-6）。

それは、「見立て」というものだと教わった。枯山水では石や砂などが山水の風景に見立てられ、自然が表現されている。もちろん石は石であって山ではないし、砂に波紋を描いたからといってそれが本当の水になるわけでもない。むしろそのリアルよりも、山水に見立てられた庭に自然を感じた際に起こる、鑑賞者の心の動きこそが大切であるとされる。

コンピュータを使ったコミュニケーションにもこれによく似たところがあって、部屋に見立てたアイコンが主役なのではなく、そこで交わされる人々の交流によって起こる心の動きが重視される。コミュニケーションをとり合う利用者たちは、「部屋に入る」「部屋を出る」「部屋を移る」という言葉を使い、また、自分たちのことをその場所の「住民」であると表現する。これもまた見立てである。

思いやり空間とみんなの空間

利用者が自らを「住民」という場合、彼らはどんな場所に住んでいるのだろうか。私たち研究グループは、企業コミュニティのなかで利用者が集まる場所のことを「サークル」と名づけた。また、企業が運営する「公式サークル」と対比させ、消費者が自ら作成し、主催する場所を「ユーザーサークル」と呼ぶことにした。学校でたとえると、部活というのはたいていの場合、テニスならテニス、剣道なら剣道と、ひとつのジャンルにひとつだけ存在するものだ。それに対して、サークルはもう少し軽い。ほかのものと似たり寄ったりでも許容される。関係構築のエリアは、その特性として重複を許す傾向がある。部活よりもサークルと呼んだほうがより状況に近いだろうということになった。

企業サイトが「場の時代」に入ろうとする前夜、全国38局のFM放送局を束ねるJFN（株式会社ジャパンエフエムネットワーク）も企業コミュニティの開設に踏みきった。マスメディアの一角を担うラジオが、コミュニティを持つという決断をしたことは、私たちに大きな自信を与えた。私たちのシステムが、アナウンサーに読まれて全国に放送されたとき、ラジオの前に集まったメンバーはみな、固唾をのんで聴き入っていた。あのときほど公共の電波の安心感と説得力を実感したことはないかもしれない。

そうしてスタートした番組の公式サークルのまわりには、たくさんのユーザーサークルが生まれた。たとえば、大分県に住むリスナーが集う「JFN好きin大分」や、長距離トラックの運転手さんたちが休憩中に談話する「トラッカーズリスナー協同組合」といったサークルだ。それらのサークルを眺めるうちに、いかに私がトラック運転手を誤解していたかと思い知った。体格は筋肉隆々、腕まくりをして蛇革のハンドルを回す、男一代、浪速恋しぐれのような人物を想像していたが、サークルのメンバーは、むしろその逆といった繊細さで、全国各地のパーキングエリアから朝日の写真を撮って送り合い、「今日も安全運転で、がんばりましょう！」などと励まし合っている。そのほほえましさに、それから高速道路で横につけたトラックにも、もしかしてこの人も朝日の写真を撮っているのではないかと想像するようになった。

団塊のシニア世代をターゲットにした企業コミュニティからは、「定年退職の会」というユーザーサークルが生まれた。このサークルをつくったユーザー、「名水の家」さんから以下のような呼びかけが投稿された。

ＦＲＯＭ　名水の家

このサークルでは、定年退職して、
暇になった人の集まりで、
趣味・健康・色々な知識を語り合うサークルにしたいと思ってます。
皆さん参加してください。
オーナーの「名水の家」と申します。
兵庫県からです。定年退職して1年が過ぎ、
家にいる事が、多くなり、退屈な日々を送っています。
話し合える友人が増えるとイイナーと思っています。
どんどん書き込みよろしくお願いします。

そこに「斑ぼけ」さんというメンバーが参加し、メッセージを残した。

ＦＲＯＭ　斑ぼけ

朝暗いうちに家を出て月を背にして帰る。
このパターンが何十年も続き、
当り前だと思っていたライフスタイルが消えました。

何か熱中出来るものを探がさなければ……
近所の若者に釣りの手ほどきを受ける事になりました。
私に合うといいのですが。

オーナーの「名水の家」さんが応える。

FROM　名水の家
魚釣りはおもしろいですよ～範囲が広いですね？
最近、波止の海釣りは良く行きますよ、
浮き釣が好きですね、今は、メバルですね、
たけのこメバルで　良くひくから最高です。

「斑ぼけ」さんは釣りを始めることになった。

FROM　斑ぼけ
よろしく御願いします。
オーナーさんの釣りは全国区なのですね。

地方によって釣り方が違うのですね。

楽しみにしていますよろしくご伝授ください。


これに続けとばかりに、メンバーたちがひとり、またひとりと釣りを始めることになった。「定年退職の会」は6年以上も継続して運営されている老舗サークルである。シニア層のサークルは比較的長く継続する傾向がある。人間どうしの関係を育むうえでの、心構えや技術の豊かさに起因しているように見える。誕生する数こそ少ないが、いったん生まれるとじっくり落ち着いて熟成される。

しかしながら、このように長期間継続されるケースはまれだ。一般的なサークルでは、そのほとんどが数カ月の間に、より細かなテーマに分岐したり、発言が少なくなったりして解散してしまう。当初、システムの欠陥ではないかと疑われたが、どうもそのような問題は見当たらない。思いやり空間を生成する限界人数の20名を境にサークル内の空気が変わることや、サークルをつくって運営するオーナーの役割の苦労など、人間の心の作用による影響だということがわかってきた。

また、サークルという存在が、サークルをつくる側と参加する側の両者にとって、想定していたよりも気軽なものであるということもわかった。思いつきでつくり、役目が終わったら解散する。次々と新しいサークルが生まれ、また消えていく。いつまでもありつづけるわけではなく、明滅するようにいまこの瞬間だけ存在する。データベース上に映る、サークルの誕生を知らせるサインが点いたり消えたりしている様子を眺めていると、まるで星のように思えた。サークルは、趣味の部族たちに羽を与える。場所は星のごとく生まれては消え、人々は蝶のように集まっては散らばる。このはかなさが利用者どうしのつながろうとする欲求をかき立てているようにも見える。

ハレとケのバランス

そのようなたくさんのユーザーサークル群の中央に、企業の公式サークルがそびえ立つ（図4-7）。企業の公式サークルは、ユーザーサークルとは異なり参加者は多くなる。ユーザーサークルは、気の合う仲間との日常的な交流の場所であり、「おはよう」「ただいま」といった挨拶だけで成り立つ親密な思いやり空間である。対して、公式サークルは、主催者のいるお祭りやイベント会場のような場所であり、10万人が参加する大規模なものも存在する「みんなの空間」である。

にぎやかな公式サークルのまわりを日常の交流がなされるユーザーサークルがとり囲んでいる。このようなモデルは日本人には馴染み深い風景かもしれない。民俗学者の柳田國男《やなぎたくにお》によれば、日本人の伝統的なコミュニティは「ハレとケ」として定義できるという。晴れ《ハレ》は儀礼や祭りなどの「非日常」で、褻《ケ》は普段の生活が営まれる「日常」を表す。コミュニティはハレとケが合わさって形成されている。まさに、企業による公式サークルとユーザーサークルの関係もこれに近い。

カゴメ株式会社の例を見てみよう。同社の企業コミュニティは、同社が開発したトマトジュース用のトマトである「凛々子」の苗を参加者に配るところから始まる。参加者は、それぞれのユーザーサークルに苗の育成記録を投稿し、お互いに参照し合う。途中であきらめてしまいがちなトマトの収穫までの長い道のりを、みんなで励まし合いながら完走する。それらのユーザーサークルを束ねるように公式サークルが存在し、そこでは、害虫駆除や苗がかかる病気への対処法などの情報交換が行われている。また、収穫から次の苗を育てるまでの冬の期間は、公式サークルで川柳大会などが開かれ、参加者の注目を集め、関心を維持する役割を担っている。

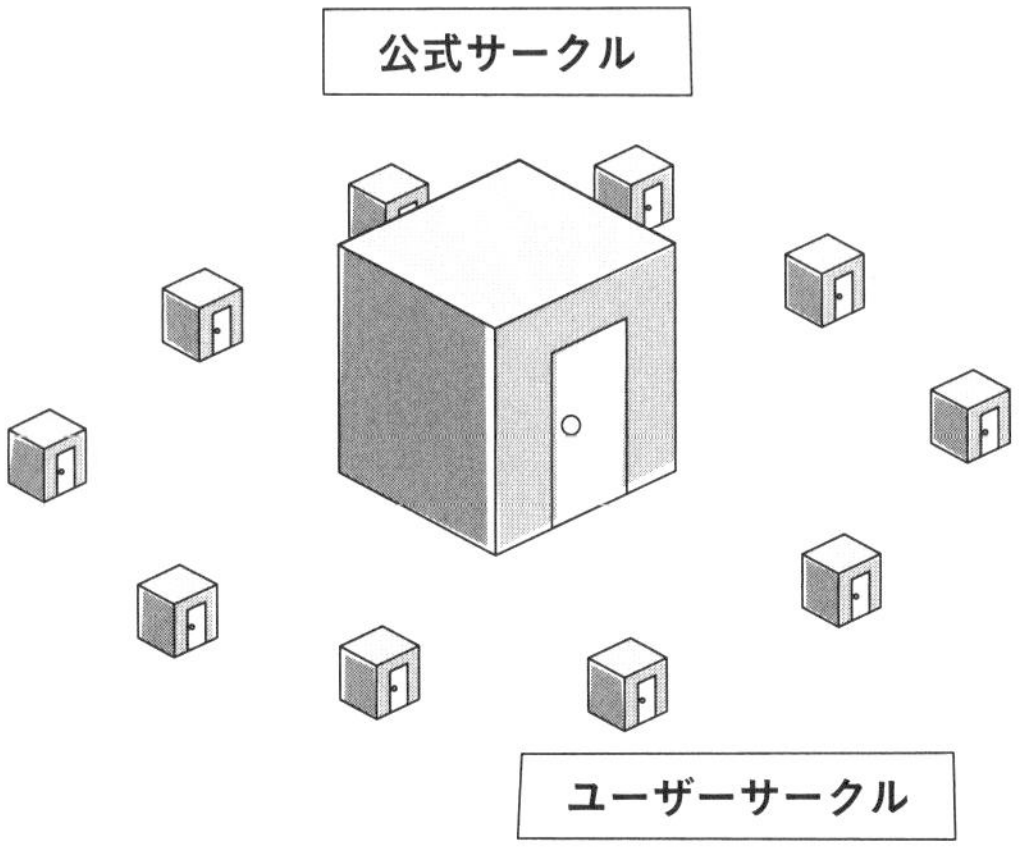

［図4-7］

　同じく、株式会社ユーキャンの企業コミュニティでは、「合格しました！」といった報告や学習方法に関する質問などを投稿する場として公式サークルを提供し、参加者は、通信教育では得にくい一緒に学習する仲間を見つけ、お互いの学習方法を交換し合っている。一方、ユーザーサークルでは、オーナーである受講者が、日々、自らの勉強の進捗を日記形式で公開し、それを見たほかの受講者や受講を検討している人たちが、拍手を送ったり、コメントをつけたりして、お互いに励まし合うような交流がなされている。

「山の手」にあるハレの舞台が活気を帯びてくると、それを取り囲む「下町」のユーザーサークルも熱を帯びる。日常的な会話や内輪どうしの相互承認といったケの要素は、公式サークルからユーザーサークルへと排出され、ハレの舞台である公式サークルが、一部の常連に占拠されるようなことがなくなる。サークルを配置するということは、まるで村をつくるようなものだ。その村づくりには、バランスが不可欠であった。小さじ1杯、いや2杯、といった具合で微妙な調整が肝心となり、職人技を要求される。バランス、バランス、またバランス。どこまで進んでもバランスであった。

荒れを抑える

それにしても、消費者に自由な内容を投稿させて本当に大丈夫なのだろうか？　どんなことを書かれるのか、誹謗中傷が多発するのではないかと心配する企業も多い。コミュニティ上に起こるトラブルは「荒れ」と表現される。要するに、オンライン上の喧嘩である。このような「荒れ」を避けることは、私たち研究グループに課された重要な仕事であった。

私たちは企業コミュニティのシステムを登録制にして、投稿者を特定できるようにした。そうすることで何かトラブルが発生した際は、その投稿者に対し規約で定められた対応をとることができる。私たちは鉄壁の安全性を求め、問題が起こった場合は投稿された記事の削除や、投稿者を退会させるといった対処を可能にするシステムをつくった。

しかし、せっかくのシステムではあったが、このような手段が使用されるケースはまれであった。いざというときのための保険のようなもので、実際の現場で使われることはほとんどなかった。牽制力は、罰則的な対処よりもコミュニティから生まれる「空気」によるもののほうが強いことがわかってきた。日ごろは自治に任せ、非常事態のときにのみ警察が出動する。古今東西、村や町というのはこういった形をとるものなのかもしれない。

空気とは何か？　もちろん酸素や二酸化炭素のことではない。対話の蓄積から場に生まれる特別な空気のことだ。

企業コミュニティは、匿名性を担保しなければ自由な発言が失われてしまう。逆に、匿名性が高すぎると関係構築が難しくなる。やはりここでもバランスが重要になってくる。まったくの匿名ではなく利用者どうしがお互いをニックネームで認識できるぐらいがちょうどよい。

そこで生まれた関係は、場所に不文律のようなものをつくりだす。このように人間どうしの関係から、場所に生み出される暗黙のルールが「空気」である。新参者が主旨と違うふるまいをした場合には、常連の利用者たちが「ここはそういう場所ではありませんよ」と注意してくれるようになる。企業が直接入っていかずとも、自律的な管理に任せることができるようになる。この空気による牽制によって、10万人規模のコミュニティをたった1名の担当者で回している事例もある。

このような考え方は、日本における契約のあり方の特徴としても現れる。アメリカの契約書は数十ページ、ときには数百ページに及ぶこともめずらしくないが、日本の契約書は数ページと短く、最後に誠実協議事項（紛争が発生したら誠実に協議して当事者間で解決する）というものが入っている。これは伝統的に日本の契約の後進性、不明確性として批判されることが多かった。しかしながら、内田貴《うちだたかし》東京大学教授による現代契約の研究によれば、世界的に、日本の契約のような抽象性を積極的に取り入れる流れが増えてきているのだという。日本の契約のモデルは、それぞれの契約が前提としている「コミュニティ」のなかには、完全に言語化されていないが、暗黙に理解できる規範が存在しており、それを法のなかに取り込もうとするシステムなのだという。文章化されたルールよりも、それぞれのコミュニティのなかで織りなされる暗黙のルール。この力を利用しようというものだ。より厳密なルールが求められる契約の世界にもこうした考え方があることは、たいへん興味深い。

荒れにまつわるさまざまな対応

さて、コミュニティの「荒れ」は、いざというときのための対処と、常連がつくる空気による牽制をもって抑えられる。しかし、より詳細に企業コミュニティの現場を観察していると、少しは荒れたほうが活性を見せるというようなケースにも遭遇する。異分子が出現することで、場の結束力が高まることもあった。あまりガチガチに対処や空気で縛るよりも、多少の荒れを覚悟で自由度を許したほうが場は活性する。クリアにしすぎてもダメだと学んだ。

そうはいっても、薬事法や金融商品取引法にからむ商品やサービスを扱う企業にとっては、わずかな問題も見逃せないだろう。そのようなケースでは、コミュニティの活性を犠牲にしてでも、荒れをゼロにする方策をとる。たとえば、すべての投稿を必ず一度チェックしてから場に公開するというルールや、投稿できる参加者を絞り、ほかの大多数は閲覧のみに制限するというルールを設定する。

また、それほど神経質になる必要のない商品やサービスでも、上層部の不安が強く、企業コミュニティの開設に二の足を踏むケースもある。現実は、インターネット上のあらゆる場所で自社についての話題はされており、これを企業がコントロールすることができない以上、もはや、企業サイトに味方を育て外部のサイトを牽制することで、無防備からの脱却を図るという以外に方法はないのだが、正論を正論としてぶつけていても前には進まない。つい最近まで、NGワードとドレスコードを重視するマス・マーケティングが中心だったことを考えれば、その時代に常勝であった企業の上層部が不安の声を上げることは、ごく当然ともいえる。

理解できないことからくる心理的な不安や苦手意識は行動を控えさせる。それがまた、情報不足と理解不足を引き起こす。何はともあれ、始めてもらうというのが最適なソリューションだということになった。そのような状況では2つのことに留意して進行する。確実に安心できる縛りの強いルールを設定すること、そして、すべてに目が行き届く小さな規模からスタートすることだ。

実際、消費者からの声が表出し、それに触れると「消費者は思ったよりも怖くない」と感じてもらえる。「なんだ、人間どうしの関係と一緒じゃないか」「自然が一番だ」と、上層部からルールの緩和を指示されることも多くあった。焦る必要はないといえるかもしれない。社内のアレルギー反応が静まるのに合わせて、少しずつコミュニティの規模を拡大し、ルールの縛りをゆっくりと緩めながら活性の方向に舵を切っていく。コミュニティに参加する消費者も、徐々にコミュニティが大きくなることを喜んでくれる。もっと応援しようと熱意を持ってついてきてくれる。

ファンをもてなすために

私たち研究グループは、一歩ずつ活性の源泉へと近づいていった。どうもこの空気を大切にするという考え方は、日本人の根幹にあるようだ。日本の伝統文化のひとつである茶道の世界では、この空気を「茶味《ちゃみ》」と呼び、場に「お茶がある」とか「お茶がない」といった言葉を交わす。茶道家の鈴木皓詞《すずきこうし》氏は、以下のように解説している。

「茶味とは、空気であり一陣の風のようなものです。主客が相まって心を合わせ、互いに至らぬことをふまえながら、相手を尊重し、いたわり、慎むことで初めて獲得できる世界なのです」

茶道は空気の芸術であるという。空気を読みすぎる日本人の性格は、ときに批判を受けることもあるが悪いところだけではないようだ。茶道のもてなしの心得に「相客吟味《あいきゃくぎんみ》」というものがある。茶の湯の一席がどのような空気になるかは、そこに居合わせている客どうしの相性によるところが大きい。「どのような客を招待するかでその茶会の良し悪しが決まるのだから、十分に気を配らないといけない」という意味だそうだ。

企業コミュニティも同じで、どのような参加者を招き入れるかというのは重要なポイントとなる。状況に応じてケースバイケースで対応することがほとんどであるが、基本的にはファンから集めるのが最もつくりやすい。企業コミュニティが価値観と価値観の共鳴の場であることを考えれば、それも当然といえるかもしれない。まずは、自社の保有する顧客リストや自社で発行している会報誌などから呼びかけ、ファンに集まってもらう。ファンどうしによるコミュニケーションで、安定した空気を醸成してから新参者を招き入れるという流れをとる。

私は各社のファンと接触の機会を持つなかで、会社というのは個性的であるということをつくづく感じるようになった。一時期、全社共通のガイドラインの策定をめざしたこともあったが、導入企業が100社を超えたあたりで、どの会社にも有効なしくみやガイドラインなど存在しないと痛感した。

たとえば、当社は10社近くの化粧品メーカーのコミュニティをお手伝いしているが、1社として同じ設計はない。伝統的なブランドで電話による接客を得意とする企業の顧客は、年配で受け身の方が多く、新進のベンチャー企業の顧客は、若く声高で自己主張が強い方が多い。むしろ同業界ほど、その個性の違いが強く現れるのではないかと思わされるほどだ。それらの違いによって、企業コミュニティの設計もそれぞれまったく異なったものになる。企業と顧客の関係はオリジナルなものであるから、コミュニティの設計もオリジナルなものになる。それはその人の体型や雰囲気に合わせて仕立てるオーダーメイドスーツのようなものだ。

すべての企業のすべての課題を同じように解決するソーシャルメディア施策は存在しない。よほど予算の余裕がない場合を除いて、コミュニティの開設前には必ず「ソーシャルメディア適性診断《アセスメント》™」というものを行うようになった。参加者が快適に楽しめるコミュニティ設計をするために、コミュニティの利用者となる顧客のうち数名を選び、事前調査のヒアリングをする。ブランドへの愛情や希望や悩み、また、ソーシャルメディアで投稿する筆力などを調べる。どのような話題を語ってもらえば盛り上がるか、どのようなキャンペーンが求められているか、テーマは商品にするのがよいか、それ以外がよいかなど、細かく設定していく。

企業コミュニティは、企業の持つ唯一の物語、また顧客の持つこれまた唯一の物語がからみ合うロマンチックな舞台である。トレンドを追いかけたり、パターンを踏襲したりしてもうまくはいかない。ましてや海外事例は無意味とまではいわないにしても、自社の企画に適応させるのは難しい。

企業と消費者の関係構築の最初の一歩は、顧客に向けたヒアリングからスタートする。喧嘩をした2人が仲直りするときと同じで、コミュニケーションはいつも、相手の話に耳を傾けることから始まる。身のまわりをふり返ってみると、それはとても難しい。私自身はといえば、日々、反省に次ぐ反省だ。聞く、ただそれだけなのに、どうしても後回しになる。いや、きっと難しいことなのだろう。難しいということがお互いにわかっているからこそ、真摯に聞くという態度は、相手を尊重し、2人の関係を特別でオンリーなものとして扱う態度の表明にもなるのかもしれない。

PDCAサイクルを回す

2010年の六大学リーグ戦で早稲田大学が優勝を飾った際、斎藤佑樹《さいとうゆうき》投手が「(自分は)何かを持っているといわれつづけてきたが、今日、何を持っているかがわかった。それは仲間です」とスピーチして拍手を集めたが、これに限らず、スポ根ドラマの物語は、仲間と団結してだんだんチームが強くなっていくプロセスが感動を呼ぶものと、昔から相場が決まっている。企業コミュニティにもこれと似たところがあって、一緒につくる一体感が参加者の絆を深めていく。どうやら、成長のプロセスをともにしたとき、人はそこに物語を感じてしまうものらしい。掘っ立て小屋のようだったコミュニティが自分の関与によって成長していくというプロセスが感動を生む。コミュニティは初めからピカピカで完璧なものよりも、だんだんとよくなっていくもののほうが盛り上がるようだ。「つたないもてなししかできませんが、どうぞくつろいでください」という侘《わ》びた態度でよい。よいどころか、むしろそのようなオープンな態度こそが評価を得る。参加者はしだいに形になっていく企業コミュニティに対して、愛着を持つようになる。ボロからつくり、成長させていく。

そこに物語が生まれる。

物語は参加者の我が事化《レリバンシー》を向上させる。これが帰属意識につながっていく。主体的に参加すると、そこが自分にとってただならぬ場所になってくる。カゴメの企業コミュニティは当初、「凛々子わくわくわくネットワーク」という名称であったが、施策が安定的に回るようになった4年目で「カゴメわくわくわくネットワーク」へと衣替えを行った。カゴメが企業コミュニティの参加者に向けて実施したアンケートで、「カゴメという企業が身近になった」「カゴメの企業活動に関心が高まった」と答えた参加者は実に80％を超える。

さて、ボロからつくるフローは次のようなものになる。「ソーシャルメディア適性診断《アセスメント》™」から、企業コミュニティに集まる消費者を想定して仮説を立て、コミュニティを開設する。コミュニティに参加者が集まり活動を開始する。それは、刻一刻と変化する生き物のようなものだ。活動の履歴を詳細に計測し、すばやく分析し、改善のための次の一手となる仮説を立案する。その仮説をもとにつくられたコミュニティに、また参加者が集まって活動を開始する。この結果をまたすばやく分析し……と、このサイクルをくり返していく。このような仮説と検証をくり返す行為を、経営管理の世界では「PDCAサイクルを回す」という。プロジェクトを進行させるエンジンのようなものである。Ｐｌａｎ（計画）→Ｄｏ（実行と計測）→Ｃｈｅｃｋ（評価と分析）→Ａｃｔ（改善の計画）という4段階を進み、最後のＡｃｔを次のＰｌａｎにつなげることで、スパイラルアップ（螺旋階段をのぼるように品質を向上）させていく方法だ（図4-8）。企業コミュニティでは、参加者の行動が即座に計測されることから、すべての施策がPDCAサイクルに乗って行われるようになる。

マス・マーケティングはPDCAサイクルを敬遠してきた。宣伝広告では反応を測定することが難しかったことがその主な理由だ。PDCAサイクルは計測があって初めて分析が可能になり、次のアクションに向けた仮説が誕生する。効果測定の難しい宣伝広告の世界では、どうしてもイメージ勝負で打ちっぱなしの施策が増加する。また、クライアント企業が成果の計測を求めないのであれば、広告代理店にとってもそのほうが仕事はやりやすい。へたに成果を計測してしまえばやぶへびになることもある。のべ視聴率（GRP＝Gross Rating Point）といったあいまいな数値ぐらいが指標としてちょうどよい。

それゆえ、マーケティングの世界においてPDCAサイクルは、ダイレクト・マーケティングを行う会社の専売特許であった。たとえば、株式会社ベネッセコーポレーションでは、入念につくり込まれたダイレクトメールを、それぞれの対象

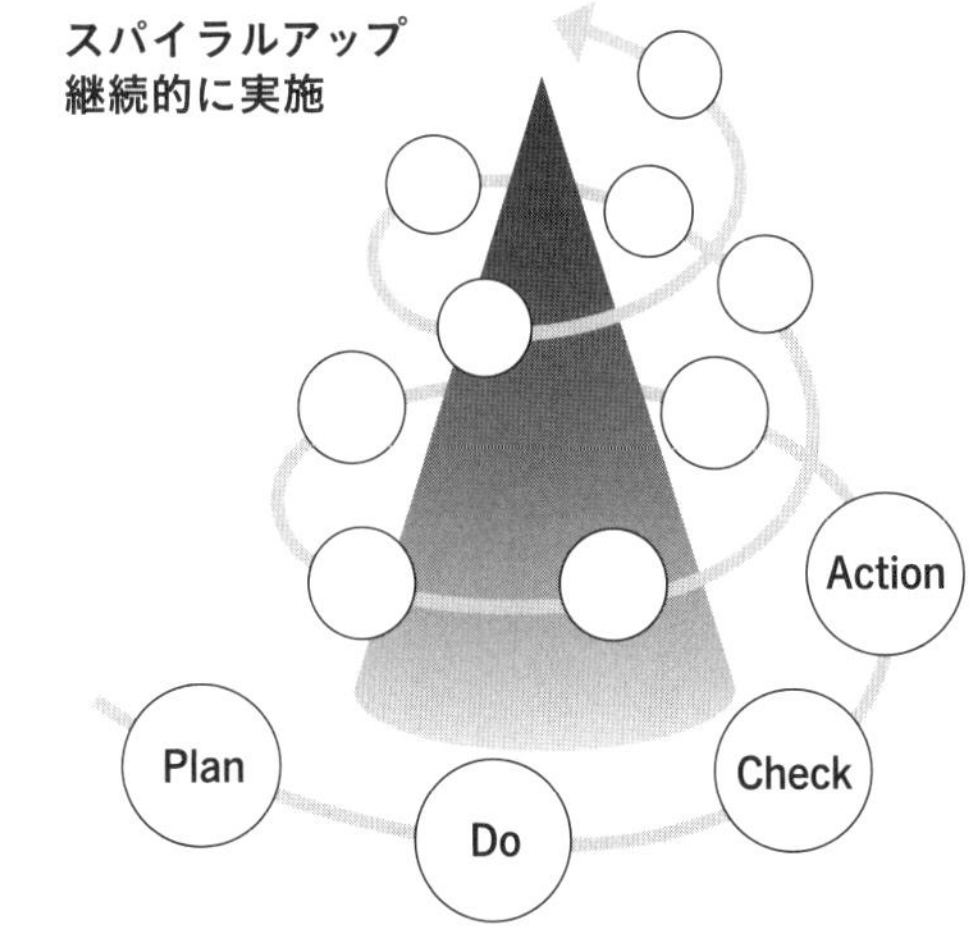

［図4-8］

（学年や地域）ごとにカスタマイズして送ることはもちろん、同じ対象に向けて、異なったメッセージを投げ、その反応を調べ、効果の高かったものをメインにしていくといった手法がとられる。このようなことは、同社にとっては基本中の基本であり、より高度なカスタマイズ、より迅速なPDCAサイクルを回すための手法、それ自体が日々改善されている。いままでマス・マーケティング一辺倒であった企業との力量差は計り知れない。

PDCAサイクルは仮説ありきとなる。仮説だからといって、成果が問われないわけではないが、次の改善のための知見を得たという点も、成果のひとつとしてカウントされる。まず施策を打ってみて、それが失敗であっても成功であっても、成果につなげることができる。継続的に改善をくり返すことを前提にすれば、暫定的な結論を持って、一歩、前に進める。PDCAサイクルは企業に勇気を与えてくれる。

開発室の思い出

私自身もこれに助けられたひとりである。企業コミュニティはコンピュータのプログラムで動く。利用者がサークルに参加したり、投稿したり、退会したりする動作をスムーズに行うためのプログラムが必要だった。その大がかりなシステムを開発するためには、何人ものプログラマーが共同で作業することになる。それぞれの作業がバラバラにならないように、完成形を共有するための設計図が必要となった。

私は1998年に企業コミュニティのシステム設計図を書き始めた。ウェブ制作で稼いだ資金で東京・代官山に一間のボロアパートを借りて、そこを開発室と名づけた。夏にはゴキブリが現れ、苦手な私はそのたびにウェブ制作の仲間がいるオフィスに逃げ帰った。それでも私はその場所をとても気に入った。開発室には錆びた螺旋階段を登って入る。そこにこもり、寝る間も惜しんで設計図を書いた。

2年をかけて取り組んだコミュニティシステムの設計も終盤に差しかかったころ、私は恐怖にとりつかれていた。ゴキブリがたくさん出たわけではない。社運をかけたプロジェクトであったことにもよるが、長い期間をかけるうちに完璧をめざすようになっていた。考えれば考えるほど、いろいろな不備が目につく。こんな状態ではとても外に出せない。もっともっと完璧にしなくては、そう思ってリリースを延ばした。ひとつの懸念をつぶすと、また別の懸念が生まれる。ズブズブと泥沼にはまっていく。いつになっても納得のいく完成品にはならない。永遠にリリースすることなんてできないのではないかと思った。

そんなとき、プロジェクトメンバーのひとりから、「α版を出しましょう」と提案をもらった。目から鱗だった。α版。なんと素敵でかっこいい響きなんだろう。そういえば、インターネットのソフトウェアはみんなα版、β版を経て正式版になる。利用者の立場では当たり前なことでも、作り手に回ると見えなくなるものもある。インターネットのサービスは、利用者が参加することで初めて完成する。すっかり忘れていた。私はこのインターネットの文化に勇気をもらった。ボロボロでもまずは世に出して、その反応を受けとめ、改善させる。このような姿勢をとれることがありがたいと思った。

役割を設定する

α版がリリースされて5年が経った夏。その日は、ある調査の報告会があるということで、社内はどこかそわそわしていた。ひとり、またひとりと発表の会議室に集まってくる。プレゼンターを務める調査部のスタッフは、プロジェクターの準備を終え、発表のシナリオが書かれていると思われるノートを目で追いながら、緊張を隠しているように見えた。

私たち研究グループの観察によれば、投稿する人はコミュニティ登録者のなかのわずか20％程度にとどまる。それ以外の80％近くは、登録はするが閲覧するだけの利用者、つまり、見ているだけの人（ROM：Read Only Member）となる。彼らROMの人々はなぜ投稿しないのか？　その理由がわかれば、企業コミュニティを活性させるための手がかりがつかめるかもしれない。どんな結果が出てくるのか。ROMを対象にインタビューを行うことで、その深層に迫った。

企業コミュニティに登録はしたが、まだ投稿はしていないというROMのうち、果たしてどの程度の人が、内心は投稿をしたいと思っているのだろうか？

プレゼンターがもったいつけたようにページをめくる。そこには、「84％」という数字が大きく表示されていた。ROMにはかなりの割合で、投稿をしようとしたが躊躇して途中でやめたという経験があった（図4－9）。投稿を途中でやめた参加者は、その理由として「（その場に）どういう人がいるのかわからないので、発言しづらい」「さしあたり、まだ場の雰囲気を探っている段階なので、いましばらく傍観します」といった心的な障壁を挙げたが、みな、場の空気を読もうとしている点で共通していた。

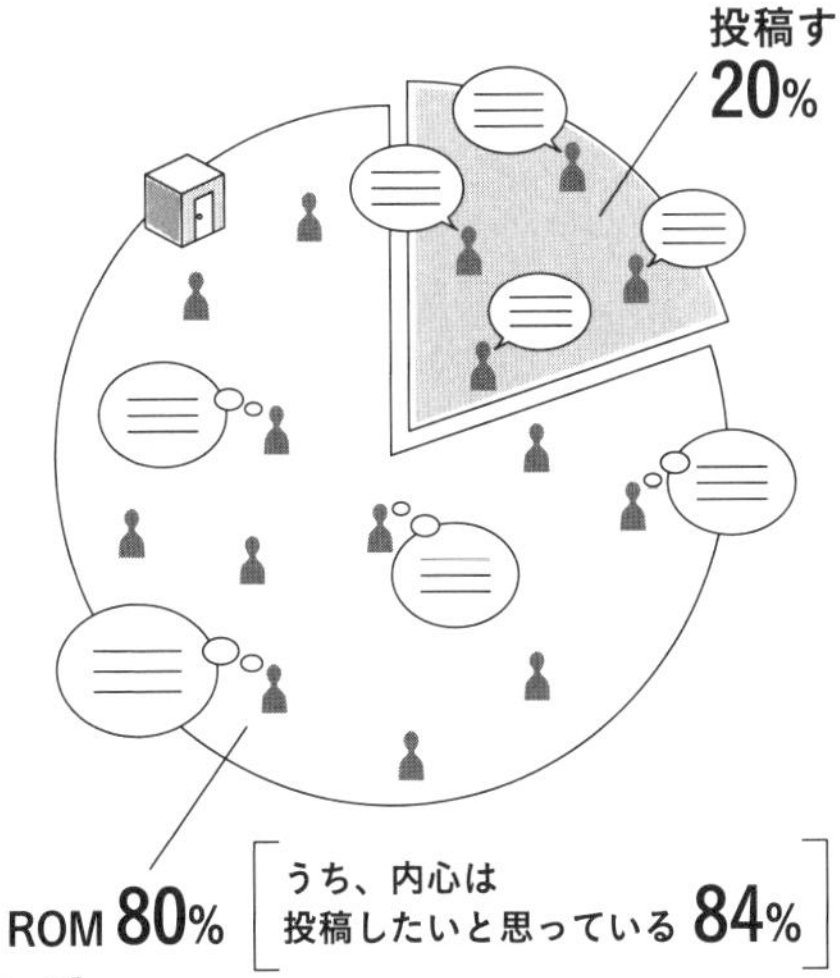

［図4-9］

　全世界で400万本以上を売った株式会社セガの名作ゲーム『龍が如く』。プロデューサーの名《な》越《こし》稔洋《としひろ》氏は、ゲームの試作段階でときおり企業コミュニティの利用者の声に耳を傾ける。いわく、「消費者に受けないゲームをつくってもしかたがない。プロダクト・アウトとマーケット・インの両方の姿勢を持っていなければ、ヒットはつくれない」のだという。名越氏と新宿歌舞伎町で酒席をご一緒した際、「これこそ『リアル龍が如く』

だ！」と喜ぶ私に名越氏が教えてくれたことがある。

「ゲームの設定というのはね、何でも自由にできるようにすればプレイヤーが自由を感じるかというとそうじゃない。決められた設定、役割を与えて、ちゃんとルールをつくる。そのなかでプレイヤーに選択肢を与えることが大事だ。このバランスが上手につくれたときに、初めて自由を感じてもらえる」

企業コミュニティも同じだ。自由すぎると参加者は何をしてよいのか迷ってしまう。「ご自由にどうぞ」といっても、お互いに空気の読み合いとなり、逆に場は硬直化する。ルールをつくって、ある決まった役割をお願いすることで、肩の力が抜けて楽になる。制約はときに人の心をオープンにしてくれる。自由詩よりも、五・七・五という決まった形の俳句のほうがつくりやすいというのにも通じるかもしれない。場を活性させる基本的な技術のひとつにこの「役割の設定」がある。それは、発言のハードルを下げるために制約を与えるというバランスである。

アパレル大手の株式会社レナウンの企業コミュニティでは、その基幹ブランドである「ダーバン」を取り扱う店舗が、それぞれお勧めのコーディネートをコミュニティ上で発表し、参加者はそれに拍手を送ることで投票することをお願いされる。この施策によって、初めて投票する人や、発言をする参加者が著しく増加した。投票をするというシンプルな役割が、利用者にとってコミュニティに参加するきっかけとなっている。

報酬を設定する

もうひとつ、企業コミュニティの設計に際し、「役割の設定」と並んで大切なものがある。それは「報酬の設定」だ。投稿したり、誰かの投稿に拍手をしたりする行為に報酬をつけることで、参加者の心的な障壁は下がる。

とはいうものの、この報酬をつけることについて私はなかなか納得することができず、長い間受け入れることができなかった。報酬目当てということが何か不純な気がしたのである。企業の担当者のなかにも、報酬を設定することに強く反発する方もいた。「ニンジンをぶら下げるような真似はしたくない。うちのお客さまは愛情がある人々だから、報酬を与えなくても発言してくれるはずだ。現に、感謝のメッセージもハガキでこんなに集まっている」と、お客さまセンターに届く顧客からの熱い気持ちが詰まったハガキの束を見せてくれた。私もこれに同意した。

ところが、やってみるとびっくりするぐらいにうまくいかない。ハガキを送ることと企業コミュニティに書き込むこととでは、ずいぶん様子が違うということがわかってきた。実はハガキのほうがはるかにハードルは低いのだ。ハガキやお客さまセンターへの電話は、一対一のやりとりになるのでそこに他人の視線はない。送り手に恥ずかしいという気持ちは生じない。ところが、企業コミュニティで投稿するとなると事情は変わってくる。たとえるなら、お立ち台にのぼって、聴衆の前でマイクを持って発言するようなものだ。自分の発言をみんなが聴いている。大勢の人から見られている。いかに強いブランドの愛好者であっても、こういう状況下では、「私なんかのつまらない投稿をほかの人に見せてよいのだろうか」「違う意見の人に叩かれるのではないか」と、場に投稿することに尻込みをしてしまう。お互いが牽制し合い、空気を読み合い、なかなか発言が出てこなくなる。

　こうした硬直した空気を変えるために、参加者に「ニンジン」ではなく、「言い訳」を与える必要があった。「ポイントがもらえるから投稿した」であるとか「調査に協力しているだけだ」であるとか、そういった言い訳が救いとなるのだ。消費者は、どんなにブランドを愛していても、いわば「ツンデレ」なのであり、「べっ、べつにあんたのために投稿するんじゃないからね！　それに、あっ、あんたのブランドが特別にいいなんて思ってないんだからね！」という言い訳をしながら投稿を始めるものだ。報酬は金銭的なポイントでなくてもかまわない。担当者からの心あたたまるメールでもいいし、顧客に送っている会報誌でその投稿を紹介するのでもよい。何人かがお立ち台にのぼり、みんなからの拍手を受ければ、安心した人々がお立ち台の前に行列をつくり始める。そこまで空気が育てばインセンティブを外すという選択肢も生まれてくる。このような設定をデザインすることを、私たち研究グループは「役割《プラクティス》と報酬《インセンティブ》を設計する」と呼んでいる。これが企業コミュニティのバランスの中核である。

私と仲間たちは少しずつ自信を持ち始めていた。どうにか企業コミュニティを活性させることができるようになってきた。また、たくさんの企業コミュニティを観察するなかで、そこがどうして非活性になっているのかもだいたい見抜けるようになった。しかし、まだ肝心の部分がぼんやりとしていて、はっきりと見えてこない。

企業コミュニティを観察していると、投稿する人のなかからだいたい5％程度（全登録者からするとわずか1％）の割合で、たいへん活発な参加者が現れる。企業の公式サークル内の発言の大部分が、この活発な参加者によるものとなる。彼らは、企業コミュニティの規模がある程度まで成長すると必ず出現する。他者に対して「もてなし」を行う気持ちが強く、たくさんの人とつながっていて、ポジティブで具体的な発言をする。他者の発言や購買を促し、またそれを波及させることもできる。彼らの存在により、ほかの参加者の帰属意識や貢献意識も高まってくるという好循環も見られる。彼らには特別な才能があるようだ。彼らは仲間が増えることをとても喜ぶ。彼らはまわりの人の参加意欲の増減に関心がある。もしかすると、同窓会の幹事をするような人と同じような特徴を持っているのかもしれない。このような特別な参加者を、私たちは「サポーター」と呼んだ。明らかに特徴のあるこの参加者たちが、間違いなくコミュニティ活性の鍵を握っている。彼らの正体を突きとめることができれば、活性の源泉を探る私たちの航海の目的は、達成されることになるだろう。

「ネットワークは、極めて多数のリンクを持つハブの存在によって、つながっている」

これはノートルダム大学の物理学者、アルバート・ラズロ・バラバシが、２００２年にその著書『新ネットワーク思考』〔青木薫訳、ＮＨＫ出版〕で発した言葉だ。彼は自然界に存在するネットワークには、その中心にハブの存在があるという仮説を、インターネットでつながり合っているウェブサイトを解析することで証明した。

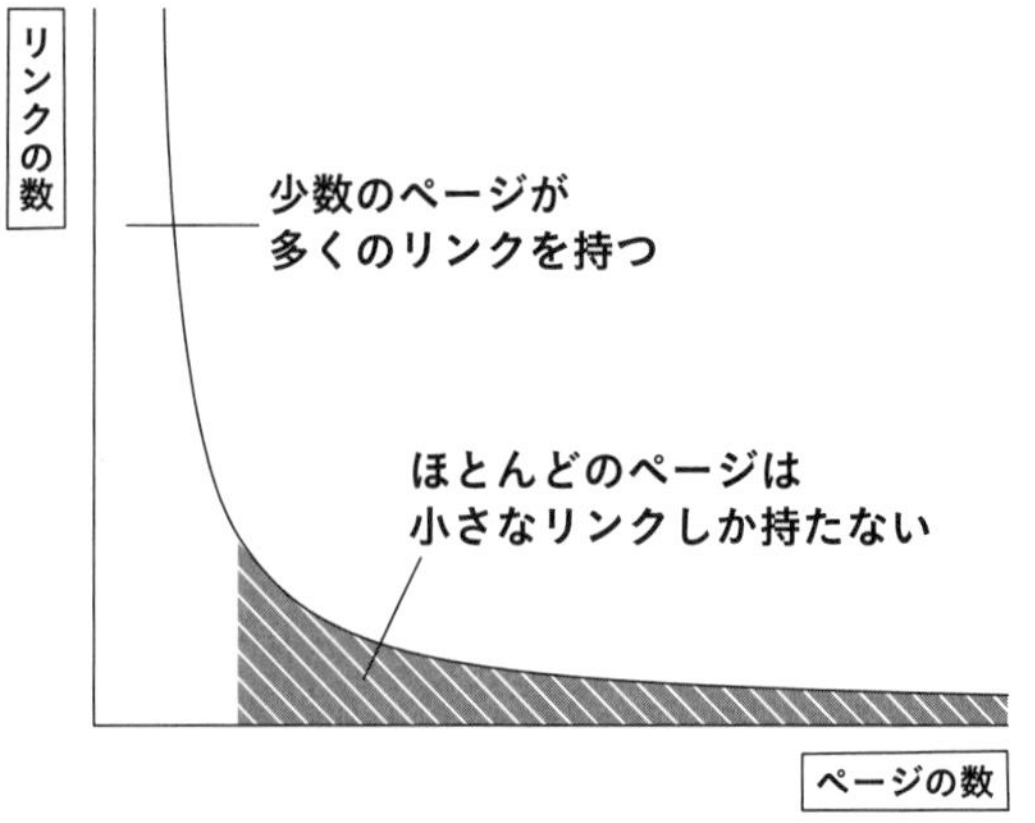

[図4-10]

バラバシの実験で対象になったウェブサイトのページは、2億3００万にものぼる。すべてのページのうち、90%近くが10個以下のリンクしか持たないのに対し、ごく少数のページがなんと１００万個近くのページとつながっていた（図4-10）。インターネットだけではない。航空会社のルートマップやエイズの感染、脳のニューロンのつながりやガンや精神疾患の遺伝子ネットワークも、ありとあらゆるネットワークにハブの存在が確認されている。このようなモデルをスケールフリー・ネットワークというが、この図を見てロングテールを思い出した読者もいるだろう。まさにこれこそがネットワークの描く曲線である。お互いが密接につながり合うスモールワールドをつくりだす秘密でもある。ハブの存在がそれぞれの距離を縮め、世界をとても密接なものにしている。私は遅ればせながらこの発見を知ったとき、サポーターは「ネットワークのハブ」なのではないのか、という仮説を持った。

サポーターの影響力

私たち研究グループは、サポーターをとりまくネットワークの分析にとりかかった。その観察によれば、サポーターを中心とした消費者どうしの関係性ネットワークは次のようになる。ひとりのサポーターのまわりには、だいたい20人程度のフォロワーがいて、そのフォロワーのまわりを100人ほどのライトな参加者がとり囲む。ライトな参加者は、サポーターやフォロワーの発言を読み、自分が同意できる発言に対し、拍手などで応答するようになる。

さらにそのまわりには、自らは参加することはしないが、外からコミュニティの様子をのぞいている閲覧者が1000人ほど集まる。実に、サポーターのインパクトは同心円を描き、約1000倍という計算になる（図4-11）。文字どおり「一騎当千」の消費者である。このことは、企業が

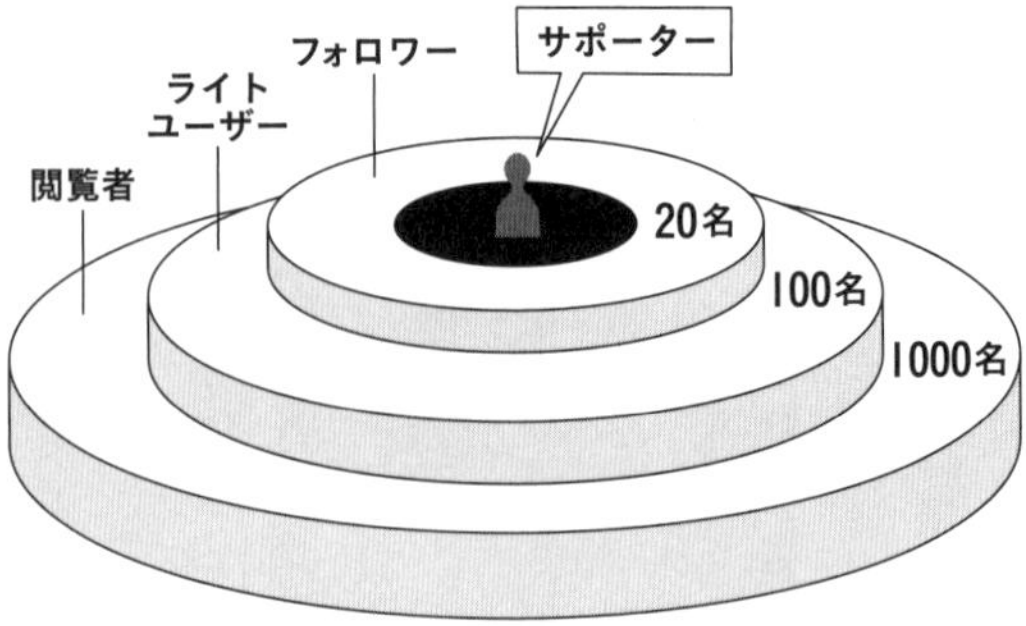

［図4-11］

1000人のサポーターとつながることができれば、100万人に影響を与える自社メディアを持てるということを示している。

私たちの住む世界がスモールワールドになったことで、ひとりの消費者の持つ力も大きくなっている。サポーターはどんなテーマや年齢でも必ず現れる。男性でも女性でも同じようにいる。彼らは、決して表立って有名なわけでもなければ、性格的に前に出ることが信条だというような人でもないが、ネットワークを活性させ、たくさんの人と気持ちでつながることができる才能を持っている。また、企業に帰属意識を感じ、その企業のために貢献をしたいと思っている。パートナーとしての自覚を持っている「顧客社員」ともいうべき存在だ。

歌手の倖田來未《こうだくみ》を一躍スターにした庵野秀明《あんのひであき》監督の映画『キューティーハニー』も企業コミュニティを持っていた。30人のサポーターを抽出して、出演者と引き合わせたり、映画にまつわる先行情報などを提供したりする施策を行った。サポーターたちはたいへん喜び、全国の仲間たちと連絡をとり合い、「ロケ地めぐりツアー」なる企画を実行した。大型バスをチャーターしたユーザー主催のイベントは大きな話題を呼んだ。このようなイベントが、報告されただけで7回も自主的に行われた。映画が、2ちゃんねるなどの情報交換サイトで心ない批判にさらされたときも、「悪くいうのはあなたの自由だが、少なくとも私たちにとっては、大好きな作品である」と、サポーターたちは懸命に映画を擁護した。顧客社員であるサポーターは、攻めるときも守るときも、たいへん心強い企業の味方であった。

サポーターの育て方

いよいよ活性の正体が見えてきた。長い航海の先に見つけたものは、サポーターという消費者ネットワークのハブであった。企業コミュニティの活性は、このサポーターが育つかどうかにかかっている。サポーターが育っていない状態で活性する企業コミュニティというものは存在しない。サポーターこそ、企業がつながり、育て、感謝する対象である。

さて、現在進行中の私たちのミッションを紹介するタイミングがきたようだ。航海の回顧録はようやく現在にまで追いついた。ここまで来るのに12年の歳月を要したことになる。次の課題に挑むうえで重要なことは、サポーターはいきなりサポーターとして現れるわけではないということだ。

いま私たちが取り組んでいるミッション。それは、サポーターをどのようにして育てるかというものである。

日本のドクターズコスメの先駆けであり、新進気鋭の化粧品ブランドである株式会社ドクターシーラボの企業コミュニティもまた大きな活性を見せた。1年間で、通信販売（EC）サイトの売上を14億円伸ばしたその活性の詳細を見てみることにしたい。その原動力のひとつになった「ミッピイ」さんというサポーターの成長記録を見てみよう。その発言の変化に注目してほしい。

《1カ月目》

FROM ミッピイ

私はルーセントを使ってみたいのですが、パウダーって白っぽくなる、乾燥するというイメージがありますが、どうですか？

使用感を教えて下さい♪

《6カ月目》

FROM ミッピイ

みなさんのコメントを見てたら

私も欲しくなっちゃいました。
次に買うのは3Dとアクアインダームに決まりかな。

《12カ月目》

FROM ミッピイ

シーラボの世界へようこそ♪♪♪
シーラボ製品は、天然由来成分でできているので、安心して使う事ができるので、オススメです。わからない事がありましたら、
皆さんに気軽に質問をして下さいね♪とっても親切な方達ばかりですよ〜。
これからも宜しくお願いします。(^O^)

日を追うごとに、ドクターシーラボとその商品に対する愛情が深まり、同時に投稿の品質も上がっているのがおわかりになるだろうか。「ミッピイ」さんはたくさんの消費者とつながっている。また、ミッピイさんの発言は多くの見込み客が閲覧している。それらの消費者ネットワークを、オーガニックでパワフルなサポーターによるメッセージが、消費者どうしの気持ちを伝って伝搬する。これがサポーターの力である。ではいったい、どのようにすればミッピイさんのようなサポーターを育てることができるのだろうか?

ここで大事になってくるのは、やはり心の動き、お互いの間にできる空気である。参加して間もないうちは誰でも空気を読もうと、引っ込み思案になっているので、突然、強い関与を求めても敬遠されてしまう。最初は小さな関与から始めて、徐々に関与のレベルを上げていくという方法をとる。まずは拍手キャンペーンなどを紹介し、お気に入りの投稿に拍手をしてもらうといった軽い行動からお願いしていく。拍手をすれば、その拍手をした対象の人の次の言動が気になるものである。気になって見ているうちに、おそるおそるでも返信を行う人も現れる。返信ができるようになれば、自ら新規の発言を行うという次のステップに向けた心の準備も整い始め、ついには商品開発のモニターに立候補するまでに成長してくれる。

このようにして参加者は、企業コミュニティに少しずつ関与することで、段階的に我が事化を育んでいく。参加することが次の大きな参加意欲を育てる。このようなスパイラルアップの構造を私たちは「関与モデル」と呼ぶ。サポーターは初めからいるわけではなく、お互いのコミュニケーションのなかで育まれる。継続的な対話による関与のくり返しのなかから、つまり、お互いの関係性のなかからサポーターは誕生する。

モデレーターの役割

関与モデルもまた、バランスの結集である。企業と消費者の関係ごとに、独自にチューニングされる繊細なものである。関係は一夜にして育つものではない。関与モデルが機能し、我が事化と帰属意識が育まれるためには、心あたたまる期間を待たなければならない。企業と消費者との継続的な対話による熟成の時間が必要となる。関与モデルは継続的な対話で成立する。また、対話はひとりで完結するものではないので、サポーターやその卵たちと対話する企業側の主体が必要となってくる。企業コミュニティにおける「公式サークル」の運営を行う主体、この役割を「モデレーター」と呼ぶ。本書では、モデレーターの技術の具体的な説明を省略する代わりに、その役割の位置づけを明示することにしたい。

企業コミュニティのモデレーターの仕事は、「能」に詳しい読者なら、「ワキ」のようなものだと思ってもらえればわかりやすいだろう。

日本の伝統的な舞台芸術のひとつである能は、鎌倉後期、およそ650年前に生まれたとされる現存する世界最古の古典演劇である。私が最初に能舞台を観たのは、京都・北白川の瓜生山《うりゅう》だった。私が通っていたメディア美学研究センターが瓜生山にあったのだ。瓜生山の階段をひたすらのぼると、頂上付近に忽然と能楽堂が現れる。舞台の四隅には柱が立っており、その計算し尽くされた配置に感嘆する。あるとき、私は誰もいないのを見計らって、こっそりと舞台の上に立ってみた。正面の柱と柱の間から、山に囲まれた京の街を一望できる。舞台の中央で仰向けに寝そべってみた。何か宇宙の一部になったような、そんな神妙な気分になった。私が寝そべった場所は本来、「シテ」と呼ばれる主役が舞う場所だ（図4-12）。

［図4-12］

シテの後方には囃子方が座る。シテは能面をつけ、ほとんどは神霊などの存在を演じている。一番手前で背を向けているのがワキである。ワキは観客に最も近く、視覚的に邪魔にならない片隅にいる。ワキの服装は、いまでは古典の服装となっているが、当時は観客と同じ服装をすることが決まりになっていた。ワキは観客と同じ現実の世界に住む人であり、フラットな立場で、舞台の上で孤高に立つ神としてのシテと観客との交流の起点となっている。舞台の下の観客は、舞台の上のワキの立場に自分の視点を移行して、シテを見つめることができる。

商品や企業をシテとして考えたとき、それをつなぐ役割がワキとしてのモデレーターである。現在の能では、観客とワキの仕掛けが働いているとはいいがたい。昔の風俗をワキが保持していること自体、本来のワキの役割は機能していないといえるかもしれない。本来のワキは、観客とともにシテに働きかけるアクティブな役割を担っていた。観客に向けてシテの状況を説明し、会場を盛り上げ、その熱気をシテにつないでいく。当時の能は、相当に熱いやりとりが演者と観客との間で交わされていたようだ。シテに働きかける観客そのものを機能させ、舞台を創造するワキ。これこそが企業コミュニティにおいて、モデレーターの担う重要な任務であり、心得ておくべき役割となる。

担当者の役割

さて、これですべての登場人物が出そろったことになる。企業コミュニティを活性させるためには、このモデレーターの役割が重要だ。モデレーターが最も気にしなければならないものも、やはり空気である。私たち研究グループの調査によれば、「投稿はしたいができない」というROMの人々が、場の司会進行役であるモデレーターに求めることは大きい。「威圧されるような雰囲気を消してほしい」「オーナーの人柄が感じられると安心する」「ちゃんと呼びかけてほしい」などなど。企業コミュニティは、インターネットの上に構築されるものなので、そこで必要とされる要素も結局、インターネットの本質に戻っていくものなのかもしれない。そこでは、フラットで、オープンで、オンリーなコミュニケーションを、ロングタームで継続する姿勢が求められる。

対話をするのは誰か？　それは消費者と消費者であり、また同時に、企業と消費者である。企業コミュニティを、お互いがつながる媒体《メディア》とすることがモデレーターの任務である。消費者との間をつなぐモデレーターさえ機能していれば、必ずしも商品や企業そのものが消費者との接点の前線に飛び出していく必要はない。もっと抽象化された存在であってもよいし、直接触れることのできない神格化されたものであってもよい。企業が前に出ていくことよりも大切なことは、集まった参加者どうしが心を通わせ、商品や企業の提供する価値観やメッセージと共鳴し、相互につながり合っていく物語を醸成していくことである。モデレーターは担当者自身が行ってもよいが、そうでなくてもよい。担当者は、消費者どうしをつなぎ、社内を連結させ、それらを互いに結びつける舞台のオーガナイザーの役割に専念するというのも、成功する企業コミュニティのひとつの型である。

企業コミュニティの存在意義

本章ではここまで、企業コミュニティを活性させるための方法を確認した。直接、現実生活や情報交換のソーシャルメディアに踏み込むような真似をせず、価値観と関係構築のエリアに、ファンの集う場所をつくることから始める。最もファンになりやすいのは誰か。それは自社に関心を持っている顧客または見込み客、すなわち、自社の近くにいる消費者である。インターネットにおいて彼らは、自社の企業サイト（オウンド・メディア）のまわりにいる。企業サイトにコミュニティを構築し、彼らを招き入れ、継続的な対話を通して関係を醸成する。その活性したネットワークをほかのエリアのソーシャルメディア（アーンド・メディア）と有機的につなぐことで、インターネット全体に広く影響を与えていく。

企業コミュニティは、自社の特性や状況に合わせた設計を行い、小さく始めて徐々に拡張させる。対処の機能と場に生まれる不文律をもって荒れを回避する。公式サークルとユーザーサークルの配置をバランスさせ、役割と報酬を設定し、関与しやすい空気をつくる。モデレーターによる継続的な対話を通して、サポーターを育成する。企業コミュニティは、企業と消費者の対話によって活性する。私と仲間たちが長い航海の途中で見つけた活性の源泉は、お互いの間で交わされる対話、それによって育まれる関係そのものにあった。対話によって生まれる関係だけがネットワークの活性を育てることができる。

企業コミュニティを活性させる技術の発見は、企業と消費者の新しい関係構築の基盤となるものだ。その基盤の上にはどのような未来が創られるのだろうか？　企業コミュニティは、私たちの社会にどのような影響を与えるのか？　その役割と可能性について、ひとまずの決着を見ることにしたい。そもそも、企業がコミュニティを持つ意味、ソーシャルメディアを活用することの社会的な意義とは何だろうか？　それは、企業と消費者の距離を縮めることにある。いま、両者はとても遠い場所にいる。なぜ、お互いこんなにも遠い存在になってしまったのだろうか？　それは、対話が喪失したからである。

隔絶に架ける橋

近代において企業は効率性を重視してきた。高度に発展した企業社会においては、職能ごとの分業が進んでいる。研究開発は技術者、市場調査はリサーチャー、工場は現場管理者、工場のなかでも実際に生産する役割と数字を追う生産管理の役割で分かれていたりする。営業といっても実際に商品を手にすることはなく、段ボールやコンテナに詰まれたものを物流業者が運ぶための手配に集中しているケースも多い。もしかするとそれすら自動化されており、価格交渉をすることが仕事の中心になっているかもしれない。メーカーの担当者と一言でいっても、本当に商品を消費者に届けている実感を持てる社員はごく一握りだ。それがいまの資本主義社会のひとつの歪みをつくっているのかもしれない。本当は社員ひとりひとりが、自社の商品やサービスのファンであり、就職活動のときにはあれほど熱心に商品や企業を語っていたのに、いつの間にかその熱意はすべてが実感をともなわない抽象的な流れ作業に置き換わってしまう。

分業の流れ作業になるのは、社内の仕事だけではない。たとえば、広告を打つという行為ひとつとっても、それを広告代理店に任せ、消費者に伝える内容を他者に代行させるという行為も日常の風景となった。

また、それらのメッセージは広く一斉同報で配信される。消費者はさまざまなメディアと接するなかで、毎日たくさんの広告を目にするが、そのほとんどが自分とは無関係な情報である。消費者が企業に対して自分の欲するものを伝える手段も少ない。それゆえ企業が消費者の欲するものを理解することは難しい。そうなれば、消費者がほしいと思うものが市場に現れることも少なくなる。

お互いに対話の対象として見られない状況が続けば、企業と消費者の距離は離れていく。そのような遠い関係においては、消費者は文字どおり「消費」するという行為でしか企業とコミュニケーションをとることができない。企業も売上の増減という数字でしか消費者をとらえることができない。それは、お金だけでつながる関係である。お金は、誰が持っても同じように使えるその特性上、交換可能性が高いものである。つまり、企業にとってのお客は「あなた」である必要がないように、消費者にとっても購入元はその企業である必要はないということになる。

遠く離れた両者の距離を縮め、お互いにもっと有機的につながっていこうという試みが、企業コミュニティ施策である。企業コミュニティは、企業と消費者が「価値観で共鳴し合う関係構築の場」をつくる。その場所は、企業にとって、消費者の力を企業活動に活かすことができる場であり、また、消費者にとっては、仲間との心地よい交流の場であると同時に、企業を通して社会とつながるための場所でもある。企業をとりまくネットワークが活性することで、お互いの関係がより直接的で、創造的なものに変わっていく。そのとき企業コミュニティは、企業と消費者の隔絶の間に架かる橋となる。企業コミュニティがもたらすもの。それは、市場における対話の復活である。両者はもっとわかり合える。

企業コミュニティの挑戦

商品や企業には商標《ブランド》がある。ブランドとはもともと、自分の家畜に施す焼印から由来した言葉で、他者の家畜と区別するために行われていたものであったらしい。

商品や企業のブランドも、他社のそれと区別するために刻まれた焼印であるという点では同じだ。しかし、ネットワーク時代になってその焼印は、商品や企業に押されるものから、消費者の胸に輝くものへと変わった。それは、消費者が自ら進んでつけるバッジのようなものであり、そのバッジはブランドのファンであることを示す証でもある。21世紀、もはやブランドが発する物語をそのまま受けとる消費者は絶滅寸前だ。物語を受容するだけであった消費者は、自ら物語をつくりだす発信者へと姿を変えた。ブランドのまわりに形成されるネットワークには、たくさんのファンが集まり、それぞれが多種多様な想いを物語る。

自ら語り始めた消費者との関係によって、ブランドは他社のそれと区別されるようになり、企業コミュニティの活性が、ブランドのもとに形成されるメンバーシップを促進させる。顧客を囲い込む時代から、顧客に囲い込まれる時代が到来している。ブランドはファンによるメンバーシップによって育まれるものとなる。いや、むしろ活性するメンバーシップの姿がブランドそのものとなる。

企業コミュニティは、ソーシャルメディアの不毛性を解消できるかもしれない。繭化による社会との隔絶という、ソーシャルメディアが抱える問題を解決する可能性がある。その方法は、自由な発言を保障する安全で親密な思いやり空間を用意し、その場から生まれる多様なオピニオンを社会と強力につなげる機会を提供するというものだ。「マイノリティ以前の孤独」が言葉を発する力を持てば、価値観と情報交換のソーシャルメディアが機能し、アテンションの配分・配置が行われるだろう。「これがすべてだ」と誤解させてしまう危険性が払拭されることで、より活発で有益な集合知が形成されるようになる。また、参加者が社会を創るという共通の目的を持ち合ったとき、現実生活のソーシャルメディアにおける人間関係にも変化が訪れるはずだ。いまよりもお互いを認め合い、それぞれの意見や立場を尊重し合えるようになることで、関係の硬直化も緩和されるだろう。ソーシャルメディアの不毛性はそれぞれのエリアが機能し、影響を与え合うことで解消される可能性がある。

企業コミュニティの費用負担

しかし、その場所がどんなにすばらしいものであったとしても、企業コミュニティをつくり、それを運営するためには費用も労力も必要となる。この負担を誰が担うのかという問題が残る。消費者がお金を出してまかなうか、企業が予算をつけて運営を引き受けるかのどちらかしかない。基本的にインターネットは無料の世界であるから、企業コミュニティを消費者からの課金でまかなうことは現時点では考えづらい。

とはいえ、企業が運営するということになれば、企業コミュニティによって利益を生み出すこと、つまり、ネットワークを収益化《マネタイズ》することが求められる。なぜなら企業という活動体は、利益を上げることを社会と約束している存在だからだ。利益が上がらなければ、従業員に給料を支払うこともできないし、取引先にも迷惑をかけることになる。また、その企業の成長に期待して投資してくれたすべての株主を裏切ることにもなる。そのような企業は、いずれ投資してくれる人がいなくなる。そして資金が底をつけば倒産することになる。そうなれば、その企業のファンである消費者を悲しませることにもなる。企業コミュニティが利益をつくれないのであれば、企業はその場所を継続して運営することはできない。仮に、企業コミュニティが活性し、自社をとりまくネットワークが拡張を見せるとしても、これを利益としてリターンさせないかぎり、閉鎖するしかなくなってしまう。いや、利益の見込みが立たないのであれば始めることすらできない。

とどのつまり、消費者に商品を買ってもらえないのであれば、企業コミュニティがあっても意味がないということになってしまう。むしろその場所は、積極的に利益をつくるためのひとつの施策として開設されなければならない。私は、企業コミュニティをご提案する商談のテーブルで、担当者の方が、「これはぜひやってみたい施策だ」と評価される一方、「いまはどんなことでも予算が絞られていく時代ですからね。お金をかけるのであれば、それを回収できることを証明しないと、新しい施策に挑戦することはできないんです」と肩を落とされるシーンに何度も居合わせた。この重い現実を乗り越えることが私たち研究グループの次なるチャレンジとなった。

次章からは、企業コミュニティを使って、企業が利益を上げるためのノウハウを紹介する。読者には、ひとつのベンチャー企業が新しいビジネスモデルを構築する物語、その舞台裏の試行錯誤のプロセスをのぞいてみてほしい。

†

私と仲間たちは1998年から、企業コミュニティを活性させ、それを利益につなげることを目標にさまざまな活動をくり返してきた。ご一緒した企業は300社を超える。よく日本ではベンチャーが育ちにくいといわれる。「出る杭は打たれる」といった文化の側面や、起業支援が薄いといった制度の問題がその理由とされる。部分的には事実なのかもしれない。しかし、日本経済で活躍する各社の経営者や担当者の方々は私たちの挑戦を理解し、共感し、応援してくれた。私たちを「出入り業者」や「下請け業者」の扱いをせず、未知の問題を一緒に考えていく「仲間」として扱ってくれた。未熟な私たちを育てようとしてくださる方にも多く出会えた。このようなあたたかい手に支えられた経験を持つ私は、それらのベンチャー支援に否定的な意見には簡単に同調することはできない。

日本経済はあたたかい。出会うことは容易ではないかもしれないが、ベンチャーの夢を育てるネットワークは、この日本にも希望の潤いをもって存在している。

マーケターでない読者には、理解に時間がかかるような深いテーマも出てくるかもしれない。可能なかぎり図を用いて、理解しやすいよう説明を試みるが、もちろん読み飛ばしてくれてかまわない。しかし、行間からでも、普段は触れることのない企業側の苦労やその熱い想いを感じてほしい。企業が決して消費者とドライな関係を求めているわけではないことを理解してもらえるはずだ。その熱情を知ることで、社会を見るあなたの目が少しでも変わったとしたらうれしい。

マーケターの読者は、企業コミュニティの先行事例を知ることで、そのインパクトに驚かれるのではないかと思う。時代がスモールワールドになったことで、ひとりの顧客の力が極大化している。ひとりの顧客との深い関係が市場全体に影響を与え、大きな経済効果をもたらすようになり、ブランドはメンバーシップそのものとなった。深い関係を構築するには、やはり深い対話が必要となる。対話を通して顧客の反応が深く見えるようになると、顧客ひとりひとりの変化が個別具体に感じられるようになる。それらと触れ合う機会は、市場そのものに触れている感覚を呼び覚ます。市場とのリアルタイムな対話はマーケターに新たな視界を提供する。マーケティングはお互いの変化や成長、喜びや感謝を確認する対話となる。その対話から生まれたホットな関係がネットワークを伝って世界に拡張していく。対話そのものが利益創造のプロセスに組み込まれ、つながることが価値になる。21世紀、マーケティングを恋するように楽しんでみたい。

いよいよ、ネットワークをマネタイズする方法について詳細にその成功の秘密を明らかにしていくことになるが、紹介する事例は借り物をいっさい使わず、私たちが実際に実施した結果を披露することにする。「正しく顧客を支援する会社が勝つ」といった身も蓋もない不毛な抽象論に陥らないようにするため、自分の足で回り、自分の目で見て、自分の耳で聞いた状況を足場にして、企業が抱える事情や難しさを踏まえ、その複雑な現状から逃げないよう話を進めていきたい。

最近、国際規模で事業を展開されている企業から、私たちと実施しているソーシャルメディア施策が、グローバルで注目されているという話を聞くようになった。期待を込めての見解になるが、ソーシャルメディアをマーケティングで活用する最新事例、すなわちネットワーク時代に適応する企業コミュニティ施策の先端は、現在、「和をもって尊しと為す」この日本にあるのかもしれない。

第5章 つながることが価値になる・前編

私たち研究グループは、活性の源泉を探る航海をする一方で、同時にその活性を収益に変えるための試行錯誤も行っていた。実戦で利益をつくれなければ、クライアント各社の満足は得られない。クライアント企業の満足が得られなければ、私たちの会社の売上もない。売上がなければ、研究費が捻出できないどころか、会社の存続すら危うくなってしまう。

企業コミュニティは、本当にクライアント企業の利益につながるのか？　顧客ネットワークを収益化《マネタイズ》することなど、私たちにできるのだろうか？　プロジェクトが始まった当初、私を含め乗組員はみな半信半疑だった。とにかく前例がない。参考にできる事例もない。それはまるで砂の上に塔を建てるような気持ちだった。しかし、事業を一本化したことで、私たちの船はここを突破する以外に生き残る道がなくなっていた。私たちがめざしたもの、それは企業コミュニティの収益化《マネタイズ》、たとえるなら、マネタイズの塔の建設であった。

ある年の忘年会

まだいまよりもずいぶんと会社が小さかったころ。2005年の忘年会のことだ。私たちは、十数名が入ればいっぱいのイタリア料理店で「今年も生き残ったぞ！」とお互いの功労に拍手を送り合っていた。こんな単なる忘年会ですら感動の共有になるというのが、ベンチャー企業の楽しいところだ。関西に出張しているスタッフから連絡があり、通信販売のクライアント企業との打ち合わせがあるので終わりしだいすぐに東京に戻るが、忘年会の会場に着くのはギリギリの時間になるという。1年の最後だからみんなと乾杯して今年を締めくくりたいのだそうで、自分が到着するまでお店にいてほしいとのこと。宴会が始まって間もなく、その彼から私に電話が入った。どうやら新幹線のホームにいるようだが、よほど興奮しているのか早口で何をいっているのか聞きとれない。とにかく落ち着いて話すように伝えた。

「ふぅ」

と、彼は大げさに呼吸をし、妙にかしこまった口調で話しだした。

「いいですか？　お伝えします」

「どうぞ」と私。

「大変な数字が出ました。コミュニティの参加者の直近6カ月の購買総額が計測されました」

息をのむ。一瞬の間。

「なんと、23％の向上です！　3000名の平均値で、購買総額が1・23倍に上がりました」

たしかに「大変な数字」だった。それまでも、企業コミュニティに参加している利用者に向けたアンケートなどから、継続的な企業との対話が相互の信頼関係《ラポール》を形成することはわかっていた。企業コミュニティに参加する人々は、さまざまなコミュニケーションを通して、徐々に関与の度合いを強めていく。落ち着いて自分と向き合える場所を提供してくれる企業に対し、消費者は心を開いてくれるようになる。

また、企業との対話は、消費者に社会との対話を連想させる。その影響力は小さくとも、強烈な社会参加の意識が芽生えていることも知っていた。彼らに宿るものは、「私たちは○○社のコミュニティの住民です」と表明するほどの帰属意識《ロイヤルティ》だ。この通信販売の会社は半年間にわたって、企業コミュニティを運営してきた。あたたかい関係も育ってきた。しかし、顧客の気持ちがあたたかくなるだけでは、企業が本気で取り組める施策にはならない。売上が増えなくてはならない。

半年前に参加した顧客は約3000人。果たして、この顧客の購買総額はいくらほど向上するのか。3000人の購買データを集計し数字で結果を出す。もし、売上が増えていなければ、企業のマーケティング施策としては失敗だ。契約期間の終了と同時にこの企業コミュニティも閉鎖されてしまうだろう。きっと帰属意識の感情は、購入の意思決定にも影響を与えているに違いない。その試みの結果が、電話の報告の内容であった。忘年会の会場は歓声に包まれた。「仮説は正しかった……」と、役員のひとりが空のビールジョッキを抱え、小さくガッツポーズをとった。

ライフタイムバリュー

さて、帰属意識とは何か？　もう少し掘り下げて考えてみたい。一般的には、あるブランドに対する帰属意識が向上すると、その顧客はブランドに費やす時間とお金が増加し、また、ブランドを他者に推奨する頻度も高まるといわれる。このような顧客1人当たりの利益の貢献量は、ライフタ

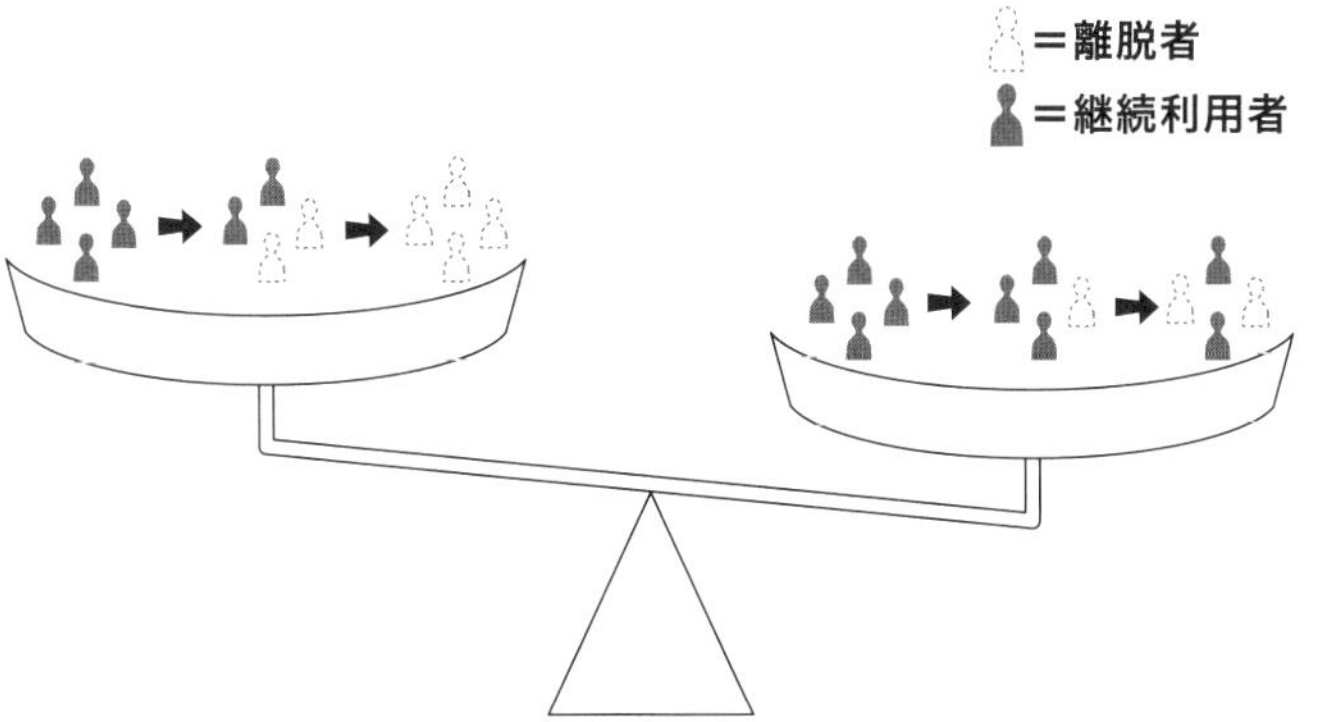

［図5-1］

イムバリュー（LTV：Life Time Value）と呼ばれる指標で計測されることが多い。LTVは、顧客のライフサイクル（顧客が最初の購入をしてから購入をやめるまでの期間）を通して、その顧客がブランドにもたらした利益を累計した指標で、日本語では「顧客生涯価値」と仰々しい訳が当てられている。

LTVは、PDCAサイクル同様、マス・マーケティングの会社には馴染みの薄いものだった。なぜかといえば、宣伝広告の指標は新規獲得が中心であったからだ。本当はすべての販促活動は、新規獲得と継続利用を掛けて、その面を見なければいけないわけだが（図5-1）、マス・マーケティング全盛の20世紀は、その継続利用の計測の難しさや、部署や業務の細分化などを理由に、新規顧客の獲得に重きを置く会社や施策が大半を占めた。

当たり前のことだが、新規顧客を獲得したと喜んだところで、実際はそれ以上の継続顧客が離脱していれば、収支はマイナスになる。インターネットの登場で、いままでとは比較にならないほど安価に顧客リストを保有できるようになり、顧客ごとの行動分析も容易に行えるようになった。このような背景から、各社とも急速にLTVの計測を始めるようになった。

LTVを向上させるためには、ブランドに対する満足度を高めることが必要となる。ブランドへの満足度が帰属意識をともなうほどの感情であれば、かなり強度な継続意向の要因になっているといえる。

企業コミュニティが帰属意識の醸成に一役を買うことは、その後のさまざまな計測を通して実証された。私たちのマネタイズの塔は、ぐらつきながらも、一段一段確実に積み上がっていった。通信販売（EC）サイトを運営する会社を数社ピックアップし、企業コミュニティによる成果の平均を見てみる。それぞれ1万〜1万5000人をサンプルとして抽出し、1年間のコミュニティ活動を通してどの程度の購入総額が向上したかを調べてみると、PC利用者で約7000円（1・43倍）の向上が見られ、ケータイ利用者では約1万2000円（2・68倍）の向上が確認された。

注目すべきはこの向上の理由が、1回当たりの購入の金額が上がったのではなく、年間を通じた購入の頻度が増えたことによるものであることだ。注文回数は、平均1・47倍も向上している。これは興味関心の持続が購入頻度を増やしているのだと分析できる。

購入頻度が上がるということであれば、住宅や車のような高額商品の場合はどうなるだろうか？

高額商品のなかには、人生に一度購入するかどうかというような大きな買い物もある。そういった場合、購入頻度が上がるということは考えづらい。しかし、このようなケースでも企業コミュニティは効果を発揮する。高額商品は必然的に検討期間が長くなる。見込み客のなかには、検討しているうちに購入の動機をすっかり失ってしまう人もいるほどだ。ここに照準を定めて舞台を設計する。企業コミュニティが活性し、参加者の帰属意識が高まってくると、ブランドに対する関心が強くなる。そのことによって、購入を検討する機会の頻度に向上が見られるというストーリーが生まれた。検討機会が増加すれば、購入率も向上する。

活性を計る指標

私たち研究グループは帰属意識を高めることに成功した企業コミュニティを並べて、その共通項を探すことにした。帰属意識が向上する理由が明確になれば、売上に貢献する企業コミュニティの姿をとらえることができる。それさえつかめれば、帰属意識の向上を計画的に再現することも可能になるはずだ。これが、私たちがもう一段上に積み上げようとしたものであった。

案の定、活性する企業コミュニティのすべてに見られる上昇値があった。コミュニケーションがやりとりされる交流量である。それは発言の数であったり、拍手の数であったりする。帰属意識の高い企業コミュニティは、おしなべてこの交流量が多い。これは間違いなく、成功を計るひとつの指標といえそうだ。

しかし、交流量が多くても帰属意識は低いというケースも見られた。これは企業コミュニティに限ったことではない。たとえば、企業が保有している顧客のメールリストなどは、低い帰属意識に陥っていることが多い。顧客資産を有効活用すべきだと喧伝され、各社とも争うようにプレゼントで登録をあおり、顧客のメールアドレス集めに躍起になった時期があった。

しかし、せっかくのメールアドレスのリストもコミュニケーションがなければ干からびていく。集めただけで放置して、ほとんどが非活性なまま干物のようになっているケースも多い。これでは顧客資産の有効活用どころか、リストの保有だけで費用がかさんでいる状態だ。このような顧客リストでもたいていの場合、プレゼントキャンペーンのときだけは交流が生じる。しかし、単に相互のコミュニケーションが多く交わされているからといって、帰属意識も高まっているだろうと思うと早合点になる。交流量だけでは帰属意識は育たない。

私たちは企業コミュニティで交わされた500万投稿に及ぶ消費者のコミュニケーションを観察した。数年にわたる分析の結果、参加者の帰属意識に影響を及ぼすメッセージに共通する特徴を発見した。

帰属意識を育むコミュニケーションには必ず、心あたたまる感謝の気持ちが添えられていた。それらのメッセージには、「ありがとう」といった感謝に準ずる言葉が含まれていた。企業コミュニティの運営に長く携わっている担当者はみな、一様にこの感謝の威力をたたえる。「ありがとう」

はサポーターたちの常套句でもある。企業コミュニティにおいて消費者は、商品を購入する以外の行為で企業から感謝されるという経験をする。ここでは「感謝すれば、感謝される」という循環が起こっていて、それは、心あたたまるコミュニケーションで増加する。心の通った対話が交われたというサインが感謝の表出だといい換えてもよい。

カゴメのコミュニティでは、凛々子の収穫時期が始まると、図5-2のような利用者の育てたたくさんのトマトの写真がアップされる。まるで我が子を自慢するかのような溺愛ぶりである。収穫のピークが終わるころには、トマトを使った料理にチャレンジするさまざまな体験談が投稿される。そのままトマトにかぶりつく子どもからホールトマトをつくりだす方まで、その試みは色とりどりだ。そのなかには、カゴメの主力商品であるケチャップづくりにチャレンジする方もいる。その体験談を紹介したい。利用者が自分自身の経験を通して、企業に向けた感謝の気持ちを持つようになる様子が見てとれる。

［図5-2］（出所）カゴメ株式会社「カゴメわくわくネットワーク」より投稿者の許可を得て掲載。

先日、凛々子を沢山収穫できたことを書きました。
その後日談です。
（中略）
ガイドブックに載っているケチャップに
挑戦することにしました。

（中略）

大きなボール1杯のトマトを湯剝き、ざく切り、煮詰めました。

そしてつぶして漉してさらに煮詰める、煮詰める、煮詰める。

（中略）

ビンに詰めて完成！

この1瓶しか出来なかった……。

農産物売り場の瓶入りケチャップが高いワケだよ。

こっちが煮詰まりそうでした。

途中でこのままトマトスープやトマトソースにしようと何度思ったか。

食べるのがもったいない。

ケチャップ、作るのタイヘンです。

カゴメさん、代わりにいつも作ってくれてありがとう！

このように感謝の気持ちを表現した人にも、それを読んだ人にも、それぞれに帰属意識《ロイヤルティ》の向上は見られる。私と仲間たちは、インターネットを使った新しいコミュニケーション手段の開発を自らの使命とした。人跡未踏の領域を開拓しているつもりで仮説と検証をくり返してきた。しかし、大量の分析データを眺め、実験をくり返すなかで行き着いたのは、昔からいわれつづけている「感謝を大切に」という基本的な教訓であった。拍子抜けというと、そうだったかもしれない。それでも、なんだかんだいいながら人間というのは、心に響くリアリティを感じるものが好きなんだなと思わされ、私たちはどこか安心させられた。

［図5-3］

企業コミュニティは、参加者の帰属意識を高める。帰属意識の向上は、購入頻度を高めることで既存顧客のLTVを向上させる。このような企業コミュニティを育てるためには、交流量と感謝量という2つのKPI（Key Performance Indicator：重要業績評価指標）を追っていくことが必要となる。いい換えれば、その企業コミュニティが帰属意識を高める力を持っているかどうかは、交流量と感謝量の掛け算で計測することができる(図5－3)。

新たなミッション

私と仲間たちは、寝食を忘れて企業コミュニティをマネタイズする方法の発見に没頭した。企業コミュニティのマネタイズに成功すれば、企業と顧客のコミュニケーション施策に予算がつき、それが継続される。正直なところ、私たちの会社も儲かる。そうなれば、研究開発費も十分に用意できるし、株主にも恩返しができる。それだけではなく、広告かユーザー課金しかない20世紀のモデルからいまだに脱却できていないインターネットを、次の時代に変えていくことができるかもしれないし、繭化《コクーン》して小さく固まっているたくさんの消費者コミュニティを、企業を通じて社会とつなげていくことも夢ではない。

企業と消費者のコミュニケーションのマネタイズ、いい換えれば、インターネットらしいマネタイズの発見。これこそがインターネットを、また、私たちが生きる社会をよりよくしていく方法のひとつになるはずだと考えた。私たちのベンチャー船は、船体《ボディ》はおんぼろだったが、旗《フラッグ》だけは大事にしていた。

企業コミュニティが活性すると、帰属意識の向上が見られ、継続の向上に寄与することは多くのケースで実証された。また、企業コミュニティの交流を感謝の方向に傾けることで、それを再現することも少なからずできるようになった。しかし、既存顧客による売上貢献だけでは、乗り越えられない厳しい局面も多くあった。たとえば、経営方針の大戦略が新規顧客の獲得に設定されている企業に対して、「継続が大事だ」などといってもよけいなお世話でしかなく、手前勝手な独り言にすぎない。予算をばっさりと減らされるだけだろう。

さて、面舵一杯。継続の次に私たちに託されたミッションは、新規顧客の獲得であった。それができれば、マネタイズの塔も大きく上に伸ばすことができる。

希望の星

帰属意識の向上が報告されてから2年が経った2007年。コミュニティの分析を担当していた研究スタッフが、データの異変に気づいた。発言量が一定の規模にまで成長した企業コミュニティは、ある地点から外部からの閲覧者数が際立って伸びる。多い企業では、登録者数の10倍近い閲覧者が訪れるようになる。なぜ、このような大きな変化が起こるのだろうか？　因果関係の究明が始まった。私たちは、ここに何か重大なヒントが隠されているはずだと推察した。

まずは登場人物の整理だ。発言が増えると閲覧が増えるわけだから、この舞台には発言者と閲覧者とがいる。それぞれの出自を調べてみると、発言者はだいたいにおいて、すでに商品を購入したことがある既存顧客であった。活性する企業コミュニティにおいて、既存顧客の帰属意識は向上し、購入頻度や検討機会が増えることで売上に貢献することはわかっていた。問題は、新規顧客の候補、すなわち見込み客の顧客化である。閲覧者のほとんどは、その商品をまだ購入しておらず、検討中または検討もしていないような見込み客であった。企業コミュニティの閲覧者が増加しているという事実は、新規顧客の獲得による売上貢献の希望の星となった。お客さまをお魚にたとえて申し訳ないが、池に魚はいるということはわかった。

交流量が増えると閲覧量も増えるという関係は、既存顧客の帰属意識の向上が、新規顧客の獲得につながる可能性を示唆する。なぜなら、既存顧客の活性が企業コミュニティの交流量を増加させ、それが閲覧者（＝新規顧客の候補）を増加させているからだ。既存と新規の両取りという夢のような施策が生まれるかもしれない（図5－4）。私たちは逸る気持ちを抑え、参加者の行動が示す数字と発言を追っていった。分析を進めていくうちに、閲覧者がどのようなルートで訪れているのかが見えてきた。急増した閲覧者の半数以上が検索サイトを経由した来訪であった。

背景として、最近のインターネット利用者は、ウェブサイトを探す際に検索サイトを利用することが多くなった。昔のようにURLを打ち込むことは少なくなった。しかし、検索サイトには有象無象の検索結果が現れるので、利用者はどれを見たらよいのか迷ってしまう。そこで、より確実に目的のサイトを見つけるため、複数のキーワードを検索ワードに指定し、検索結果を絞り込むとい

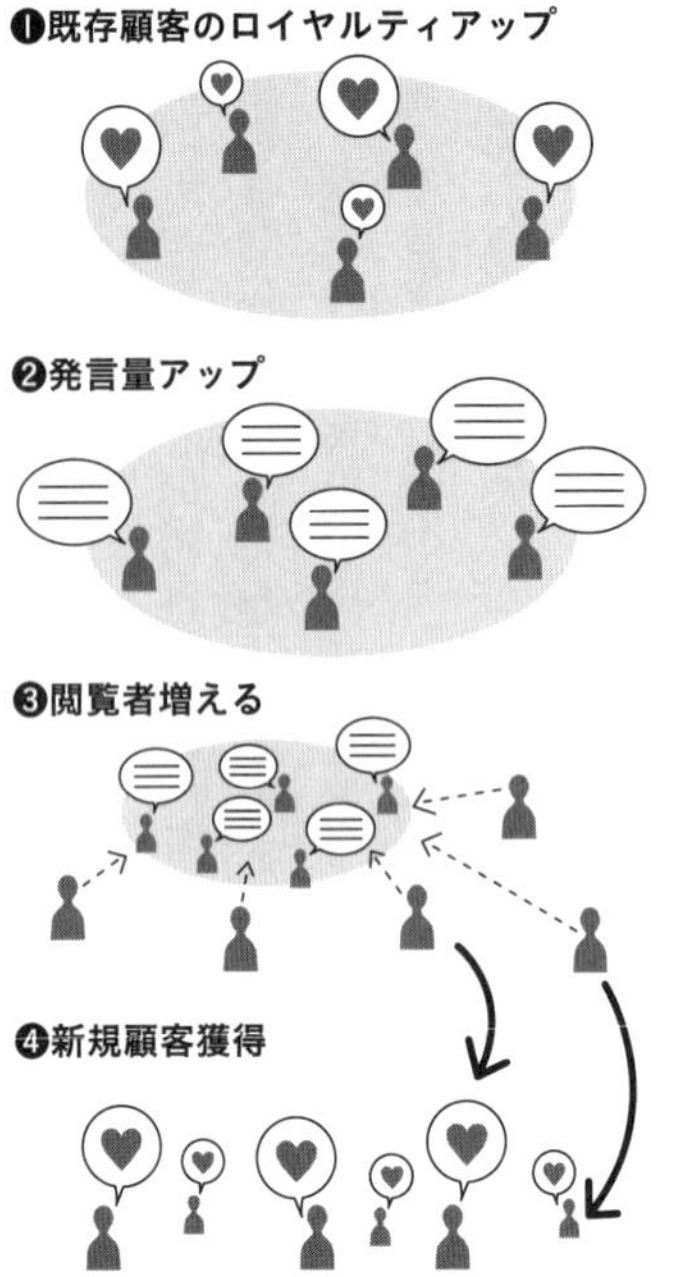

［図5-4］

う行動をとるようになった。これをやられてしまうと企業のウェブサイトはたまらない。検索結果から企業サイトが漏れてしまうのだ。

企業コミュニティがこの問題を解決する。ある商品のケースでは、グーグル等の検索サイトから企業サイトへの遷移をもたらした検索キーワード（消費者が自ら検索し、興味を持ったキーワード）のうち、2割はマーケターが想定していたものだったが、8割は企業コミュニティ経由でつくられる消費者によって発信された多種多様なキーワードであった。なんとその数は6カ月で10万ワードにのぼった。閲覧者が検索してやってくるキーワードは、年間に検索される回数がわずか数回足らずという、小さくて個人的なキーワードがほとんどであった。しかし、これらのキーワードが蓄積されることで、ロングテール現象をつくりだし、企業サイトに新規の閲覧者を呼び込む導線を検索結果として表示させる。

ロングテールへの対応

たとえば、「通勤」「ステンカラーコート」というキーワードでググッて（グーグルで検索して）もらえば、株式会社レナウンの企業コミュニティに一般の利用者から投稿されたメッセージが、検索結果の10位以内に表示されているはずだ（2011年4月現在では3位）。それをクリックしてもらうと、図5-5のような写真つきのメッセージが開く。

［図5-5］（出所）株式会社レナウン「D'URBAN COMMUNITY」より投稿者の許可を得て掲載。

ダーバン『ステンカラーコート』レポート第3弾　通勤で着用した際の感想＆2週間着用してみての総括

（中略）

日一日と寒くなる今日このごろ、防寒性よりカッコ重視でまだコートの前は留めずにヒラヒラさせて歩いています。それでもコートサイズがジャストフィットでスーツの上にピタッと決まってくれるおかげで、ビジネスでの緊張感ある雰囲気を醸し出すことができたと思います。

（中略）

このコートは　自らのプレゼンスを主張するだけではなく、女性陣を華やかに彩り引き立ててくれるオールマイティな一着となっております。また、日本人の美意識である自己主張を抑え周囲と調和を図ることでかえって相手の豊かな想像力をかきたてさせてくれる、侘（わび）寂（さび）の心を感じさせてくれるのは、やはりダーバンが長年培ったコートづくりの伝統的な芸術からくるものでしょう。

（中略）

ぜひ皆さまにも着ていただき、ビジ・カジ両面で楽しんでいただきたいと本当に心から思っています。スタッフの皆さまには今後もぜひゴアテックスダーバンステンカラーコートを定番化して改良を加え二代目、三代目を育てていただきたいと思います。

レナウンの公式サークルに投稿されたこの3000文字のサポーターによるメッセージには、たくさんのキーワードが含まれている。これらのキーワードはすべて、グーグルやヤフーなどの検索サイトから検索される対象になっている。「レナウン」や「ダーバン」という、社名や商品名は、企業サイトにも記載されているような主要なキーワードであるので心配はいらない。単刀直入に、このようなキーワードで検索されるようなことがあれば、企業サイトは検索結果に表示されているはずだ。

しかし、「通勤」や「ジャストフィット」といった、商品から類推されるキーワードになると途端に心細くなる。いくつかは拾えているかもしれないが、大部分は漏れているだろう。漏れてしまったキーワードをたったひとつでも検索ワードとして利用者が入力した時点で、その検索結果に企業サイトへのリンクが表示されることはなくなる。さらに「ヒラヒラ」「カッコ重視」「ビジ・カジ」などといった、利用者それぞれの生活シーンから発せられる細かいキーワードは、マーケターの発想が到底及ばない領域である。だが、利用者はこのような自分に近しいキーワードこそ好んで入力する。企業コミュニティを持たない商品や企業は、これらをすべてとりこぼしてしまう。ロングテール化しているユーザーの関心の広がりとそのスピードに、企業が手作業で対応することはできない。ロングテール現象は自然が描く二次曲線なのである。

心を動かすメッセージ

もちろん、閲覧者、すなわち新規見込み客が増加しただけでは売上をつくりだすことはできない。ここで喜んでいてはクライアント各社から見放される。なぜなら、見込み客が態度変容し、購入に至らなければ売上にはならないからだ。閲覧に訪れた見込み客の心に変化が起こるか否か、そこが運命の分岐点となる。

私たち研究グループは、複数の企業コミュニティにおいて、外部からの閲覧者の心にどの程度の変化が見られるのか効果検証を行った。訪れた閲覧者が冷ややかな視線で通り過ぎているのであれば、この施策自体が無意味ということになる。せっかく生まれた長い尻尾の恐竜もやっぱり化石であったと封印されてしまうことになる。調査開始から結果が出るまでの期間は、調査に協力してくれたクライアント各社にとっても、今後の施策の方向性を決める緊張感をともなうものであった。

その結果は私たちを安堵させた。調査対象者の平均値を見ると、外部からの閲覧者で購入意向を持ったという人はなんと45%。半分に迫る勢いであった。これは強度に態度変容しているといいきってもいいほどの数字である。いったい何が起きているのだろうか。何が彼らの態度変容を促しているのだろうか。私たちには、おおよその見当はついていた。交流に加えて必要なのは感謝である。つまり、心の通ったコミュニケーションが効果を発揮しているはずだ。

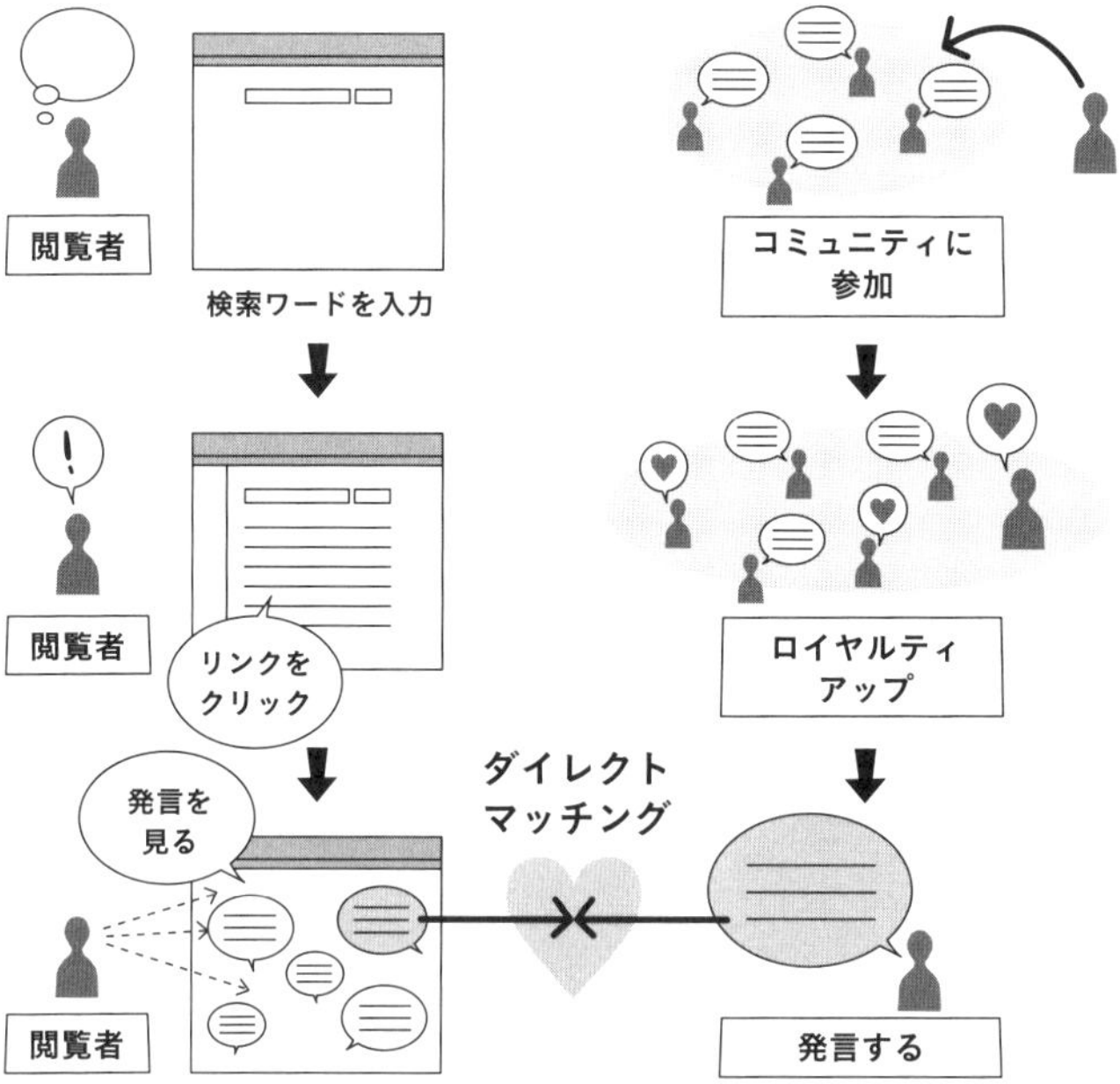

［図5-6］

状況を時間軸に沿って見てみよう。まず、新規見込み客は、自分自身の興味関心に極限まで近いキーワードを検索サイトに入力する。検索サイトがお目当てのウェブサイトをわずか数ページにまで絞り、検索結果として表示してくれる。見込み客はそのなかからリンク先を選択する。そこに表示されているのは、自分の関心事を自分の行動で探し出した、「自分と関係が深い」メッセージである。そしてそれは、企業に帰属意識を持った「ファンによる熱い感謝」のメッセージでもある。物語と物語のダイレクトマッチングが自然な形でなされ、見込み客の心を射止めている(図5-6)。閲覧している見込み客の行動もオーガニックなものであるし、投稿している既存顧客の動機も内容もやはりオーガニックなものである。そこには、無機質で戦略的な嘘や思惑が挟まる余地がない。

では、具体的にどのようなメッセージが態度変容を促しているのだろうか。強力な影響をもたらすメッセージを観察していると、それらを特徴づける2つの軸が浮かび上がってくる。それは、メッセージが持つ「豊かさ」と「広がり」だ(図5-7)。ドクターシーラボを例に、より詳細をのぞいてみることにしよう。まず、企業から発信するメッセージを左下に置いて、その出発点とする。

［図5-7］

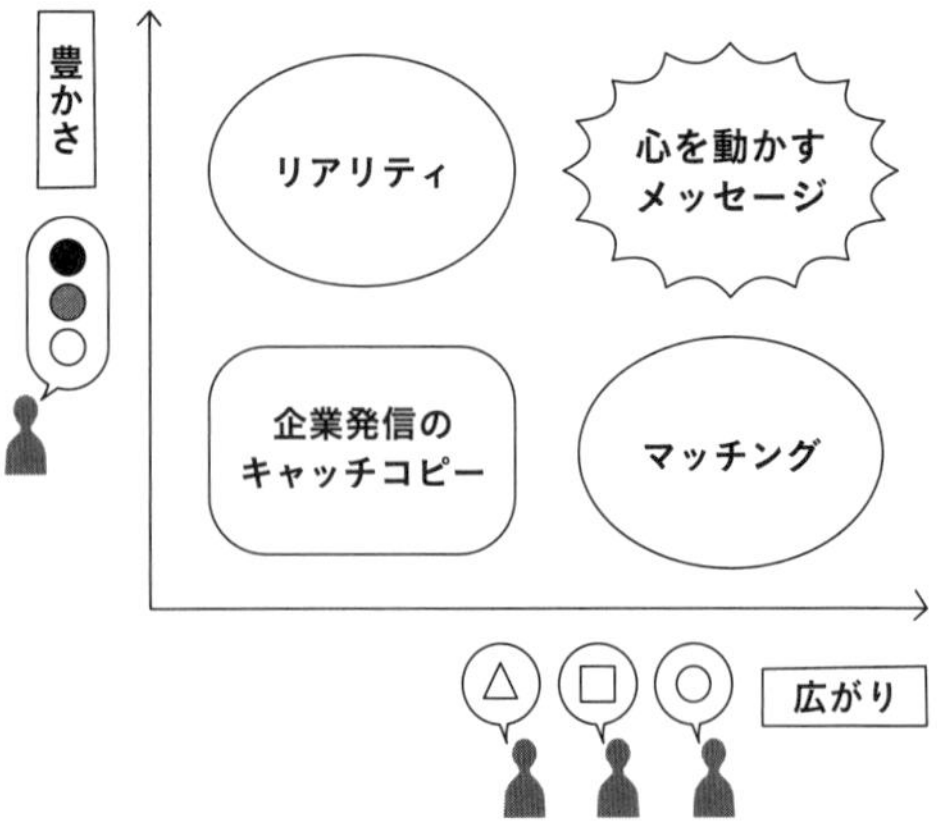

・ツヤのある仕上がりで、美肌を育てるファンデーション。
・高いカバー力と保湿力で、キメ細かな肌。より自然で美しい仕上がりを演出します。

これらは、よく私たちがテレビや雑誌などで見かける、企業発信のキャッチコピーである。これに、消費者による表現力が加わると次のよう変わってくる。

・本当にいいやつ付けとると肌もイキイキしてくる
・乾燥することもなく、テカテカになることもありません
・他社のファンデと違って、肌に悪い成分が入っていないので安心して使えます。

メッセージに「豊かさ」が与えられていることがおわかりだろうか。誤字脱字があろうが、標準語でなかろうがかまわない。なによりもキャッチコピーでは伝わらない生活のリアリティがある。さまざまな生活シーンで語られる自然体の生々しい消費者の声を聞くことで、閲覧者はそのリアリティに共感するようになる。この豊かさを縦軸に置き、次に、消費者が多様な利用シーンを発掘すると、どのような広がりを持つものになるのか確認してみよう。

・夏の冷房による乾燥には、とても良いですよ☆
・しっかりお化粧してますっていう感じではないのに気になる毛穴もカバーしてくれる
・スポンジにファンデをつけて、肌にのせた時、スポンジの角の四角い形がつく……。これはこのコンパクトの、カバー力と発色（ノリ）の良さの秘訣なんですょ^_^

さまざまなシチュエーションからさまざまな言葉が生まれているのがおわかりだろうか。これもまた、すべての人に向けて、同じ内容をいっせいに配信するマスの手法とは異なる点である。キャッチコピーは不特定多数の大勢に、ひとつの言葉でできるだけ多くを伝えなければならないが、インターネットでは、自分にぴったり合ったものを探したいという消費者のニーズに対応するロングテールの世界が求められる。つまり、ひとつに集約するよりもバラバラに数多くあったほうがよい。年に数回しか検索されないようなキーワードでも、蓄積されていればいつか呼び出される機会がめぐってくる。体験談もマッチングが求められる時代となっている。これを「幅の広がり」として横軸に置く。そして、この豊かさと広がりが合わさると、次のような強度に閲覧者を態度変容させるメッセージが生まれてくる。

・肌への負担などを考えると、1日でも早く買い換えて良かった。
・(前提：他社のファンデを使っていた時は、最後まで使い切れなかった) 最後まで使い切ってびっくり!!　保湿成分が多いから、粉々になることなく固形のまま、最後まで留まっていました♪　本当に本当に驚きました♪　そして、こんなに良い物が毎日肌に乗ってくれてるんだ♪　とうれしくなりました!!　最後の最後まで使い切っても更に感動させられてうれしかった。
・最後まで使えるなんてちょっと革命です!!

これらの発言はサポーターによるものが多い。もちろん、前章に登場したあの「ミッピイ」さんも活躍している。また、これらのメッセージの特徴として、「シーラボさん、ありがとう」という感謝の言葉が付与されていることも見逃せない。

ドクターシーラボの挑戦

ドクターシーラボのECサイトの責任者を務める西井敏恭《にしいとしやす》氏は、筋金入りのバックパッカーで、2年半をかけて世界一周をした経験を持つ。たった250万円しか使わず世界を回ったのだという。その間、パソコンを持ち歩き、世界各国のインターネットカフェから旅行記を自作のウェブサイトにアップした。そのサイトは口コミで噂になり多くの読者を集め、ついに出版社の目にとまり本にまでなった。

その後、インターネットの魅力を知った西井氏は、引き込まれるようにIT業界に入っていく。その活躍はドクターシーラボの耳にまで届き、ECサイトの責任者として転職することになる。まさにネットワークが生んだシンデレラボーイである。そんなネットワークの口コミの力を知っている西井氏は、どうにかしてこの力をECサイトに活かしたいと考えた。

「メーカーだからこそつくれるECサイトの姿を実現しなくちゃって思いましたね。そこで、何が『メーカーならでは』なのかを真剣に考えて、『作り手とお客さまが直接につながるECサイト』という結論に至った。だって商品は、ウェブであればどこでも買えるじゃないですか。楽天さんでもヤフーショップさんでも買えますし。僕らがメーカーのECサイトをやっていくうえでやらなきゃいけないことってお客さまと直接つながる方法を考えることだよなって。それでコミュニティを開設しようと思ったんです」

西井氏のねらいどおり、ドクターシーラボの企業コミュニティは活性し、顧客どうしも次々とつながり、ファン化が進んでいった。そこで西井氏は、以前から実施したいと思っていたもうひとつの施策にチャレンジすることになる。それは、顧客の声をもとに商品開発を行うというプロジェクトだった。

「もともとコミュニティをつくったときに、最初のゴールじゃないけど、『お客さまの声を集めて商品をつくろう』という考えはあった。で、コミュニティが活性化してきて、参加していただけるお客さまも増えてきて、そろそろタイミングが来たなって。当社はサプリメントが弱かったから、ここを強化しようと思った。一番最初に『どういうサプリメントがほしいですか？』っていう軽い投げかけをした。あまりにも広くなりすぎると収集がつかなくなるので、素材を4つに絞ってお客さまに投げかけてみたんです。デオドラント、ブルーベリー、乳酸菌、バラ。企業コミュニティの参加者からすぐに反応が返ってきて、かなりいろいろなご意見をいただきながら、こういう商品がつくれるんじゃないかなという当たりが見えてきた。

バラの需要が高いことがわかって、『バラのサプリメントがほしい』と声を出してくれていたお客さまに、試作品を配って感想を聞いてみた。この反応がすこぶるよかった。開発側も手応えを感じたようで、社内も熱くなっていった。

お客さまの反応としては、バラは『美容』の側面よりも意外と『匂い』の側面が強くて、『セレブな気持ちになる』とか『げっぷもバラの香り』とか、たくさんの声が集まった。素材としてバラはどうしても単価が高くなる。当社で扱っている通常のサプリメントの値段より1・5倍ぐらいになる。『ほんとに売れる?』って不安が僕にも社内にもすごくあった。お客さまの反応はその気持ちを払拭してくれた。僕は途中で『これはいける』という確信を持ったのだけど、これが不思議とぶれなかった。お客さまの声からインスピレーションを受けて、こちら側で生まれるアイデアをどんどん提案していった。名前もお客さまの声を参考にして考えた。『香りがチャージされる!』っていう発言にたくさんの拍手が集まったので、『ローズチャージ』という名前を提案したら、これも受けがよかった」

完成したローズチャージは、広告をいっさい使わず、企業コミュニティの参加者に先行して案内して販売された。初期ロットはあっという間に売り切れになり、ドクターシーラボのサプリメントとして過去最大の売上を記録した。その後、一般にも開放して販売されたローズチャージは、いまではドクターシーラボのサプリメント商品のラインナップの看板商品となった。1年で14億円の増収を果たしたこのECサイトの成功の秘訣を、西井氏はこう分析する。

「結局ね、メーカーのECサイトは〝自動販売機〟じゃダメなんだと思う。もっとあたたかくないといけない。企業コミュニティだと、自分はどのくらい好きかとか、どんなストーリーでかかわっているのかとか、そういう話がメインになってくる。批評とか批判とか、他社との比較といった客観的な話にはならない。完全に主観的な話になる。僕はこれがいいんだと思う。態度変容調査をすると、客観的なコメントよりも主観的なコメントを見たあとのほうが購入してくれている。

自社のサイトに来てくれている時点で、お客さまは背中を押してもらいたがっている。だからそこで、競合との比較の発言とか見せても興醒めさせてしまう。もっと、熱くていい。ファンの声をしっかりと出して、ファンどうしでつながってもらおうというぐらいでいい。外部にある評価サイト（アーンド・メディア）とかとくらべると、うちのコミュニティ（オウンド・メディア）の発言は質が違う。圧倒的に違う。評価サイトは上から目線だし、なんか、主観的な意見自体が敬遠されてしまう雰囲気があるでしょう？　でも、結局は『好き』って気持ち自体とても主観的なものだから。

ソーシャルメディアでは、ひとりのお客さまからの『好き』っていう言葉がとても大きな力を持ってくる。でも、お客さまから『好き』っていってもらえるようになるためには、コミュニケーションをしっかりとっていかなくちゃいけない。だから、自動販売機のようなＥＣサイトじゃダメなんです。つまり簡単なコミュニケーションではダメだってことだと思います」

インターネットらしいマネタイズ

企業にとって福音となるのは、企業コミュニティの運営費用が基本的に一定であるのに対し、ネットワークは指数関数的に拡張することだ。つまり、利益率は増加の傾向を見せる（図5-8）。ファンによる投稿が増えれば増えるほど、インターネットでのシェアは上がっていく。また、増えた閲覧者の何割かは、企業コミュニティに参加しファンになり、そして自らが投稿する側に回るようになる。企業コミュニティはひとたび活性に弾みがつくと、転がる雪だるまのように自律的に拡張していく。マネタイズの塔に登って見える景色も見晴らしがよくなってくる。企業コミュニティがここまで育てば、マネタイズへ向けて理想的に活性していると診断できる。

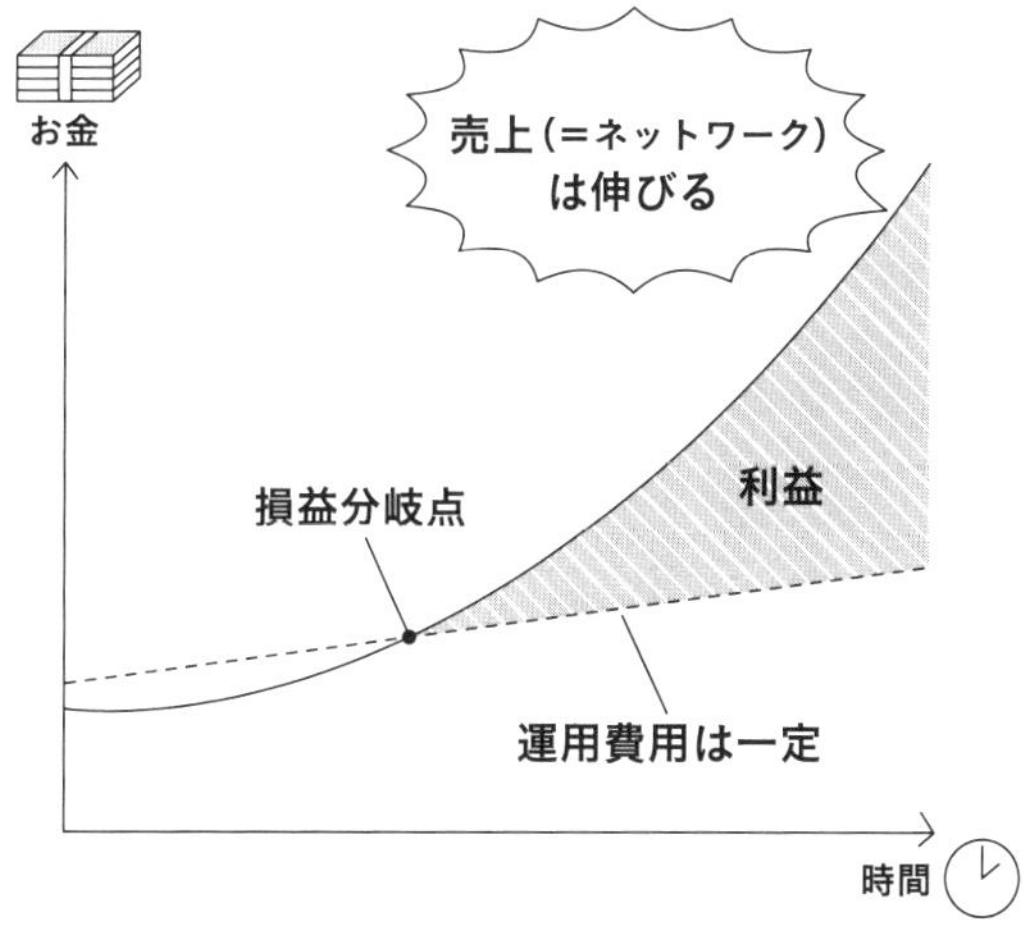

［図5-8］

私たちは、企業コミュニティの活性が利益の増加をもたらすという方程式を証明した。すなわち、企業コミュニティにおける「交流量×感謝量」の向上は「新規獲得×継続利用」の向上と比例する。これは、企業と顧客の関係構築によって、商品や企業の周辺に形成されるメンバーシップが、利益を創出するということの確認であった。また、「ネットワークをいかにマネタイズするか?」という問いに対するひとつの解答でもあった。

販売促進の現場ではこれまで、既存顧客の継続利用を向上させる施策と新規顧客を獲得する施策は、別々のものとして考えられてきた。予算の振り分け上、トレードオフの関係とまでいわれていた。しかし、企業コミュニティ施策において実証されたことは、参加者である既存顧客の帰属意識の向上が、閲覧者である新規見込み客の購入機会を高めるということであった。それぞれに分断されていた施策が、顧客を中心につながり始める。企業と顧客の心の通った交流が収益を生み出し、つながることが価値になる。これこそインターネットらしいマネタイズの方法論ではないだろうか。

短期施策への対応

さて、冒険の回顧録もようやく現在の付近にまで追いついたようだ。あの忘年会から5年の月日が経った。私たちの会社は、この5年で10倍の成長を遂げることができた。建築中のマネタイズの塔はまだまだ小さいものなので、その規模ではなく成長率に拍手をいただけたらうれしい。私たちの航海はまだ始まったばかりなのである。

企業コミュニティの活性が既存顧客の継続と新規顧客の獲得を促し、売上に貢献するということがわかった。そのために企業コミュニティは、オーガニックな熟成の期間を待つ必要がある。しかし、この期間を待てない企業も多い。特に外資系企業の支援をするケースでは、施策の損益分岐点を長期に設定することが困難であった。そこは6カ月、さらに短いものだと3カ月で成果を見せなければ、本国から施策の継続にストップがかかるという戦場であった。短期間で成果を上げる施策の開発が求められた。

何か手はないものだろうか？　私たちは、自然と人工の連繋技を考えるようになった。たとえば、企業コミュニティに蓄積される参加者の発言のうち、どのようなキーワードが外部から検索され、来訪につながっているのかを調べ、そのキーワードをアドセンス（グーグルの提供している検索結果に連動した広告サービス）に流すことで、さらに来訪者を増加させるといった施策が生まれた。これであれば広告とはいえ、双方向の色合いが強くなる。

また、企業サイトを消費者の声で埋め尽くすという施策も高い効果を得た。企業サイトのすべてのページに消費者の声を表示させる。これは、企業サイトと企業コミュニティをシステム的にシームレスにつなぎ込むことで、企業コミュニティで生まれたファンの声をリアルタイムに企業サイトへ表示するというものだ。あるスポーツメーカーの企業サイトでは、月間のページビュー（閲覧数）が112万から196万と実に1・75倍に向上し、企業サイトの滞在時間も1・5倍に伸びた。こ

［図5-9］

のように、自然に生まれるファンの声をできるかぎり短期的に拡張させる方法をとる際、注意しなければならないのは、あくまでも自然な造形を守り強引に変形したり壊したりしないことだ。

私たち研究グループは、この自然と人工の組み合わせのデザインを「借景《しゃっけい》」と呼んでいる。借景というのは日本庭園の技法のひとつで、庭園の外にある山や竹林などの自然物を、庭園内の風景に背景としてとり込むことで、前景の人工の庭園と背景の自然とを融合させるというものだ。企業コミュニティに当てはめてみると、ファンの声そのものは自然で、それを拡張して見せるデザインは人工である。

京都・円通寺《えんつうじ》の借景庭園を観たときに、めざすべきものはこれだと思った。山道を上がり静かな参道に入ると、なんとも澄んだ空気が流れる。円通寺に入り、庭を眺める。一定の高さに刈られた生け垣のなかは、かっちりとした方形で、木の根が這い、無造作ながらも明らかに人の手を感じさせる枯山水がある。このきっちりと整理された空間から、上のほうに視線を移すと、霧がかかった雄大な比叡山が現れる。近景と遠景。人工と自然のコントラストが双方を際立たせる（図5-9）。季節や時間によって、刻一刻と変化する風景。遠くに聞こえる鳥の鳴き声すらも、そのパノラマの演出に思えてくる。この風景は、二度と同じものは訪れないと思うと、さらに感動が大きくなる。

週刊アスキーの挑戦

この借景の発想は、企業サイトへの活用だけにとどまらない。日本有数のパソコン誌『週刊アスキー』は、コミュニティと誌面の連動を積極的に展開している。たとえば、企業コミュニティに集まった読者と広告主の商品を共同開発する施策では、カメラバッグのメーカーとコラボレーションして「究極のカメラバック」をつくるという企画を２０１０年に実施した。読者にお題を投げて声を集め、それを広告主であるメーカーに届ける。読者が試作品を手にとり、意見や感想を述べる様子や広告主が改良を重ねる様子を誌面で詳しく紹介した（図5-10）。

また、完成した商品は雑誌のウェブサイトに併設されたＥＣサイト「週アスストア（現アスキーストア）」で紹介し、販売までフォローした。参加した読者からの商品に対する評価は高く、またその活動を見守っていたＲＯＭ（Read Only Member）の読者からも多くの支持を受け、想定の2倍以上

ハクバ×週アスコラボ企画

究極のカメラバック第一弾完成!!

数ヵ月にわたり進行してきたプロジェクトがついに終結! 近日発売!

細部までこだわり抜いた究極の逸品は限定50個の販売

多数決でトートタイプ 色はブラックに決定

ハクバとのコラボレーションで制作していた「究極のカメラバッグ」の最終形態が、ついに明らかになった。トートタイプで外観の色はブラック、インナーはグリーン。素材は1680デニールで撥水性がよく、防滴ジッパーの採用で雨天時にも安心。また週アスらしく、13インチのMac BookやiPodを入れるスペースや、ショルダーベルト、リュックベルトの付属で肩かけだけでなく、背負うことも可能。ギミック好きにも満足してもらえること間違いない。

販売は週アスストアのほか、9月11日に開催される週アスLive!にて商品を初公開。先行予約販売も行なうので、実際に触ってから購入を決めたい人は、ぜひ来てほしい。

インナーボックスはグリーン

↑全開にすればカメラを取り出しやすい。内側はすべてグリーン。

各種小物を整理して収納

↑週アスロゴ入りメディアケースとレンズペンデジクリアは付属。キーフック付き。

小型のポーチも付属

↑インナーボックスの上に置けるサイズのポーチも付属。色もグリーンで統一。

リュックタイプに変身

↑付属のリュックベルトを装着すれば、移動時に楽なリュックタイプに。

おカメラ部部員も参加!!

➡4人の部員代表にも、バックに対する意見を求めた。いくつかの点で反映されている。

週アスLive!で公開決定!! 予約も受付するぞ!

9月11日に開催される週刊アスキー800号記念「週アスLIVE!やりすぎましたSP」で、究極のカメラバッグを公開。同時に先行予約も受け付ける。カメラ好きは秋葉原UDX 2階へ集合だ。

9月13日より週アスストアで予約開始!!
http://ascii-store.jp/

おカメラ部部長とアドバイザーのコメント

おカメラ部部長 宮野友彦

ハクババババンっと究極のカメラバックがついに完成したのだ。いちばんのお気に入りはリュックベルトを装着して背負えること。肩から背中にジャストフィットして山道も楽ちんなのだ。ぜひ保存用と予備用と使用用の3つを確保するのだ!

山本謙治

カッコよくて、レンズが着いたまま安全に収納できて、交換レンズやフラッシュやガジェットも入る機能性に満ちたバッグを激所望! 当初はショルダータイプ希望だったけど、プロジェクトが進むウチにトートもイイと思うように。仕上がりが楽しみ!

本誌カメラマン 岡田清孝

狭い場所でも取り回しが良い形や、機材が出し入れがしやすい開口の広さが気にいって、普段からトートバッグをカメラバックに代用。今使っているものが防水性や堅ろう性にやや不安があったので、本格的なトート型カメラバックに期待大です。

42

［図5-10］ （出所）「ハクバ×週アスコラボ企画 究極のカメラバック第一弾完成!!」『週刊アスキー』（2010年9月14日号、p.42）。アスキー・メディアワークスの許可を得て掲載。

の売上を記録した。雑誌を中心に、広告主、ウェブサイト、コミュニティ、ECサイトをつなげたこの施策の成功の裏には、さまざまな関係者をまとめるハブの役割を担う担当者、ウェブ週アス編集長（当時）の山田《やまだ》浩之《ひろゆき》氏の活躍があった。山田氏は施策をこう振り返る。

「商品ができあがるプロセスのなかで、読者の我が事化《レリバンシー》が上がっていくのがわかるんですね。これがおもしろかった。やっぱり注目されれば関与度も上がるし、自分たちの行動が誌面に載るとなると読者に責任感も生まれてくる。『○月×日にオフ会やります。その様子を何月何日号に掲載します』と伝えておくと、急遽参加できなくなった読者から『たいへん申し訳ありません。絶対に譲れない用事ができてしまい……』といった謝罪まで届くようになる。読者にも自分が編集に携わっているという気持ちが芽生えているんだと思います」

読者は自分たちの活動が誌面で紹介され、公認《オーソライズ》されることに興奮する。また、誌面を読んでコミュニティの活動を知った読者が、コミュニティの新たな参加者となる。誌面はコミュニティの出口でもあると同時に入口にもなっている。広告主にとっても、読者と有機的につながることでよりブランドを浸透させることができる。

広告や編集が双方向性をとり込みだしたことで、企業コミュニティがいよいよマスメディアの現場でも活用され始めた。山田氏は、コミュニティの参加者に「これおもしろくない？」とテーマを投げるタイミングや「これについてみんなで話そう」と提案することも、広い意味では編集の仕事なのだという。

「読者の活性を誌面やメーカーとつなげていく仕事は、出版社のノウハウを活かせる得意分野なのではないかと考えるようになった。いままでは、雑誌の『看板』とコラボレーションすることはあっても、本当に『読者』とコラボレーションすることはなかった。私はこういった双方向のプロセスをまとめる仕事が、これからの編集のノウハウの見せどころになるんじゃないかと思うんです」

マスメディアとソーシャルメディア

一部のインターネット業界の人々が「マスメディアは消える」というようなことを喧伝しているのを耳にする。それらの主張によれば、既得権益を守る伝統産業と化したマスメディアは、誰も求めていないものなのだという。部分的には事実なのかもしれない。しかし、私はマスメディアを背負っている方々から、言論に対する哲学や編集にかける想いをうかがうなかで、それらに対してリスペクトの気持ちを抱くようになった。たしかに、市場におけるマス・マーケティングの縮小にともなって、各誌のビジネスモデルは形態を変えていかねばならないだろう。しかし、魂は死なない。言論魂も編集魂も広告魂も、形を変えて生き残る。むしろインターネットがソーシャルメディアの方向に発展すればするほど、公的メディアの責任によるオーソライズ機能への欲求も同時に強まるはずだ。メディア論の父、マーシャル・マクルーハンはこんな予言を残している。

「新しいメディアがその特性に気づいたとき、旧来のメディアもまた自らの特性に気づいていく」

絵画が記録としての役割を写真に奪われ、初めてキュビズムやシュールリアリズムといった作家の内的世界の表現が確立されたように、いま、私たちは、新旧それぞれのメディアがいっせいに変化しようとしているまさにその瞬間に居合わせている。

小売りとソーシャルメディア

メーカー企業のマーケティング施策を支援する際、その最前線である小売りの現場を無視するわけにはいかない。メーカーの営業担当に「CMが効かなくなってきている」などといえば、「それほど重要なことではない」という答えが返ってくるだろう。営業にとってCMは、有名タレントとGRP（のべ視聴率）をアピールすることで、小売りのバイヤーからの関心をもらうためのものだ。店頭で少しでも自社の商品が目立つようによい棚を確保する。メーカーの本当の戦場は小売りの店頭にあるのだ、と彼ら営業はいう。

小売りの現場でも使えるものがほしいというクライアント企業の要望に応えるべく、私たち研究グループは、店頭の販促POPにファンの声を表出させる手法を編み出した。これは、企業コミュニティで育ったサポーターたちの声を、購買決定の最後の瞬間である小売りの店頭へ届ける施策である。

店頭のPOPに消費者の体験談を入れる施策自体は、なにも目新しいものではない。しかし、企業発信で編集されたものと、企業コミュニティから発せられた自然なものとでは、圧倒的なリアリティの違いがある。これもまた、借景である。野菜売場のPOPを見ていると、生産者の農家のおばあちゃんの写真が掲載されているものを見かける。これを小売りの業界では、「トレーサビリティを販促に活かす」といったりする。流通経路を生産段階にまで遡りオープンにすることで、消費者に安心感を提供するというものだ。私たちはこれを模倣した。ＰＯＰに掲載された体験談の横にＱＲコードを置き、写真でカシャッと撮るだけで、その場で企業コミュニティにある実際の体験談を確認できるようにした。ファンの声のトレーサビリティである（図５-11）。

メーカーのなかには、いままでのテレビＣＭを中心としたプロパガンダ的な手法に限界を感じている企業も多い。情報過多の時代においては、一斉同報の情報では差別化に乏しく、消費者に振り向いてもらうことは難しい。そうかといって、商品を消費者ひとりひとりに対してワン・トゥ・ワンにカスタマイズして提供できるかというとそれも難しい。しかし、商品をワン・トゥ・ワンにすることはできないにしても、消費者がそれぞれに受けとる物語をワン・トゥ・ワンにすることはできる。たとえば食品メーカーであれば、コミュニティに集まる参加者から特定の食材を使ったレシ

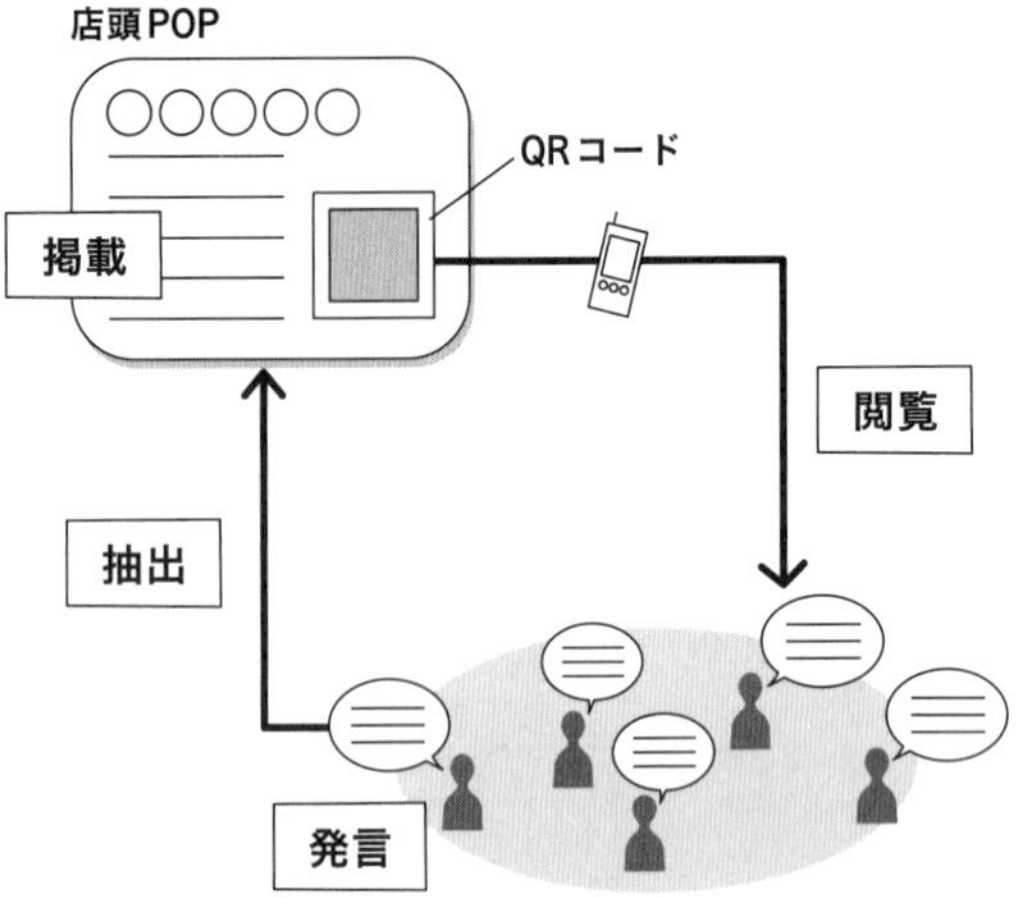

［図5-11］

ピを募り、参加者の拍手が多く集まった優秀作品を全国のPOPを使って紹介するという施策がある。店頭のPOPが、消費者によるレシピ展覧会の発表の舞台となる。そして、その店頭を飾る色とりどりのレシピは、企業コミュニティへの参加の入口にもなる。

ぬくもりのレコンキスタ

ユルゲン・ハーバーマスが「システム世界が生活世界を植民地にする」と警告した近代の問題は、マクドナルド化などと揶揄されるような行きすぎた合理性にあった。効率的で合理的なシステムを重視するあまり、過度に画一化が強化され、個性豊かな生活や個別具体の対応といった行為が排除される。消費者の生活世界におけるきわめて個人的な体験は、近代において公共圏《パブリック・スペース》にはそぐわないものとされてきた。

企業コミュニティの親密な「思いやり空間」から発信される個人のレシピが、公的な「みんなの空間」であるスーパーマーケットの店頭に並ぶ。システム化によってぬくもりを失っていた小売りの店頭が、生活世界からの豊かな発話によって本来のあたたかさをとり戻す。商品そのものが持つひとりひとりの消費者の生活や物語とのつながりが、消費者の声を借りて店頭に表出する。親密圏によって生まれ、再確認された声なき声が、企業を通じて公共圏に噴射している。システム社会における合理化と効率化の中心的役割とされた「企業」という活動体、まさにそれを通じて現れるのである。私たちがそこで目撃しているのは、「生活世界による再征服《レコンキスタ》」なのかもしれない。

レナウンの挑戦

70年代、アラン・ドロンが「大人のこころ」だと紹介したレナウンのメンズファッションブランド「ダーバン」。レナウンは、40年の歴史を持つダーバンを軸に企業コミュニティを開設した。業界全体が縮小傾向のなか、ロイヤルカスタマーをしっかりとつなぎとめ、また、ライトカスタマーをロイヤル化させるというのがマーケティング上のミッションであった。

長い歴史を持つダーバンにはファンが多くいるという予測が、事前のアセスメント調査から明らかになった。企業コミュニティでそのファンとしっかりつながり、長年愛されてきたブランドを可視化《ビジュアライズ》する。次に、そのファンをライトな層とつなげることでロイヤル化していこうという施策が始まった。

事業本部の部長、島川泉《しまかわいずみ》氏が施策の責任者に任命したのは、システムやインターネットの専門家ではなく、店頭での接客を熟知した営業のスタッフだった。島川氏は、ソーシャルメディア施策は本質的には顧客とのコミュニケーションと同じものであると考えた。店舗とのコネクションが深いスタッフが立ったことで、店舗を巻き込んだ施策が可能となった。

まず最初に行われたのは、店舗対抗のユーザー参加型のコンテストだった。仙台、山形、郡山の各店舗が「温泉に来るならこの格好で来てほしい」というテーマで、すべてダーバンのアイテムでコーディネートを考える。それをマネキンに着せて写真を撮り、コミュニティで発表する。コミュニティの参加者は、それぞれのコーディネートを見て、一番気に入ったものに投票する。店舗のプライドを賭けたこの勝負は、郡山が圧倒的な1位という結果に終わった。コンテストはコミュニティの参加者から非常に高い評価を得て、上位の店舗にもそうでない店舗にも、多くの来店者を誘導することになった。島川氏は施策をこうふり返る。

「店舗から『こんなにお客さまが来てくださってうれしかった』という声を聞けたときはこちらもうれしくなった。実際に店舗を参加させようとすると、いろいろな人を巻き込まなくてはならない。コミュニティの担当は店舗の気持ちがわかる人間だったから、各地に行って直接店長に施策のイメージとこちらの想いを説明して、『じゃあ、やってみようか』と合意をとりつけた。そうやって、ひとりふたりと順に口説いていった。

店舗側はインターネットにうとい人が多いが、ちゃんと説明を受けて接客の延長だとわかると『おもしろいね』と感じるようになる。社内でも徐々に施策自体が噂になっていった。参加した店舗にお客さまが増えたり売上が上がったりすると、ほかの店舗が『えっ、どうしたの？』と興味を示してくる。で、『こんなことをやったんだよ』と広がっていく。ウェブに詳しくなくても、結局はお客さまへのサービスのひとつだと理解できれば、積極的にやり始める。社内だって口コミの世界なんです。本部にいるわれわれがいうよりも格段に説得力が違ってくる」

店舗を中心に形成されたレナウンの企業コミュニティには、1000人のコアファンによるメンバーシップが生まれた。そのうちの3割が1年に10万円以上も購入するロイヤルカスタマーなのだという。島川氏は、想定していなかった効果として、商品開発への影響を挙げる。もともとは、帰属意識の向上を目的として行われた施策が、ファンが集まるうちに商品開発にも活かせるようになった。

「お客さまに商品を買っていただいたのち、どのように着ているのかとか、どこに満足されているかといったことは、なかなかうかがうことができないのです。もちろん、お買い上げいただいた服をお召しになって再来店されたときにはわかります。でも、お客さまは何か問題があれば必ずお越しになりますが、逆に、ご満足されているというお言葉は、照れもあるでしょうし、なかなかうかがうことはできない。なので、基本的にお客さまの情報として店舗スタッフからMD（商品開発の担当者）に上がってくる情報は、ネガティブな意見が多くなるんです。

もちろん、店舗スタッフとしては『よりよい商品をお客さまに提供したい。少しでも改善に役立てたい』という前向きな気持ちで情報提供しているのですが、ネガティブな意見ばかりを聞かされているとMDの気持ちも下がってくる。今回の施策で、お買い上げいただいたのちの状況を多くのお客さまから発信してもらって、初めてそれらのリアルな状況が可視化されることになった。全社のスタッフが、隠れていたお客さまのお気持ちやダーバンの強さに触れることができるようになった。店舗のスタッフもMDも、いままでにも増して、自信を持って仕事に取り組むことができるようになりました。お客さまの声がストレートに社内全体に伝わる状況というのは、店頭の人だけでなく社員全員にとって有効な顧客体験になっていると思う。ソーシャルメディアといっても、最終的には人対人なので、それを忘れてしまうと何もなくなってしまう」

カゴメの挑戦

カゴメ一筋20年、そのうちの10年を営業担当として活動した経験を持ち、現在、営業政策部の課長を務める大澤博明《おおさわひろあき》氏は、カゴメの営業スタイルの変移についてこう説明する。

「私は小売店担当の営業だったのですが、小売店担当といっても実際の小売店の店頭にはほとんど行くことはありませんでした。小売店チェーンの本部にいるバイヤーとの商談が主な仕事でした。食品業界は伝統的にプッシュ型営業の要素が強い業界だったのです」

プッシュ型営業とは、卸問屋にいかに買ってもらうかということを重視する営業スタイルだ。これが時代の流れのなかで、卸問屋だけでなく小売りの現場までフォローするように変わっていった。こうした業界の変化はアメリカのウォルマートが始めた「カテゴリー・マネジメント」が原点で、90年代前半に日本の小売業界に導入された。カゴメもこの手法を営業プロセスに組み込み、営業担当者が各小売りの店頭に出向いて、ＰＯＰなどの販促ツールを直接提供する仕事が始まった。

大澤氏はこうふり返る。

「私たち営業担当が『お客さま』といったときの対象は、卸問屋から小売り、そして消費者へと変わっていきました。この変化には10年以上の期間を必要としましたが、それはあくまで一方向なもの。プッシュ型営業の対象が卸問屋から消費者になっただけで、いかに買わせるかという営業姿勢は変わることはなかった」

そうした営業活動を通して、ふと疑問がわいたのだという。営業担当は買ってもらえればそれがゴールだが、その商品はその先どうなっているのだろう？　消費者の生活のなかでどのような役割を担っているのだろう？　もっと直接、消費者のなかに入り込まないといけないのではないか？そういう問題意識を強く持つようになった。大澤氏の関心は、卸問屋、店舗、顧客、さらに顧客が買ったあとの食卓へと移っていった。その後、大澤氏は企業コミュニティを使った顧客との双方向の関係構築を始めることになる。それは、商品を買ったあとの顧客の生活に想いをめぐらせようという試みでもあった。

「たとえば、とあるマンションに住んでいるお客さまとつながったとします。そこで見えてくるのは、ゴミの分別上、できるだけビンやカンの容器は控えたいというお客さまの気持ち。紙容器だったら買ってもいいかなとお客さまが思われている状況では、ビンやカンの商品で勝負するとなればずいぶんと不利になる。お客さまの生活環境を知ったうえで商品を開発しないと、結局は的外れなものを出すことになってしまう」

現在、カゴメのコミュニティでは、カゴメが提供するトマトの苗を自分で育成する消費者が

300個のサークルをつくり、日々、育成日記を公開している。また商品についてのインタビューも、一声かければあっという間に100名近い参加者が集まるまでに活性している。大澤氏はメーカーによる顧客との共創の難しさについて、安易な傾聴の施策に警報を鳴らす。

「単純にお客さまの声を聞いてつくった商品では共創とはいえない。それだとお客さまを言い訳やアリバイに使っているように感じる。お客さまの生活背景をしっかり理解したうえで、『それでは、このような商品はどうですか?』とご提案をする。それが私たちメーカーの役割だと思う。そういう意味では、メーカーはある意味プロダクト・アウトでいいと思う。お客さまを理解したうえで、彼らの生活に向けた提案を行う。カゴメはやはり農産物の栽培・加工から始まった食品メーカーですから、原材料起点で考えるべきだと思うし、それは強みだからこそ大事にしたい。もちろん、流通の視点、これも大事な極です。しかしだからこそ、もう一極、お客さまという極が大事だと思うのです。『カゴメは私たちと近い会社だな』とお客さまに自然と思ってもらえたとき、お客さまとの共創が始まるのだと思います」

†

本章では、企業コミュニティがプロモーションの現場で活用されるようになるまでの経緯を追いかけた。これまでに見てきた私たちの航海図を時系列にすると図5-12のようになるが、この航海図にはまだ記載されていない冒険がある。マネタイズの塔にはもう一方の側面がある。それは、企

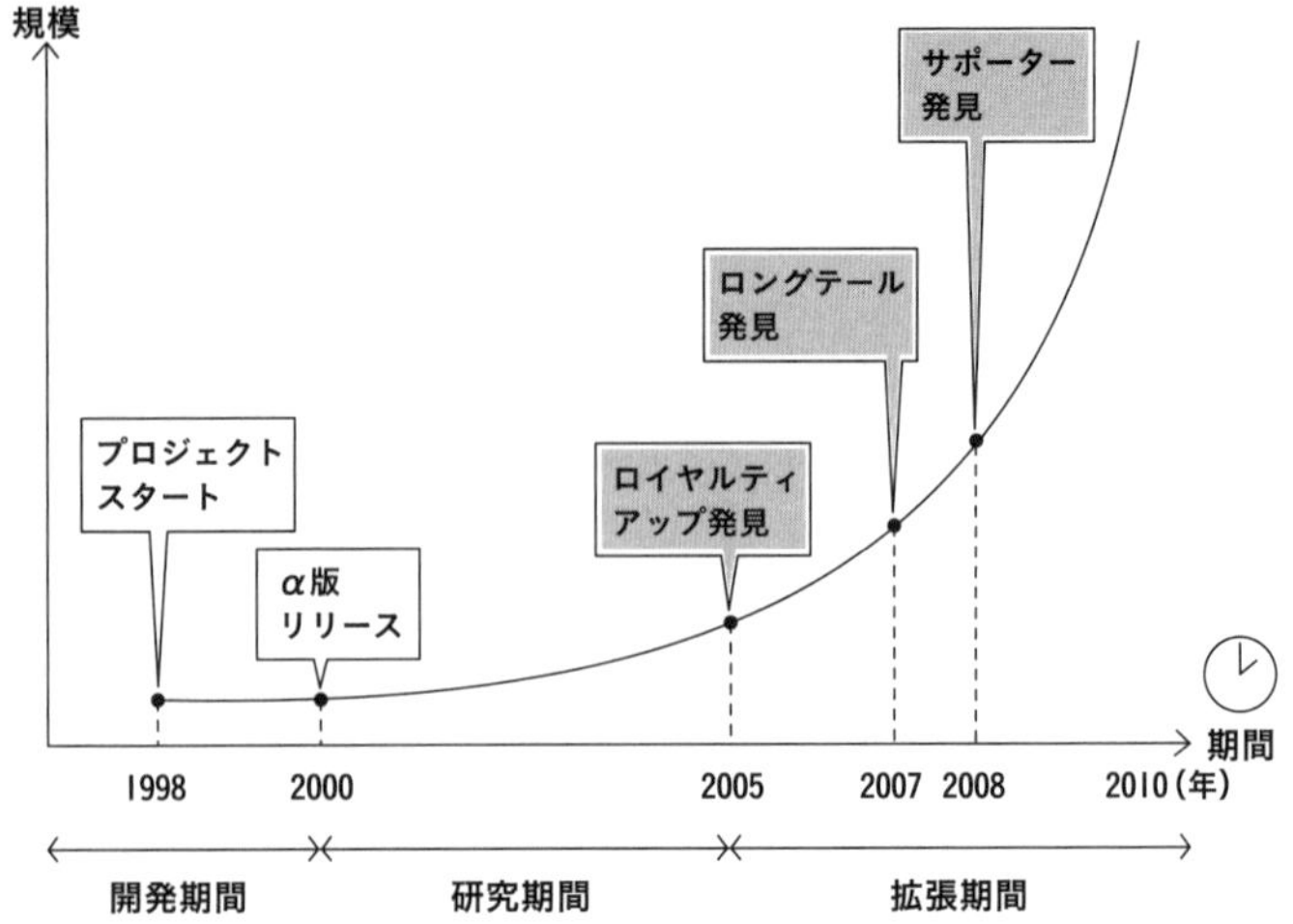

［図5-12］

業が消費者に合った商品やサービスをつくるために、消費者のことを知ろうとする行為。消費者の声に耳を傾ける傾聴の姿勢。いわゆるマーケティング・リサーチとしての活用である。

第6章 つながることが価値になる・後編

マネタイズの塔の内壁

マーケティングとは市場とのコミュニケーションであり、プロモーションとリサーチの両輪で回る対話である。人と人との対話も、伝えることと聞くことで成り立っているのと同じようなものだ。同様に、収益化《マネタイズ》の塔にも外壁と内壁がある。プロモーションが外壁だとすると、リサーチが内壁となる。前章では、企業コミュニティをいかにマネタイズするかというテーマに基づきプロモーションでの活用例、つまり外壁を眺めた。本章では、内壁であるリサーチでの活用について見ていくことにする。私たちのビジネスモデルはプロモーションより以前にリサーチの側面から先に開発された。もちろん、その航路も嵐の海を行くものであったし、初めから予測されたようなものでもなかった。

1996年、私は、学生時代にウェブサイトを制作する技術を身につけ社会に飛び出した。デザインしたウェブサイトは片っ端から雑誌で紹介された。日本のインターネットを自分たちが背負っているぐらいの気持ちでいた。でも、それはインターネットがまだ小さかったころの話。大きな組織と大きな資本が参入してくれば、私たちの存在なんて本当にちっぽけなものだった。何も特別なことなどない。あれよあれよという間に自転車操業に悲鳴を上げる毎日が訪れた。自己の存在表明と会社の存続のために残された選択肢は、誰よりもインターネットらしいことをやる、これしかなかった。

インターネットは双方向である――行き着いた結論がこれだった。消費者と消費者が双方向にコミュニケーションをとるシステムを考案し、これが企業コミュニティの原型となった。α版のリリースまではどうにか自力でこぎ着けたが、それから先の開発費の捻出をウェブサイト制作でまかなうことには限界があった。ピアスを外し、スーツを着て、方々のベンチャーキャピタルに出資のお願いに回った。

ところが、致命的なことにビジネスモデルがない。どんなに可能性を秘めたシステムであったとしても、それでは投資はできないと断られた。ベンチャーキャピタルも、その投資のためのファンドの資金はさまざまな機関や個人から託されたもので、増やして返すことを約束して預かっているものだ。なので、私たちが投資をしてほしいと頼むにあたって、ビジネスモデルがないというのでは話が噛み合わない。そんな当たり前のことが後回しにされていた。

ある投資家からは広告モデルを提案された。しかし、広告は一方向だからという理由で私はそれを受け入れなかった。私にとって、双方向から外れることはインターネットから外れることだった。ほかには何もないのだ。ポリシーを失ったら抜け殻になってしまう。ビジネスモデルも双方向でなくてはならない。

私はヒントを求めて、かつてウェブサイトの構築を発注してくれた企業の担当者を訪ねて回った。クライアント企業もパートナーの広告代理店もみな、本当に親切だった。彼らは自社やお得意

（広告代理店によるクライアント企業の呼称）の、商品や会社について熱く語ってくれた。しかし、消費者の立場になったときの自分をふり返ってみると、それらの想いはほとんど伝わってこないことに気づく。多くは誤解されたままになっている。企業と消費者の距離はどうしてこんなにも遠いのだろうか。お互いにコミュニケーションが断絶している。そうか、企業だって孤独じゃないか。企業に属しているひとりひとりも、みな何かしらの不安や孤独を抱えている。もっとつながりたいという想いを持っている。この想いと想いをつないでいくというのはどうだろうか？　消費者と消費者、企業と消費者、そして、企業と企業。これらの間をとりもつ存在をめざすのはどうか。これであれば、文句なしに双方向だ。私たちのビジネスモデルは、「企業と消費者の関係構築を支援する」こと。霧がかかり方向を見失っていた思考が晴れわたった。コンセプトは決まった。

しかし、具体的なアイデアはひとつもなかった。企業と消費者を、いままでつながりえなかった方法でつなげなければ、価値は生まれない。ビジネスモデルはつくれない。マネタイズの塔の基礎、ビジネスモデル構築に向けた最初の一歩を踏み出すためには、いくつかのアイデアを組み合わせる必要があった。

顧客関係性マップ

私はこのころから、人というのは「張り子の虎」のようなものだと思うようになった。人は「これが自分だ」といいきれるような核となる何かを求めるけれど、実はそういったものは存在しなくて、自分というのは、まわりの影響を受けながらそのときどきで変わっていくものなのではないか。「本当の自分」なんてものはないのかもしれない。そんなふうに考えるようになった。読者のなかにもこのようなことを思った方はいないだろうか。人というのはひとりでは成立しない。人と人の間と書いて人間であるように、お互いの関係があって初めて、その人の特徴というものが浮かび上がる。私の場合、そう思うようになったきっかけが、失恋によるものなのか、起業によるものなのか、詳しくは思い出せないが、師である武邑先生へ送った当時のメールを読み返すと、とにかくせっぱ詰まった状況だけは蘇ってくる。

先生。ご無沙汰しております。
僕は世界に絡んで生きているので、さまざまな変化が僕の身体を流れます。
どれが本物かは探れども判らず、どれもが本物で、
またどれもが移ろい流れていくものだと感じています。
よくよく考えてみると、常に酔っているような状態で、
所詮は酔いであるけれども、酔っていることは事実で本物だとして、
リアリティへの冒険の最中であります。
僕はこの世界で、僕の真剣を探してみようと思います。

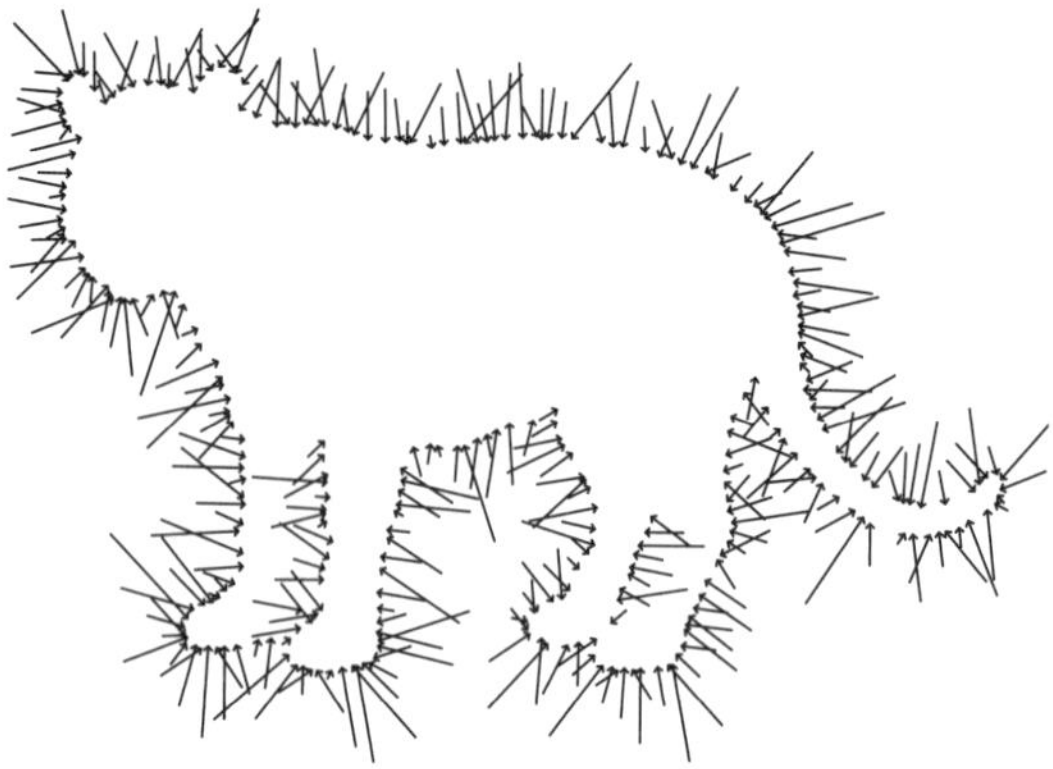

［図6-1］

丸のように見えるものもまわりがあることで初めて丸く見える（図6-1）。私は、どうにかこの「張り子の虎」をシステム化できないものかと考えた。個人そのものにフォーカスするのではなく、そのまわりや相互のつながりを見ることで、多様に移り変わる個人の心を可視化《ビジュアライズ》していくことができないものか。

そのころのインターン生に、東京大学でゲノムの解析を専門に研究している学生がいた。クールな彼は、頭を抱える私に「こんなのどうですか？」と1枚の走り書きを投げてよこした。そのアイデアが突破口となった。それは、コミュニティの活動履歴のデータから、顧客どうしの関係を読み解くというものであった。

企業コミュニティでは、消費者が登録を行う際、基本の属性情報を入力してもらう。この属性情報には、年齢、性別、居住地などが含まれるが、このような静的《スタティック》な属性情報だけでは、その人のことはわからない。どんなにたくさんの属性を聞いたところで、変化する心の動きを追うことはでき

［図6-2］

ない。そこで、その静的な属性情報に動的《ダイナミック》な行動履歴を掛け合わせてみてはどうか、というのがそのアイデアだった。

コミュニティのデータベースには、参加者の投稿履歴やサークルに参加したり退会したりする行為など、刻一刻と変化するネットワークの情報が刻まれる。これらの動的な情報と、参加者の属性を示す静的な情報とを組み合わせれば、多彩な個性を発見できるようになるはずだ（図6-2）。

その人の活動によって生まれる、その人をとりまくネットワーク。その姿をとらえることで、人の心をより深く理解することができる。張り子の虎をビジュアライズすることができる。これなら、いままで見えなかったものが見えてくる。つながる相手が見えれば、企業と顧客の新しいつながり方を提案することも可能になるはずだ。

このアイデアに、わずかではあったが賛同して

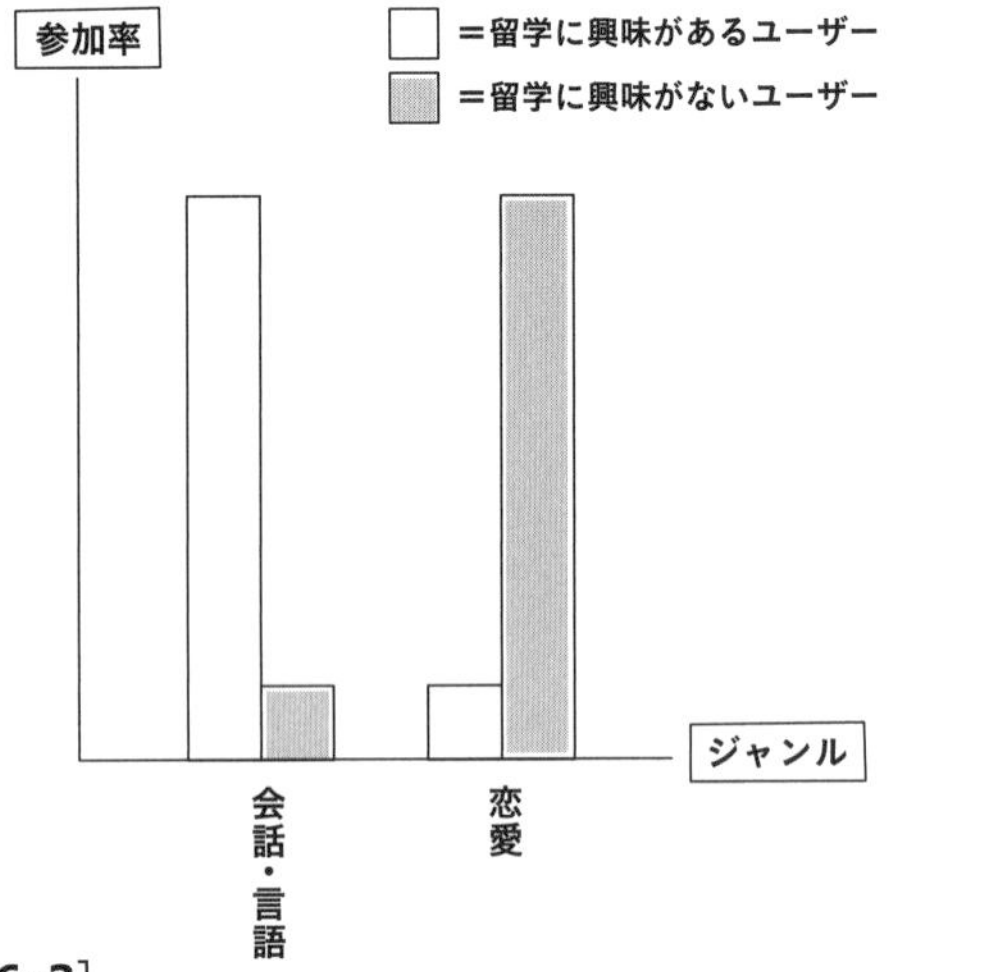

［図6-3］

くれるベンチャーキャピタルも見つかった。インターン生のクールな彼が「まあ、付き合ってあげますよ」とプロジェクトの責任者となり、私たちは開発に着手した。

実際システムを稼働させてみると想定どおり興味深いデータが集まった。たとえば、留学中の人やそれを志す人が集まるコミュニティでは、留学とは無関係なコミュニティの参加者とくらべて、サークルへの参加傾向に特徴が現れた(図6-3)。

留学に興味のある女性グループの関心事の1位は「会話・言語」なのに対し、そうでないグループの1位は「恋愛」であった。「恋愛」は、留学好きのグループでは9位にまで落ちる。失恋留学だとか、日本人との恋愛に興味がないとか、いろいろな事情が想像されるが、注意したいのは、「恋愛」に興味がないといってもそれは相対的な見方であって、ほかのグループとくらべてみればということである。単純に留学好きの人々に、「留学以外に興味があるものは何ですか?」と質問すれば、「恋愛」は堂々9位に入ってくるということだ。マーケターがこれを高いととらえれば、「留学と恋愛を両立させようキャンペーン」などの施策を打ってしまうが、実際は逆相関で仲が悪い2つなので、その施策が失敗する可能性は高い。

企業コミュニティの描くグラフが優れている点は、データがリアルタイムに集計されるので、必要なとき、即座に結果を知ることができるという点と、このようなサインが利用者の活動によってオートマチックに現れるという点にあった。

私たち研究グループは、このネットワークの分析から生まれるレポートを「顧客関係性マップ」と名づけた。このマップによって、ネットワークの動きが手にとるように見えるようになった。何かの趣味や嗜好で集まる集団《クラスター》が生まれたとき、またそれが衰退しそうな予兆もキャッチできるようになった。勝利は目前のように思われた。

地図だけでは売れない

しかし、予想に反してこのマップはまったく売れなかった。「それで、何なの?」というのが市場の反応だった。いままで見えなかった顧客の属性や嗜好性を知ることができるのは、たしかに意味はある。しかしそれだけでは、商品開発はおろか、新しい販促企画の参考にもならない。企業が求めるものは、より深く、またもっと具体的な顧客の洞察《インサイト》であった。お互いの関係がわかったところでそのままでは調査の役に立たないのだ。期待の顧客関係性マップはほとんどのクライアント企業から戦力外通知を出されてしまった。

私たちは焦った。会社のキャッシュも底をつき、生活は貧困を極めた。極限状態になると1日の食事はみたらし団子1本になる。ちなみに、おむすびというのは、お昼に半分食べて残り半分を夜に食べるといった調整が難しい。見た目も味も落ちるのだ。その点、みたらし団子はすばらしかった。団子は3つついている。今日は昼を1つにして、夜を2つにしようといった選択の余地が生まれる。このささやかな自由に気分的にも救われた。飽食の時代といわれる日本で、毎日、空腹に堪えている自分がどこかおかしく思えることもあった。いや、おかしいなどとのんきなことをいっている場合ではない。毎日、生きた心地がしないのだが、逆に、生きていると強く実感することもある。人はこれをベンチャーの醍醐味というのかもしれない。こういう状況が好きな方には最高だろうが、私は二度と経験することのないようにしたい。

「何か新しい芽が見えたら報告してほしい。すぐに追加投資を検討する」といってくれたベンチャーキャピタルもいた。投資家としても何かひとつでもブレイクスルーの可能性が見えないかぎり、投資することはできない。このような状態になると、当然のことながら銀行はお金を貸してくれない。「私たちのような夢のある若者をもっと国は支援するべきだ！」などと愚痴ってみたが、それで何か状況が好転するわけではない。当たり前だ。もう限界かもしれないと仲間に打ち明けたとき、仲間のひとりから「私のクビを切ってくれ。そうしたら失業保険をもらいながら働く」と提案をもらった。熱い気持ちはうれしいが、残念ながらそれは違法だ。頼れるのは、消費者金融だけだった。

最初に暖簾をくぐったときは怖かった。しかし、背に腹は代えられない。すでに会社は限界だった。役員は6カ月にわたり無報酬。社員の給料を私の借金でまかなう期間が続いた。気分的にはヒロイズムが半分、やけくそが半分である。当時の私にとって、夢とプライドは何かの基盤の上に付け足すようなものではなかった。もっとギリギリの貧しいものだった。自分はそれしか持っていない。それを失ったら怖くて立っていることすらできなかったのではないかと思う。前章で紹介した、帰属意識《ロイヤルティ》の向上が報告される忘年会まで、あの企業コミュニティの小さな快進撃が始まるまで、まだ、ここから3年もの月日を待たなければならなかった。

企業コミュニティの強みは何か? 私たちはそこに集中した。それは、参加者から生み出される大量の言葉だ。私たちはひらめいた。これらの言葉を簡潔に解析することができれば価値になるのではないか。藁にもすがる思いで、言語の解析を商品化するための準備にとりかかった。言語を解析する方法は、文章を単語で区切り、よく出現する単語や単語どうしの関連を分析する手法で、大量にある文章をコンピュータの演算を使って分析し、そこに何が書かれているのかを明らかにするというものだ。顧客関係性マップによって発見された特徴あるグループが、そこでどんな会話を交わしているのか、それが一言で説明できれば価値のあるレポートが書けるはずだ(図6-4)。

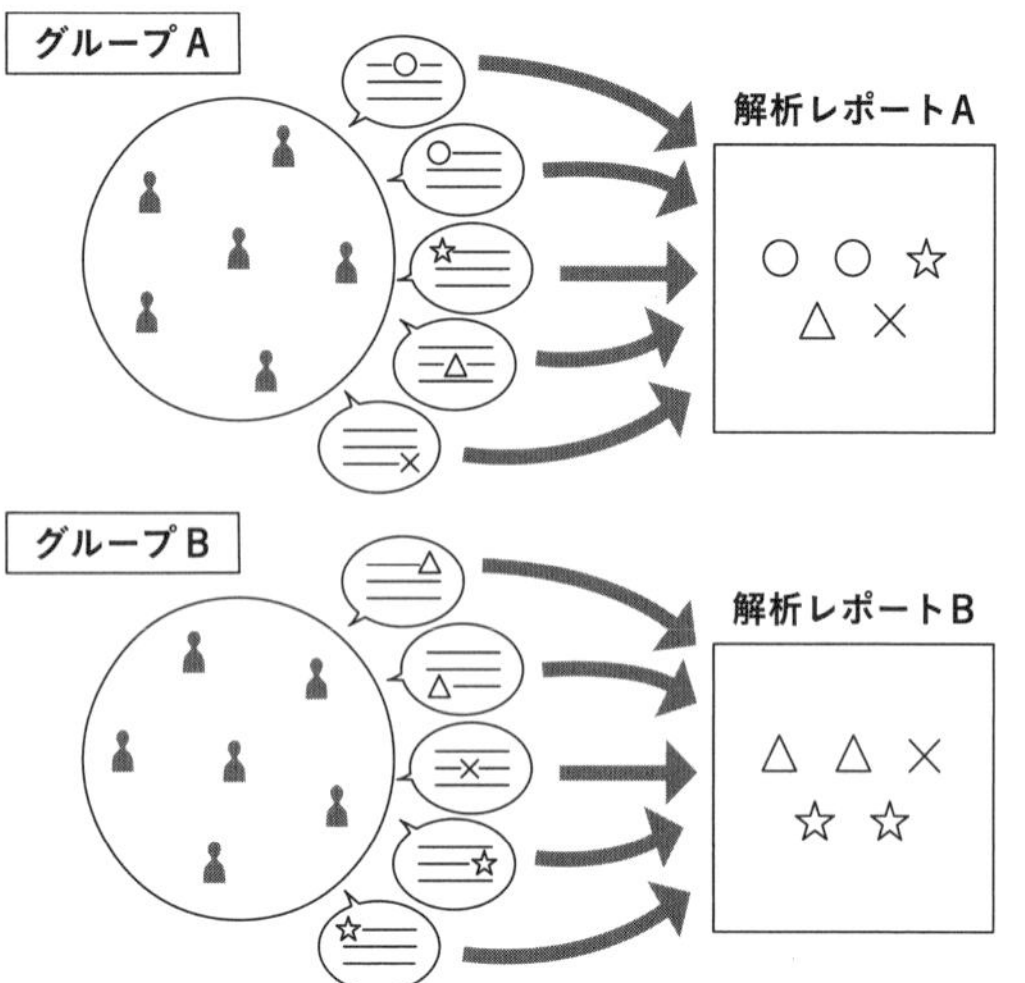

[図6-4]

言葉に宿るリアリティ

プロジェクトのメンバーはみな満身創痍だった。作業は予想を超えて難航した。言葉と言葉のつながりは、探れば探るほど迷宮に入り込む。たとえば、「やばい」という単語があった場合、それが危険を表す「やばい」なのか、それとも好感を表す「やばい」なのかの判別は、コンピュータには難しい。これらのことは、人間が前後の文脈から感覚的に判断するものだ。結局、コミュニティ内で交わされる文章は、口語調であるということに加えて、相互のコミュニケーションで成り立っているものなので、前後の文脈と合わせて読み込まなければ、その真意は判別できないということがわかった。

大量に交わされたコミュニケーションの履歴を一言でまとめようとすることは、つまり、「人生のすべてを1冊の本にできるのか?」という問題と似ていた。人生にしても、コミュニケーションの履歴にしても、一言でまとめようとすれば、そこからこぼれ落ちてしまうものがある。そのこぼれ落ちるものは、誰かが誰かに対して想うともなく想う会話の意図であったり、何度もくり返して意味が重なっている言葉や、また、意味ですらない、思考している間の空白だとかうなずきや咳払いなどであったりする。このような雑音《ノイズ》こそが、その人らしさや、その人がその人である確認、ひとつひとつの言葉に宿るリアリティをつくっている。

私たちの言語を解析するプロジェクトは失敗に終わった。人生のすべてを1冊の本にまとめることはできないのと一緒で、コミュニティで交わされている会話を一言でまとめることはできない。私と仲間たちは、絶望の淵に倒れた。しかし、ただでは転ばなかった。真っ暗闇のなかで、みたらし団子ならぬ、ひとつの希望を手にしていた。言語の解析と格闘するなかで、ある法則を発見したのだ。

それは、「深い答えは、いつも深い質問から生まれている」というものだった。人は鋭い質問をされたときに、深い思考を始める。顧客自身の深層に触れるような発言の前後には、必ずそれを想起させるような呼びかけや質問が存在している。深さとは、相互のコミュニケーションによって生まれるものなのかもしれない。不足しているのはこれに違いない。

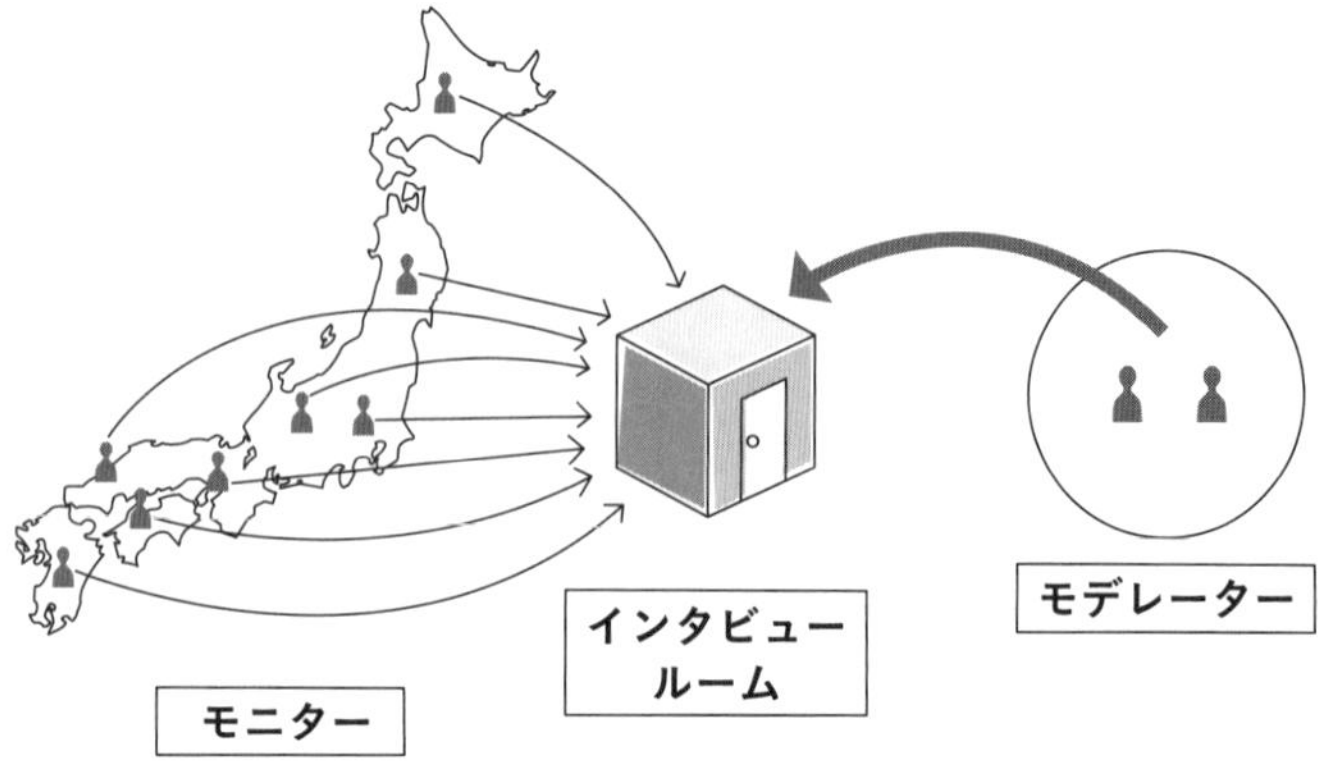

［図6-5］

ビジネスモデルの誕生

私たち研究グループは、企業コミュニティのシステムを使ってインタビューを行うシステムの開発を始めた。頼みの綱は、「思いやり空間」にあった。20名の親密な思いやり空間の住民たちはみな、口をそろえて「ここは落ち着いて話せる」「こんなことを聞いてもらえてうれしい」といった表現で、その空間がお互いに深い発言を共有できる特別な場所であるということを評価していた。ここは調査のインタビュールームとしても機能するかもしれない。

招待を受けた人しか見ることができない、完全にクローズな非公開のサークルをつくる。これをインタビュールームに見立てる。そこに調査のターゲットとなるモニターを集め、一定期間をかけて徹底的に質問を投げかける。こうすることで深い発言が引き出せるかもしれない（図６－５）。

この実験に乗ってくれたのは、日本において最高レベルの消費者調査の技術を誇るベネッセであった。当初、インタビュールームには20名を招いたが、発言を条件に謝礼つきで参加してもらうインタビューでは、通常よりも関与レベルが高くなるため、その数では多すぎることがわかった。企業コミュニティで行われるグループインタビューの適正サイズは８人程度だ。

司会進行役《モデレーター》が投げる質問に、参加者が回答を書き込む。それぞれの回答をお互いが読めるようになっていることで、相乗効果が起こり発言はどんどん深い領域に入っていく。また、お互いを知り、信頼関係が育つことで発言に際しての心理的なハードルが下がる。本音のレベルも目に見えて深まっていくことが実証された。

その効果は絶大であった。ベネッセの担当者からもお墨付きをもらった。その後、私たちはこの企業コミュニティで行うグループインタビューを使って、１５０社の調査を支援することになる。ソーシャルメディアのビジネスモデルがひとつ確立した。ベンチャーキャピタルから数億の追加投資がなされた。消費者金融の催促の電話をくれる、わざとらしく機械のように話すお兄さんとも、ちょっと気持ちが通じ合えるようになったころだったが、借金も耳をそろえて完済した。あの爽快感といったらない。

後日談だが、借金を返済してから7年が経ち、その消費者金融が会社更生法の適用を受けて倒産した。過払い金があるとのことで電話がかかってきた。私は「あなたがあのとき貸してくれなければ、私の会社の成長はなかった」と感謝を伝えた。電話口の男性の声が気のせいか泣いているようにも聞こえた。私は「過払い金の申請はしません」と断ったが、「いや、けっこうな額なので」というので、念のため確認したところ、たしかにこれがけっこうな額で、子ども手当ての数年分に相当することがわかった。感謝の気持ちは変わらないからと理由をつけて、結局、申請させてもらうことにした。ヒロイズムもたいしたものではない。

ここから私と仲間たちは、帰属意識の向上施策や新規顧客の獲得施策のモデルを構築し、企業コミュニティをマネタイズするための方法を編み出していくことになるわけだが、その記念すべき最初のモデルがオンラインで行うグループインタビューだった。初めて「期待を超える満足があった」と、クライアント企業に喜んでもらえた施策でもあった。この成功が甲板の上の乗組員たちにどれほどの勇気を与えてくれたことか。そんな私たちにとって「コミュニケーションは傾聴から始まる」という言葉には、特別な重みがある。

利休の茶室

しかし、それがどんなに新しい手法であったとしても、企業コミュニティから生まれる声がいままでの調査と比較して、より顧客の本音に迫ることができるという優位点を証明できないのであれば、各社の調査担当者に採用してもらうことは不可能だ。ビジネスモデルの確立には、本音を引き出すシステムの開発が求められた。当たり前だが、自白剤を飲ませて本音を出せとすごむわけにはいかないし、フェイスブックのように実名性を高め、オープンを強要すれば本音は隠れてしまう。童話『北風と太陽』のようなもので、モニターが自然と本音で語りだしたくなるような場所が必要となる。それはどのような場所なのだろうか。居心地のよい秘密を打ち明け合えるあたたかい空間が必要だ。そのような心が通う場所を設計するうえで、私が発想の源泉としたのは、やはり日本の伝統芸術であった。

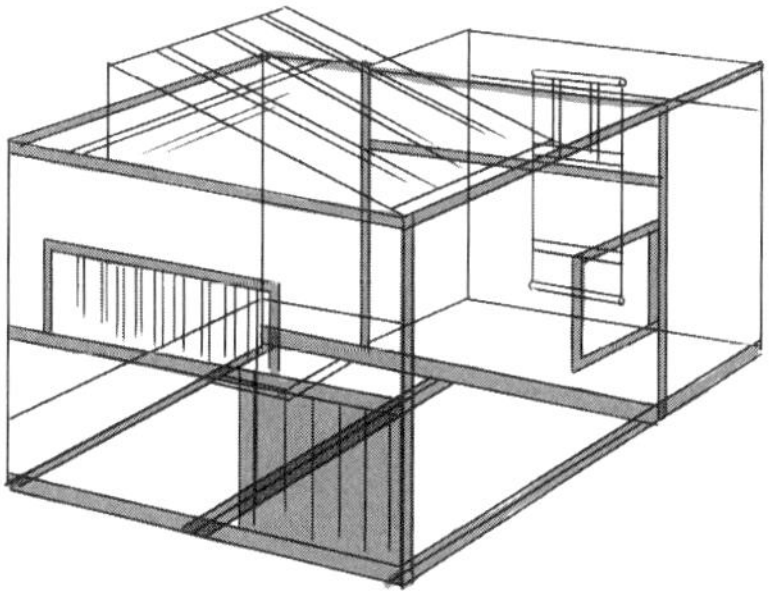

［図6-6］

　茶道の茶室は心と心の交流を促す空間なのだと聞いて、千利休の茶室を訪ねた。豊臣秀吉と明智光秀が戦った地、京都・山崎にその茶室「待庵《たいあん》」はある。利休が残した唯一の茶室である。実際に近寄ってみると、驚くほど小さい。たった2畳の空間である。茶室に入るための躙《にじ》り口は、高さも幅も60センチ程度で腰をだいぶかがめなければ入れない。それは、俗社会のしがらみや上下の階層《ヒエラルキー》を捨て、無垢な心を持って入られよ、というメッセージを放っている（図6－6）。

小さな長方形の窓が薄ぼんやりと白く光って、日の光を優しく茶室に運んでいる。無造作に塗られた壁は角が丸く、これもまた優しい印象を与える。これ以上せまいと息が詰まるだろうし、逆に広くなると緊張感が緩んでしまうだろう。無駄を省いた極小の空間は、柔らかさと緊張感に包まれている。

凝縮された空気に触れていると、ここが秘密の空間だったということが伝わってくる。私たち研究グループは、もちろん利休の茶室にははるか遠く及ばないが、このような秘密が共有されるもてなしの空間をインタビュールームに再現することをめざした。いままでは当然の制約としてあきらめられてきたものをとり払うことで、オンライン上に本音が交わされる場所をつくりあげた。また、これらの制約の解除は、インターネットの特徴が可能としたものでもあった。

立場の制約

まず、最初に取り除かれたのは「立場の制約」だ。旧来の対面式のインタビューでは、病気や肥満といった身体の悩みやコンプレックスにからむ話を聞きだすのはなかなか難しい。心の準備があったとしても、面と向かって話すとなると躊躇してしまう。金銭にからむ話題も同様だ。たとえば、クレジットカードのゴールドカードの利用者を集めたインタビューなどでは、ポイントについて本音を引き出すことは困難だ。隣の人が「ポイントなんて気にしていません」と発言すると、本当はポイント目当てに特定のガソリンスタンドでしか給油しないような人でも、「私も気にしません」とつい答えてしまう。人間関係のゲームにはまり、どうしても見栄が出てきてしまう。

同じく、金銭がからむと教育にまつわる話も一筋縄にはいかない。子どもを塾に通わせていない理由が、本当は費用によるものだったとしても、父親の価値観という話にすり替わってしまう。完全な嘘ではないにしろ、金銭の問題である事実を隠したいがために、別の理由（この場合は父親の価値観）が強く誇張されて出てきてしまう。

また一見話しやすそうなテーマでも、声の大きなお母さんに「これがいいのよ！」といわれ、ほかのモニターがついついうなずいてしまうということもある。インタビューをオンラインで行い、場の匿名性を高めることで、これらに見られる立場の制約を取り去ることができる。直接、顔を合わせずにすむ企業コミュニティでは、モニターは社会性を意識して躊躇したり、無用な見栄を張ったり、大きな声に流されて萎縮したりすることなく、素直で正直な自分を表出できるようになる。

空間の制約

次に取り除かれたのは「空間の制約」だ。企業コミュニティへのアクセスはインターネットを使って行われるので、決まった日時に同じ場所に集まる必要がない。全国のモニターを一斉に調査することができる。また、自宅からアクセスしてもらうので、ビジネスシーンで忙しい方や妊婦の方なども負荷なく参加できる。

集めることが難しいモニターを呼べるようになったことで、調査の幅も広がった。過去には発想もしなかったようなインタビューも実施できるようになった。たとえば、「熊本県に住んでいて、ここ3カ月以内に県外に引っ越しをした人」といった、通常の調査では一堂に集まることが不可能であった対象へのグループインタビューなどである。

また、自宅で商品やサービスを実際に使ってもらいながら調査を進める、いわゆるHUT《ホーム・ユース・テスト》もさかんに行われた。やはり、消費者の本当の生活の現場は自宅にあるのだ。旧来の対面式のインタビュールームのように日常生活と離れた場所に集まって行う調査では、モニターはどうしても想像と記憶で答えてしまうし、ときには評論家のようになってしまうこともある。企業コミュニティで行われるインタビューでは、自宅での使用状況をそのままに、その経過を実況中継してもらうことができる。

時間の制約

調査担当者に最も大きなインパクトを与えたのが「時間の制約」の解除だった。インタビューに参加するモニターは1日1回、それぞれ好きな時間にアクセスして回答する。インタビュールームは調査期間中、24時間開いているのでモニターであればいつでも入室することができる。最もリラックスした時間に自分の部屋でお茶でも飲みながら、他者の意見をじっくり読み、そして自分の感想を投稿する。このような形態であれば、モニターの負荷は少なく長期間にわたるインタビューを行うことができる。通常、調査は3週間ほどの期間をとって継続して行われ、じっくりと信頼関係を育て、本音が自然と表出される場所を生成する。

企業コミュニティを使った調査は、顔を合わせることなく行う調査である。やはり、顔を合わせないというのは利点だけではない。「なりすまし」といわれる虚偽の参加も可能にしてしまう。たとえば、女子高生を対象にしたリサーチに、いい年をしたおじさんが回答することもできてしまう。インターネットリサーチのモニターは、回答でもらえるポイントを目当てに、複数の属性を偽って登録しているケースも多い。これは、インターネットリサーチ全体の問題である。より慎重な調査を行う場合には、インターネットリサーチは使わないというクライアント企業も増えてきた。しかし、これはアンケートに限った問題だ。モニターにとってアンケートは、回答を記入し、それを送信するだけで仕事が完了する。

ところが、継続してコミュニケーションをとり合うグループインタビューではそう簡単にはいかない。モニターどうしの深い対話に長期間、参加しつづけなくてはならない。共感にしてもその逆にしても、心の深いところでコミュニケーションを交わし、お互いに信頼関係を築き合う。本当の女子高生でなければ、その場の空気に同調することは到底できない。もし、3週間にわたってしまっかりと同調できていたならば、そのおじさんは気持ちも購買傾向もれっきとした女子高生であるといえるだろう。

信頼関係が引き出す本音

お互いの信頼関係を醸成しながら進行する企業コミュニティのグループインタビューでは、モデレーターの役割が鍵になる。モデレーターは、調査の担当とコミュニティ活性の担当とが二人羽織で進行する。インタビュールームは、調査の場であると同時にお互いに信頼関係を育てる交流の場でもあるからだ。

モデレーターには細やかなバランスが要求される。通常、モニターどうしの自己紹介から始めるが、やはり最初はぎこちない。しかし、テーマが進むにつれて徐々に議論は熱くなっていく。じっくりとお互いの意見を聞きながら、発言が積み重なるうちにそれぞれの状況や性格がだんだんと浮かび上がってくる。

インタビューの途中から、お互いをニックネームで呼び合うような親密な空気が生まれ、信頼関係の深さに比例するように本音のレベルも深まっていく。企業コミュニティで行われるインタビューでは、平均で1人当たり5400ワードの発言が生まれる。その一例を紹介したい。読者には、しばし調査担当になったつもりで、モニターたちの雄弁な声に耳を傾けてみてほしい。

あんまり人前ではいえないけど…。正直、「1銭も無駄にしないぞ！」がモットーです（恥）。だから入会金が1円でもかかるカードは入りませんし、ポイントもできるだけいい比率で付くものを選んで、それを中心に使います。GSなんて、多少遠くても、手持ちのカードにどれくらいポイントがたまるかで選びます（もちろん、ガソリン本体の値段とポイント還元率、両方を織り込んでお得なGSを計算します）。友達を乗せているときは例外ですが。

（30代後半女性・クレジットカードに関する調査）

このように顔を合わせるとなかなか発言が難しいような内容も詳細に語られる。

こんにちは。はむたろうです。

……みんなと反対意見かも。書きにくいけど、思ってること書いてみます。

他の皆さん、変なヤツだと思わないでくださいね〜。

（20代後半女性・オール電化に関する調査）

多くのモニターは対面した状態では、このように「書きにくいけど」と前置きを必要とするような本音を発言することは難しい。また、そもそも内気な人はインタビューの会場に来ていなかったともいわれている。オンライン上のグループインタビューでは、このように隠れがちな本音を容易に引き出すことができる。

「3週間？長いな～。できるかな？」と最初は思っていましたが、毎日見ているうちにあっという間に過ぎてしまいました。今は……寂しいです。

本当に楽しかったです。またこういう機会があればぜひ参加したいです。ありがとうございました！

（20代後半女性・医療品に関する調査）

このように企業コミュニティで行われるインタビューに参加したモニターの多くが感謝の気持ちを表明する。調査は3週間継続して行われるが、謝礼の平均はわずか2000円である。それでも調査の事後アンケートで、この調査に参加して「とても楽しかった」または「まあ楽しかった」と答える人は92％にものぼる。また、96％ものモニターが「またこのようなスタイルの調査に参加したい」という質問に「YES」と回答している。

モニターに訪れる変化

調査の過程で、モニターどうしの関係が深まってくるにつれて、また、自分の意見が企業を通して社会に影響を与える可能性を感じるにつれて、モニターの心には調査元である企業に対する感謝の気持ちが芽生えてくる。それら感謝の表明をいくつかピックアップして紹介しよう。

とにかく、こういう機会に参加させていただき、勉強にもなったし、他の方の旅行のしかたなどとても興味深く拝見する事ができたし、自分自身の旅行への興味もまた増え、ワクワクさせていただけたしほんとうに感謝しております。

（29歳女性・旅行に関する調査）

消費者の意見を取り入れた新商品開発のプロセスに好感が持てる。異業種でも商品開発の一端を感じられ、係わりを持てたことに感謝。ひとつの商品開発の大変さを改めて感じた。

（40歳男性・おにぎりに関する調査）

消費者の生の声を聞いて商品開発に役立てて下さっているような印象を受け、うれしく感じた。商品化には難しいだろうと思う事を私たちは好き勝手に伝えるだけではあるが、その中からヒントを得ていままでに無い魅力的なピザが出来上がったら、それを発見した時にきっとうれしいだろうなという楽しみが持てた。

（39歳女性・ピザに関する調査）

このように、モニターとしてインタビューに参加する消費者には大きな感動が訪れる。まず、深い発言が自分から表出されること自体が喜びとなる。作家でもないかぎり、自分の深い心情を言葉にする機会というのは、そう滅多にあるものではない。そしてなにより、会社から感謝されることを通じて、社会とつながっていることを確認すること、これが大きな充実感をもたらしている。自分ひとりの声は、弱く小さいものかもしれない。それでも、企業を通じて社会に自らの期待を投げ入れたという事実は、大きな達成感と自信を生む。

マーケターに訪れる変化

立場、空間、時間、それぞれの制約を取り払って行われる対話の場は、モニターにだけではなく、マーケターに対しても変化をもたらす。対面式のグループインタビューに限らず、通常、ほとんどの調査と呼ばれる施策は、仮説ありきで行われる。当たり前に聞こえるかもしれないが、調査というのは仮説を検証するためにあるのだ。仮説をもとに設計される通常の調査では、その進行中に仮説がずれていることが判明したり、新しい仮説が生まれたりしても、調査を途中で変更することはできない。仮説のずれを確認しようにも、アンケートの集計が終わるまで結果はわからないし、インタビューが始まってしまったら終了するまではやめられない。

企業コミュニティで行われるインタビューは対話のように進むその性質上、質問を投げればその日のうちに回答が集まり、また、次の質問を投げるまでにたっぷりと時間がとれる。なので、ターゲットが変わったり、当初想定していたよりも深掘りしたいポイントが見つかったりという、調査の過程で刻々と変わる状況に対応することができる。担当者の頭に次々とひらめく仮説を質問にして、グループに投げることができる。たとえば、年齢で大きく志向が変わるだろうという仮説のもとモニターを集めたが、話を聞くうちに可処分所得で大きく変わることがわかったとする。そのような場合でもインタビュールームをシャッフルして、モニターに部屋を移動してもらうことで、調査を続けながら新しい仮説を検証することができる（図6－7）。つまり、対話をするように調査を

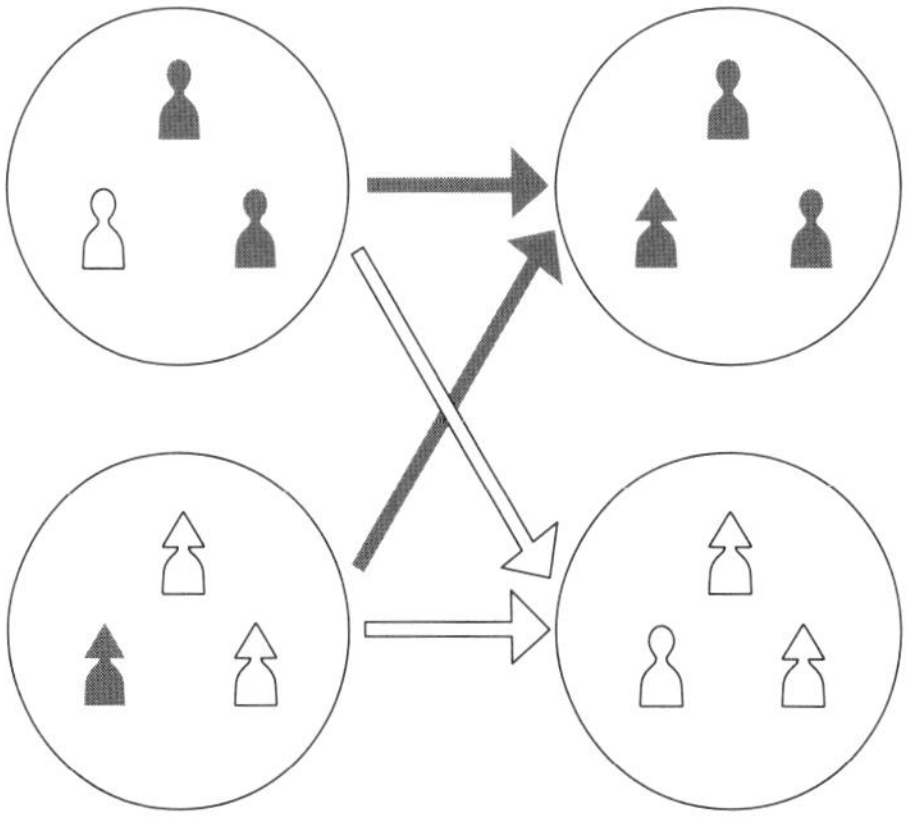

［図6-7］

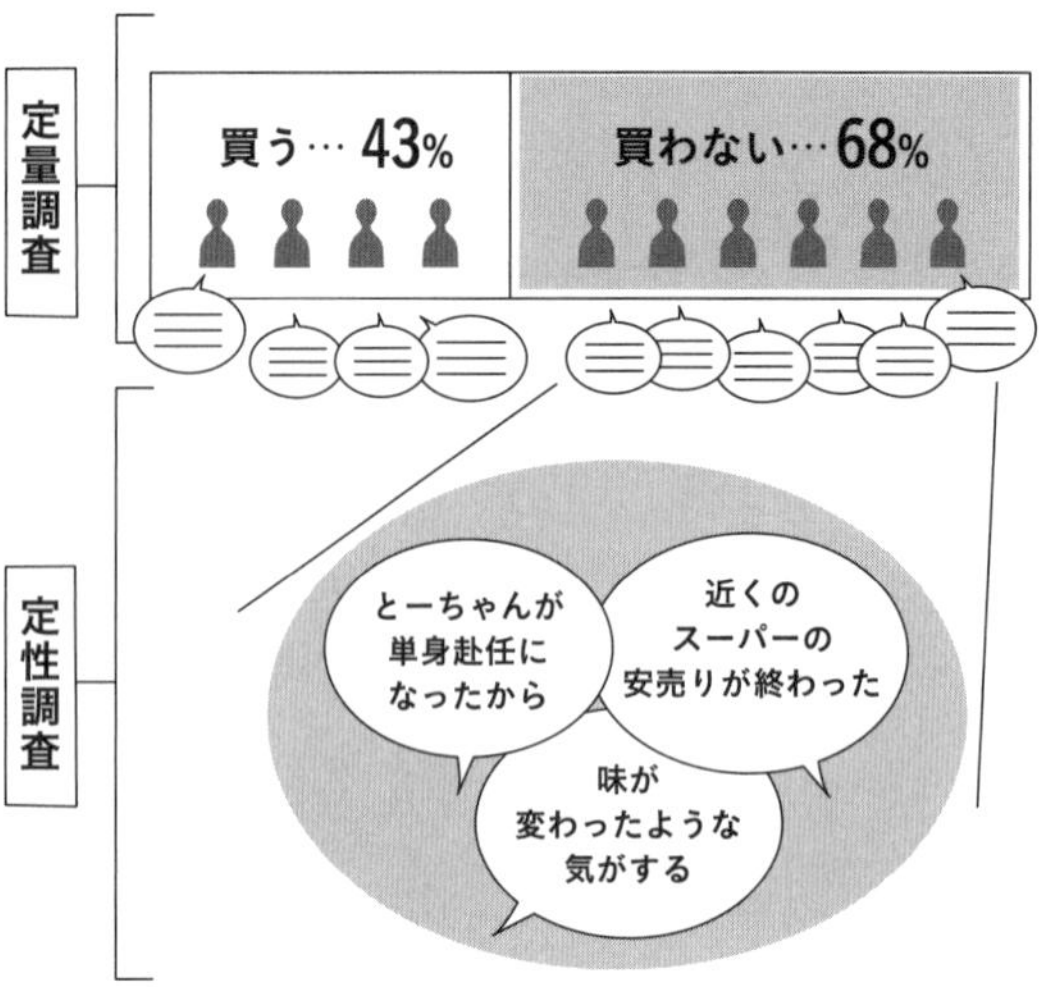

定量調査
買う… 43%
買わない… 68%
定性調査
とーちゃんが
単身赴任に
なったから
近くの
スーパーの
安売りが終わった
味が
変わったような
気がする

［図6-8］

進行することができる。いままでの調査が仮説を検証するためのものだったのに対し、企業コミュニティを使ったインタビューは、仮説を立案するための調査であるともいえる。仮説がまだぼんやりとしている段階でも、まずは顧客に投げかけてみて、その反応を見ながらアイデアを構築していく姿勢もとれるようになる。

私は、12年間で2000社の企業を自分の足で回った。そのなかで強く感じたことは、日本のマーケティングは、調査が不足しているということだ。大量生産・大量消費の時代が長く、プッシュ型営業の姿勢をとる企業が多い。特に顧客の声に耳を傾けるインタビュー調査が弱い。

アンケート調査とインタビュー調査の違いをここで明確にしておこう。これは、定量調査と定性調査の違いとしても整理できる。大雑把にいえば、定量調査とは決定されたものの全体を数で計るもので、定性調査とはその決定までの過程を内容的に探るものだ（図6-8）。

ある出版社の名物雑誌編集長といわれる女性は、主婦向けの月刊誌を新しく発行する際、知り合いの子どもを預かり、数週間スーパーマーケットに出入りして、ただひたすら主婦と自分の行動を合わせたという。定性調査にはこのような姿勢が求められる。

量にして初めてわかることと、逆に、量にしてしまうと見えなくなってしまう心の動きがある。心というのはそれ自体、繊細に波打つ現象なのかもしれない。だとすると観察という手法では、その波を波として把握するのは難しい。なぜなら、観察した瞬間そこに主客の関係が生じ、同時に波が消えてなくなってしまうからだ。温度計を入れたら、対象の温度が変わってしまうというパラドックスと同じ問題である。

企業コミュニティで行われるインタビューでは、インターネットに設けられた部屋にモニターを誘導し、長期間をかけてじっくりと対話をしてもらう。波と波が互いに干渉し合う空間が生まれ、企業と顧客が主客の入り交じる時間を共有することで、驚くほどにお互いの理解が深まる。

マーケターは複数のグループと同時に振動をともにすると、市場の動きと自身が一体化したような感覚を得る。そこでは、お互いに主体として反応するモニター群に、マーケターも同じく主体として飛び込むことで「主体–主体」の関係がつくられ、いわゆる「自分のなかにお客さまが生まれる」という状態になる。伝統的な調査で見られる「主体–客体」の構図を離れ、継続的に顧客のリアルな心の変化を共有する体験の場が生まれるのである。

世の中の潜在的なニーズというのは、感じとれないほど微細な振動を発していて、天才と呼ばれるマーケターは、この振動を聞きとり、現在を流れる通奏低音としてキャッチし、人々をあっと驚かせるようなモノづくりをしてきたのだろう。企業コミュニティは、その微細なニーズの振動をアンプのように拡大させ、隠れた欲求の声を聞きとりやすくする。たとえ天才でなくとも、現在の振動を聞きとるシステムさえあれば、人々が求めている何かを聞きとることができる。そこは消費者にとっても、自分のアイデアや想いを社会に拡張して伝えるためのアンプになる。

私たちがオンライン・グループインタビューと呼んだこの調査手法は、最近ではMROC（Marketing Research Online Community）という言葉で広く紹介されるようになった。そこでは、企業も変わり、顧客も変わる。企業コミュニティの現場で見られるのは、対話を通じたお互いの意識変容なのである。そこでは、匿名性が担保された自由な発話環境と唯一性を求める親密な思いやり空間とが融合する。企業は、集合の動機を提供する役割と、発話を引き出すための司会進行の役割を担う。企業の力を借りて、消費者から公的な「みんなの空間」に向けて提起されるオピニオンが生成される。それは個人の力が社会に変化を与えるという可能性を、すべての参加者に感じさせている。

ベネッセの挑戦

ベネッセの新商品営業部課長（当時）、中智玄氏《なかとしはる》は悩んでいた。任天堂DSソフトでの学習教材を提供するというプロジェクトを任されることになったが、それは、まったく新しい商品で、消費者からどのように受け入れられるか未知数のものだった。

ベネッセはダイレクトメールを使ったプロモーションを得意とする。そのダイレクトメールには、消費者の体験記が必ずといっていいほど掲載される。ベネッセは消費者のリアルな声が持つ伝達力をどこよりも知っている会社だ。しかし、今回の中氏が扱う商品は、まだ世の中にないものであった。体験記を載せようにも、まだ誰も使ったことがない。そこで中氏は、消費者グループを企業コミュニティに誘導して、発売に先行して試作品を紹介し、自宅で実際に使わせながら、その体験の様子を投稿してもらうという施策を考えた。子どもの反応はもちろんのこと、保護者からの評価を獲得することが重要であるとして、保護者である父母に子どもの様子を観察させ、その結果をコミュニティで報告してもらうという方法をとった。

また中氏は、通常の定量調査の手法に限界を感じていた。体験記を取得する過程で触れる顧客の生々しい生活の出来事を、どうにか商品自体や販売活動の改善に役立てることはできないだろうかと考えた。

「定量調査だけでは、人を理解して人の心を動かすことはできないという問題意識がどんどん強くなって、定性調査に関心を持つようになりました。しかし定性調査には問題があります。まず、インタビューの記録を残すことができない。声やビデオは残るが、その場にあった空気までは記録されない。さすがに社内の会議にモニターを連れてくることは難しい。また、お客さまを知るという意味では、自宅に訪問してデプスインタビューを100件ぐらいやると、行動の裏側まで含めてかなり深い理解ができるので、戦略、戦術レベルまで具体的なアイデアが生まれます。しかしこれは、調査者のスキルを一定にするのが困難だし、コストも高くそうそう気軽にやれるものでもない。また訪問調査は一対一になるので、『私もそうです』とか『うちではこうしています』というモニターどうしで刺激し合ってくれる状況が消えてしまう。それから決定的な問題点として、デプス（訪問式のインタビュー）にしてもグルイン（対面式のグループインタビュー）にしても、モニターと会えるのは基本的に1回だけです。毎日毎日、継続的につながって話を聴くというのは相当難しい。でも、継続してコミュニケーションしないとわからないことがすごくたくさんあるんです」

顧客の生活を知るためのインタビュー施策は、6カ月にわたって行われることになった。時間を追うごとに、モニターからの体験記も深さを増していった。それらの体験記をもとにダイレクトメールがつくられた。それは共通の悩みや希望を持つ多くの消費者の心をとらえ、商品は発売後、わずか3カ月で黒字化を達成することになる。また、インタビューに参加したモニターのうち、70％以上が商品を購入するという事態も起こり、体験記取得のための調査にかけた費用はこのモニターによる購入ですべてまかなえてしまった。中氏は施策をふり返り、顧客の生の声に触れた際に起こった社内の変化が、想定外の効果であったという。

「進研ゼミ自体の活用が停滞しているお客さまが、この学習ソフトをやることによって、勉強をやる勢いがつくという状況が見えてきました。進研ゼミとこの学習ソフトって、変ないい方ですけど、食い合ってしまうんじゃないかという懸念があったんです。学習ソフトがおもしろくなって、進研ゼミをやめてしまうのではという不安も社内には一部あった。

実際はそのようなことはなく、まず学習ソフトをやって、次に勢いをつけて進研ゼミをやるというシーンが多く見られました。それで商品の位置づけが、社員のなかでも明確になっていったということがありました。お客さまのご自宅というこちらの目が届かない場所で、『こういう使い方をして実際にこんないいことがあった』というリアルな体験をお客さまの言葉で書いてもらえたんです。まだそのときは、商品が市場に出回っていない状態だったので、どこまでお客さまの役に立つのか、社内では不安な声も多かったが、体験記からお客さまの目の輝きが違うことが感じられると『これはすごくいけるぞ』というか『自分たちのやってることはたしかに世の中に役立つぞ』という気持ちになりました。

保護者から見た子どもの行動には嘘がない。記憶や想像は嘘をついたりもしますが、行動には嘘が出ない。子どもと一緒に楽しんでいるお母さんの喜びや、勉強の時間が明らかに増えて安心したというような報告をもらうと、『あ、ここまでは意図していなかったけどすごくリアルに役に立ってるんだな』とうれしくなりました。思わず全社にメールを投げました。取締役とも、すばやく商品が市場に受け入れられるという手応えを共有することができました」

インタビュールームの裏では企業の関係者がオブザーバーとして参加し、リアルタイムでその様子をシェアすることもできる。ベネッセでは、会議中にインタビューの様子をプロジェクターで映し、関係スタッフ十数名が一様にそれを眺めながら仮説の立案を行う。その場に挙がったさまざまなアイデアを次の質問にして、検証する。そのようなダイナミックな顧客体験が、会議のスピードとクオリティを上げている。

サポーターの役割

2008年、企業コミュニティを使ったグループインタビューのビジネスモデルが産声を上げてから5年が経った。私たち研究グループのメンバーの間では、発見されたばかりのサポーターの話題でもちきりだった。サポーターこそが、コミュニティ活性の源泉なのではないかと噂された。

事実、サポーターはネットワークのハブであり、企業コミュニティ活性の立役者であった。このサポーターの発見の影には、なんと、あのお蔵入りした顧客関係性マップの活躍があった。サポーターを見つけるためには、個人そのものにフォーカスするのではなく、その周囲を見る必要があった。なぜなら、その人がハブであるかどうかは、その人のまわりに活きたネットワークがあるかどうかによるからだ。そこで生まれるお互いの関係（ソーシャルグラフ）を見ていくことで初めてサポーターの抽出は可能になる。サポーターの発見は、ネットワークのハブとつながることを可能にした。それは、企業にとって対話にかかる費用をどこに投入するべきかを明確に示唆するものでもあった。

インタビュー施策とサポーター施策の組み合わせも考案された。インタビューで自身の体験を発信したり、他者の体験を共有したり、また、企業と双方向に対話することで、商品への理解とともに帰属意識が向上する。サポーター候補を抽出し彼らをインタビューに誘うことでサポーターへと成長させる速度と確度を高める。さらに、インタビューに参加したサポーターたちが、そこで得た商品やサービスへの理解を彼らのネットワークを通じて広く伝搬してくれることも確認された。サポーターを対象としたインタビューは、プロモーションに大きな効果を発揮した。

また、インタビュー施策とサポーター施策の融合は、リサーチの結果にも強い影響をもたらした。「数」ではなく「質」を明確にするための定性調査では、そのインタビューに参加するモニターがどの程度調査に誠実なのかが問われる。アンケートならば大量に回答が集まるので、いくつかエラーが含まれたとしても大きな問題にはならない。しかし、インタビューは参加人数が少ない分、モニターひとりが引き受ける責任が、アンケートのそれとはくらべものにならないほど大きくなる。

帰属意識の高いサポーターには、その企業の商品・サービスをもっとよくしたいという動機がある。サポーターはマイナスの意見をいわないのではないかと懸念するマーケターもいるが、実際はその逆である。企業に対して真っ向から批判を述べるといった負荷のかかる行為は、クレーマー（企業に不当なクレームをいう人）か、よほど愛情がないかぎりは行わない。「そこそこ満足している」というのがおおかたの回答となる。だから企業は、つい一部のクレーマーの大きな声に意思決定の方向を左右されてしまう。ほかの大多数の消費者は沈黙しているからだ。愛情あふれる顧客とのつながりがなければ、聞こえてくる消費者の声はクレーマーによるものだけになってしまう。

消費者を怖いと思ってしまう担当者のほとんどが、声を発する消費者とクレーマーを同一視している。しかし、帰属意識が高く、自分の心情をしっかり言葉にして説明してくれるサポーターはクレーマーではない。その対極にいる存在だ。愛情あふれるサポーターによる商品やサービスに対する詳細な指摘は、ほかでは聞くことができない希少な価値ある意見となっている。

企業コミュニティの醍醐味

インタビューへの参加を通して帰属意識と伝播力を持つサポーターが育つ。また、サポーターが参加する熱意あるインタビューが、マーケターに貴重なアイデアを想起させる。このように企業コミュニティでは、リサーチをしているつもりが、プロモーションになったり、逆に、プロモーションをするほど、顧客の理解が進んだりする。リサーチとプロモーションが融合する。聞くことと伝えることが、コミュニケーションとして同じものになる。改めて、マーケティングとは何かと問えば、それは市場との対話である。私はこの本質回帰こそ、企業コミュニティ、ひいてはインターネット・マーケティングの特徴であると思うようになった。

たとえば、企業コミュニティは顧客関係性マップによって、発言の種類やネットワークの強弱、属性や趣味嗜好などで細かくグループ分けされる。ある情報を発信すれば、それぞれのグループがどのような反応をしたのかが即座に集計される。参加者はどのようなメッセージに敏感に反応したのか。それを受けて、サポーターはどのような発言を投稿したのか。また、その発言は外部の検索エンジンから、どの程度検索されたのか。その検索されたキーワードはいかなるもので、訪れた閲覧者はどのような行動をとったのか。このような顧客の詳細な反応の記録が、情報を発信するたびに蓄積される。

発信することと調査することが同じ施策の上で展開され、施策を打てば打つほど、企業と顧客の距離が縮まっていく。そこに関係が育まれるからである。コミュニケーションは時間とともに折り重なり、施策が継続されるにつれて履歴や思い出がたまっていく。対話が継続されればされるほど、お互いがお互いを理解し合うようになる。これこそがネットワークをマネタイズすることの本質的な特徴であり、企業コミュニティ施策の醍醐味である。

ソーシャルメディアを通した企業と顧客の関係構築の現場において、私たちは市場における対話の復活を目の当たりにする。ネットワーク効果によって、その対話のコストは縮小し、また、影響の範囲は拡張する。その対話の過程に浮き上がるのは、企業と顧客のお互いの関係性である。プロモーションとリサーチで構成されるマネタイズの塔を支えるもの、それは、交流量と感謝量で活性する相互のネットワークなのである。

改めて、企業コミュニティは、私たちにとってどのような場所になるのだろうか？　そこは消費者にとって、自分と価値観の近い人たちとが集まることができる、寂しくも窮屈でもないちょうどよい密度の場所となる。なにより消費者の気持ちが熱くなるのは、企業を通した社会参加だ。企業にとっては、深い帰属意識を持った消費者の力を企業活動に活かせる場所となる。いままで、ひとりの顧客との深い信頼関係は、企業にとって大きな利益にはならないと考えられていた。広がりがないため、ひとりの顧客にもたらされる満足以上には利益が得られなかったためだ。ところが、社会・メディア・消費がスモールワールド化したことで、ひとりの顧客の力が大きくなった。たとえば、ひとりのサポーターがそのネットワークを伝って有機的につながる人々は、その1000倍にも及ぶ。ひとりの顧客とのあたたかい関係が広く伝搬し、企業の利益に強力なインパクトをもたらすようになり、ブランドはメンバーシップそのものとなった。次世代の企業は、それら積極的に社会とつながろうとする消費者の活動を助ける存在になるだろう。

そこでつながるのは顧客とだけではない。離れて存在していた社内の部署や施策もつながっていく。いままでは、リサーチにしてもプロモーションにしても、それぞれ別々に実施するものであった。調査部と宣伝部は、完全に業務が分かれているし、部署異動でもないかぎり、お互いの仕事を知ることもない。販促の担当者が、商品を買ってくれた顧客のその後の気持ちを追えないのと同様に、調査の担当者も、調査に参加したモニターが、明日、売り場に買いにくるかどうかを知ることはない。本来、あらゆる施策は、それぞれが顧客を育てるという同じ目標を持ってつながっているはずなのだが、個人商店でもないかぎり、現場でその統合された姿を見ることはできない。施策はいつもバラバラに実施されている。

しかし、企業コミュニティにおいては、さまざまな施策がひとつの場を通して行われるようになる。サンプルを配る。たとえば、こんな単純な施策でも、企業コミュニティではそれで終わらない。前回のサンプル施策に参加していた人が、今回も参加していることがわかるようになる。昨日サンプルをもらった人が、今日そこで感想を述べていることにお礼をいうこともできる。施策を重ねるごとに顧客との距離が縮まり、顧客の理解が深まっていく。同時に、顧客による企業の理解も深まっていく。リサーチもプロモーションも「同じ顧客」に行われていたのだという、気がついてみれば当たり前の事実が再確認される。さまざまな施策を統合して、企業が顧客とつながるという視点が訪れる。すなわち、企業経営の縮小モデルがそこに現れる。いままでは、一部の経営者しか持ちえていなかったこのマクロな視点を、すべての関係者が持つようになる。

担当者の活躍

企業コミュニティを通して、顧客のひとりひとりが見えてくると、企業側にも気持ちが入ってくる。我が事化《レリバンシー》が上がるのは、顧客の心だけではない。企業コミュニティがもたらす効果として、忘れてはならないものは、企業の担当者の意識の変化である。担当者がコミュニティを介して顧客と触れ合うことで、自社の商品やサービスの価値を再確認するというドラマが起こる。あるカラオケメーカーの商品開発の担当者の一言がすべてを物語っている。

「うちの商品って、本当に歌われているんですね……」

企業コミュニティで、つながり合う顧客のネットワークに担当者自身がつながり、その熱気に触れ、自社商品の持つパワーに改めて気づかされる。そもそも企業は、社是であったり商品のコンセプトであったり、社会に貢献しようとする多くのメッセージを持っている。それらを現場での分業や日々の数字とのにらみ合いのなかで忘れかけてしまうことがある。顧客と触れ合うことで、担当者がそれらのメッセージを再確認し、自らの感動と実際の顧客の声を携えて全社に伝える。顧客との共創によって生まれる気づきやアイデアが、企業を媒介して、それを生み出した顧客のネットワークに還元される。共有される顧客体験を通じて、いままでは困難だとあきらめられてきたようなことが、全社を巻き込みながら実現の可能性を高めている。すぐそこに触れることができる顧客の

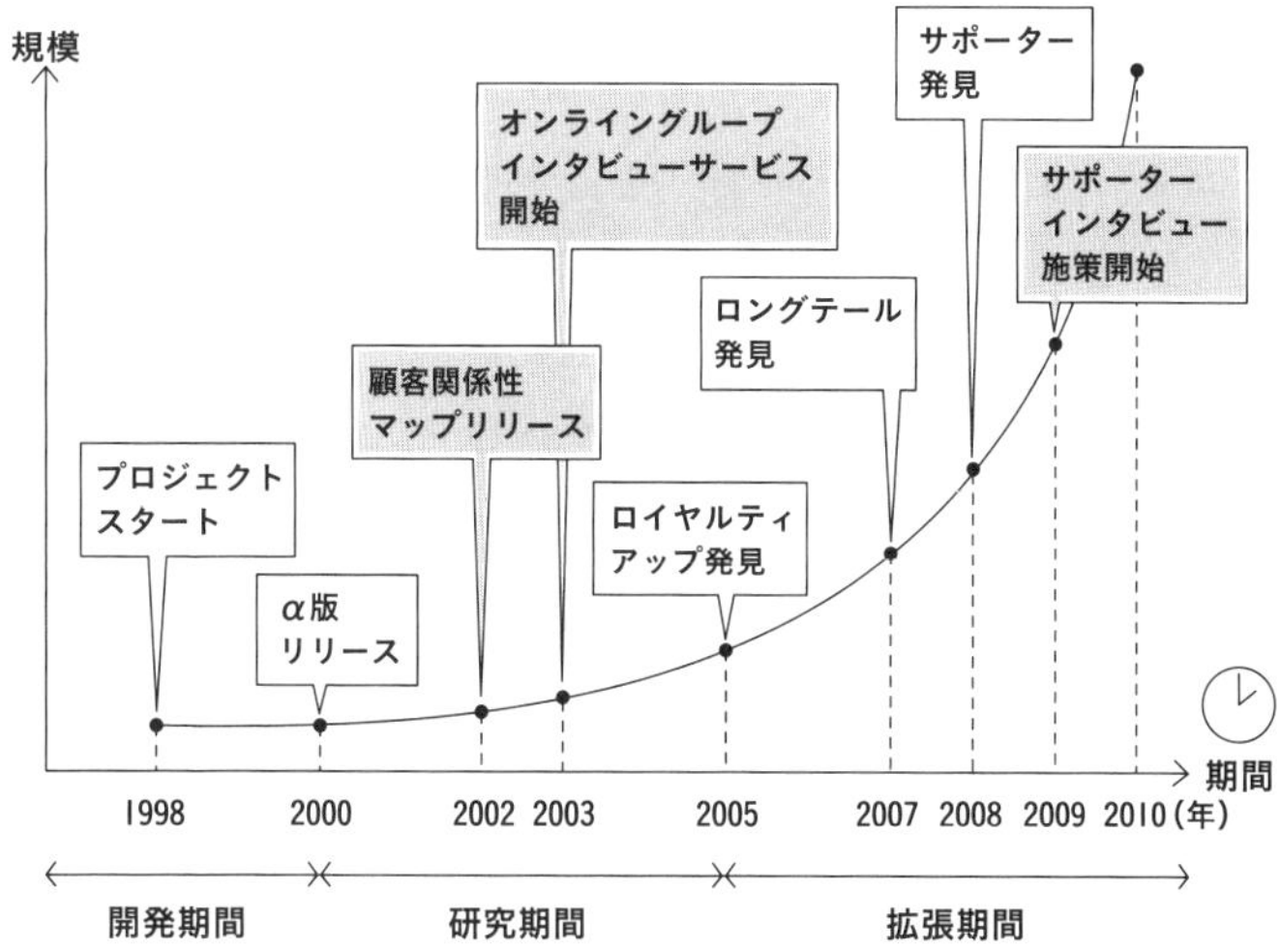

［図6-9］

ネットワークという味方を得て、担当者の熱意が、商品を超え、部署を超え、会社を変えていく。サポーターが市場のハブであるならば、担当者は会社のハブである。サポーターと担当者の対話は、ハブとハブとの連結であり、企業と顧客のロマンチックな関係の始まりでもある。

†

本章では、マネタイズの塔の内壁の状況を説明した。時間と空間、そして立場の制約を超えるインターネットの特徴が、企業に傾聴の姿勢をとりやすくさせ、また、消費者に深い本音を語りやすくさせるような場を生成する。その経緯と成果を見た。これで私たちの航海図のすべてが埋まったことになる（図6-9）。

ここで、第5章と第6章で追いかけた企業コミュニティのマーケティングにおける成果、すなわち、つながることが価値になる手法を総括してみよう。私たちが12年の間にお手伝いした施策は1万件に及ぶ。それらの施策を俯瞰して見れば、大きく7つの成果に抽象化される（図6-10）。

企業コミュニティが活性するとまず現れる成果は、参加者の帰属意識の向上だ（1）。拍手をしたり、発言をしたりするたびに参加者の関与レベルは向上し、それに合わせて、我が事化と帰属意識が向上する。この効果は通常、既存顧客による継続購入の向上という形で利益に還元される。

新規顧客の獲得による利益向上を目的とした施策としては、以下の3つがある。まず、コミュニティで生まれた発言を自社の持つ企業サイトに紹介することで、ウェブサイトに訪れた閲覧者の態度変容を促す（2）。さらに、ほかのPRや広告、また店頭の施策などと組み合わせ、ファンの発言を外部に広く表出させる（3）。また、コミュニティに発言がたまってくると、それらの発言が外部の検索サイトから呼ばれるようになり、閲覧者が増加する（4）。ファンと閲覧者のオーガニックなマッチングが起こるようになる。以上のように既存顧客の継続と新規顧客の獲得の両方を向上させつつ、同時に顧客の状況を把握する傾聴の施策を回す。コミュニティの参加者を、趣味や発言、影響力などで細かく把握する（5）。特徴あるグループが見つかったら、それぞれのグループごとに適した情報を選別して伝達する。逆に選別をせず同じ情報を送る場合でも、それぞれのグループがその情報を受けとった際に、どのような反応の違いを見せるのかを把握する。特に深掘りして理解したいグループを見つけた際は、即座にグループインタビューを実施する（6）。

これら6つの施策をPDCAサイクルで回しているうちにコミュニケーションの履歴が蓄積さ

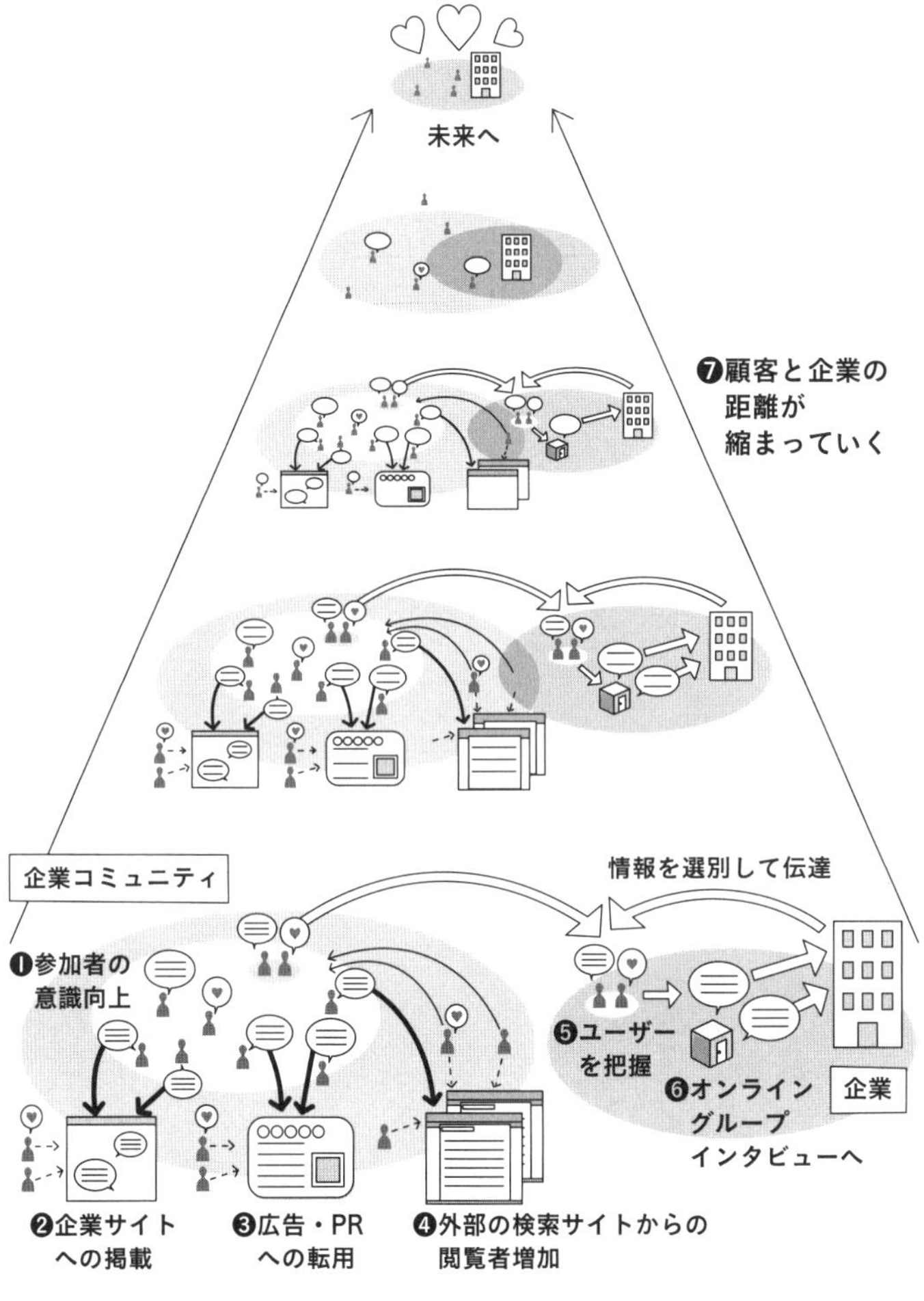
未来へ
❼顧客と企業の
距離が
縮まっていく
企業コミュニティ
情報を選別して伝達
❶参加者の
意識向上
❺ユーザー
を把握
❻オンライン
グループ
インタビューへ
企業
❷企業サイト
への掲載
❸広告・PR
への転用
❹外部の検索サイトからの
閲覧者増加

[図6-10]

れ、企業は顧客を、顧客は企業を、お互いがお互いを理解し合えるようになる。施策を継続すればするほど、両者の間の距離は縮まっていく。これが7つ目の成果となる（7）。

いよいよ、次の章が最終章となる。企業コミュニティの可能性について、現時点での私の結論を述べることにしたい。また、これらの考察を通して見えてきた私たちの生きる社会の未来、その希望ある世界を読者と共有することにしたい。

終章 希望ある世界

再び、見える人と見えない人

ソーシャルメディアで失敗する人、スモールワールドに住むことができず、ネットワークの影響が「見えない人」の世界観は、「つながりを軽視する」という態度に集約できる。それは、消費者を受動的で操作可能な存在としてとらえる消費者観に通じる。個人を大衆としてひとくくりにして、単発的な一方向の施策で、それを戦略的にコントロールしようとするのが見えない人のふるまいであり、インターネットを、そして、つながり始めた個人の集合を敵に回す態度となる。

このような視界からは、消費者は群れとして把握可能であり、リサーチにより数字に置き換えられ、GRP（広告投入量の単位）という栄養分を大量に与えれば、ブランドに群がるもののように見える。

印象深いエピソードをひとつ紹介したい。私の会社にインターンシップに来ていた学生がある大手企業の採用試験にパスし、晴れてマーケティング部に配属された。とても気配りのできる心のあたたかい学生だった彼に、就職して3年ほど経って久しぶりに会う機会があった。いくつかのキャンペーンを運営して、社内でも認められ始めているとのこと。それはよかったね、と話していた際、彼が象徴的な言葉を発した。

「最近、世の中を動かせるようになってきました。ちょっといじると本当に動くんですよ」

しかしながら、このような消費者観の前提となる世界は徐々に崩れてきている。インターネットでは、消費者は受動的な存在ではなくなる。メッセージを受信するだけでなく自ら発信するようになる。消費者が発信するメッセージは、ときに企業が発するそれよりも強力なメッセージとして市場に受容される。このような消費者による活動を企業がコントロールしようとすると、彼らはそれを見透かし、その行為自体を批判したり茶化したりするようなメッセージを発信する。そうした不信感は共鳴を呼び、短期間でインターネットに強く伝播する。もはや、消費者による声を、都合の悪いものとして「上から目線」で駆除することはできない。ネットワークが見えないマーケターにとっては恐ろしい時代である。

見える人のマーケティング

しかし、見方を変えれば、消費者が情報を発信するという状況をポジティブにとらえることもできる。商品の周辺で、消費者によってさまざまな物語が生み出される。それは、あちらこちらで吹き上がる噴水のように、インターネット全体に広がっていく。消費者はそれらの物語と出会い、商品を物語ごと購入し、今度はそのお返しに、または決定の確認のために、自らが物語を生成する側に立つ。

このようなサイクルが回っている市場では、消費者は企業に一方的に操作される対象ではなくな

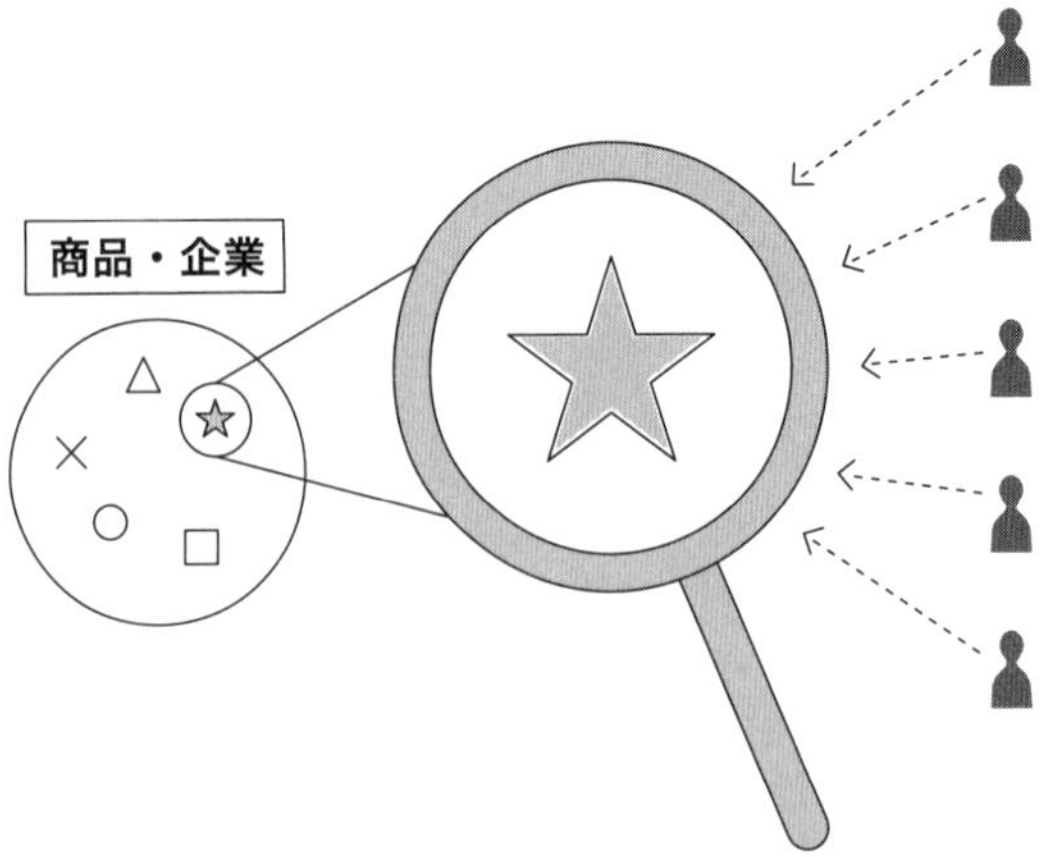

［図7-1］

る。消費者は企業とともにブランドを育てていくパートナーとしての自覚を持ち始める。消費者によって生成されるネットワークを、企業は強制的にコントロールすることはできない。マーケターは、ブランドや消費者がそもそも持っている物語を上手に引き出し、それらをつなぎ合わせ、自然に育ち、広がっていくことを手助けする存在へと変わる。農業の比喩を使わせてもらえば、もともと土壌が持っている力や微生物の媒介力、それらのネットワークによる相互の影響を重視する有機農業に近いといえるだろう。まさにそれぞれが無縁ではいられないスモールワールドの世界観によるオーガニックなマーケティングである。

　商品や企業のブランドをひとつの円として考えたとすると、この円のなかには、企業にとって強調したいものもあれば、できれば隠したい、伝えたくないと思う部分も含まれる。もし送り手側がこれを自由に選択できるとしたらどうするだろうか？　当然、企業が強調して伝えたい部分を選び、それを最大限、魅力的に伝える手段を考えるようになるだろう（図7-1）。都合の悪いことはあえて伝える必要はない。よりよく見せるためのNGワードやドレスコードの決定がコミュニケーション戦略の基礎となる。キャッチコピーにしても、デザインにしても、そこでは最もよく見える「ベストショット」をどう切りとるかということが送り手側の関心事だ。それらの「ベストショット」を見つける仕事はすべて外部のプロに任せたほうがよいかもしれない。これが20世紀のマーケティングのあり方であった。

一方、21世紀のマーケティングになると、商品や企業のブランドの円を、そのまま消費者に伝えたほうがよいという姿勢が加わってくる。というのも、円の一部をベストショットで見せようとしても、円の外部で活動する消費者が円の内部のほかの部分を見つけ出し、それを発信してしまうからである。いまやブランドは、360度の視線にさらされている（図7-2）。嘘や誇張は通用しづらい。また消費者は、完璧なブランドなどないということも知っている。彼らが求めているのは、

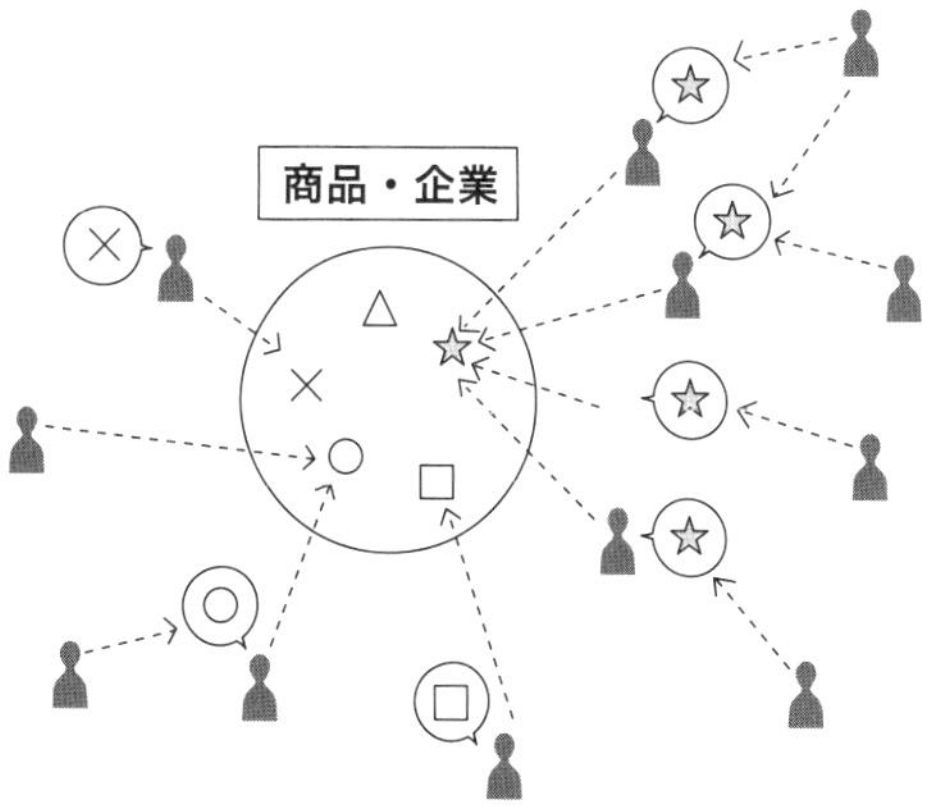

［図7-2］

自然体で真摯な企業の態度、そして改善に向かう姿勢だ。もっとも、私たちが私的な友人やパートナーを選ぶときの基準もそのようなものだろう。企業と顧客が双方向になるということは、お互いにパートナーとしてつながり合うということにほかならない。そして、忘れてはならないのは、円の外部はパートナーとなった消費者たちが、自発的にブランドの物語をほかの消費者に伝搬する場所でもあるということだ。そこには、7000万人の活動的な消費者がつながっている。

オーガニック・マーケティング

20世紀に重要視されていたNGワードやドレスコードは、21世紀に自然体な姿勢に移行する。同じく、キャッチコピーは、さまざまなシチュエーションに合わせて生々しく語られる消費者の感想と共存するようになる。施策の期間は、短期的なものから、長期的かつ持続的なものへとシフトし、デザインも読者の視点が一定であったものに、それぞれが自由で活動的になる視点が加わる。継続してさまざまな視点にさらされる環境のデザインは、来訪者がそれぞれどのような経験をするのかを重要視する建築のデザインに近くなる。企業から消費者に向けたコミュニケーションは、「ベストショット」だけだったものに「ベストエクスペリエンス」が追加され、商品や企業の円の周辺で、消費者にどのような経験をしてもらうのかが最大の関心事となる（図7-3）。

最近のマーケティング戦略のなかで、ついやりがちなことでありながら、大きなダメージをつくってしまう失敗は、新時代の領域に旧時代の態度で踏み込むということだ。見たくないと目を背けても、どうしても円の外部に消費者の活動は存在する。商品やサービスは、常に360度を消費者の視線に囲まれている。

	非ネットワーク	ネットワーク
よそおい	ドレスコード	自然体
言葉	キャッチコピー	消費者レビュー
もてなし	ベストショット	ベスト エクスペリエンス

[図7-3]

21世紀において20世紀のマーケティングは、格好をつければつけるほど滑稽なものとなってしまっている。上から操作しようとすれば、消費者による活動の場は、マーケターが精緻に計画したコミュニケーション戦略を台無しにするたいへんやっかいな存在に感じられる。

しかし、オーガニックにつながることを志向すれば、そこは消費者とパートナーとして向き合うための絶好の場であり、彼らを味方にし、その圧倒的な伝搬力を活用できる機会としてとらえることができる。ネットワーク時代の消費者は、企業が形成するネットワーク、それ自体の姿を問うようになっている。

次世代のマーケティングは、この消費者の要求に適応しなくてはならない。現在、それを最も具現化している施策が企業コミュニティである。企業コミュニティは、入念に設計され、細かく計測をしながら調整される繊細なものであり、完全に自然発生的にできるものではない。人工的につくられながらも、自然界を再現するアクアリウムのように、有機的に自然のサイクルを取り込み、浄化と成長を持続するネットワークとして存在する。そして、その循環する世界は、そのまた外に広がるオーガニックなネットワークとつながっている。

テイラーメイドとグローバリゼーション

現在、蜘蛛の巣のようにネットワーク化されているのはマーケティングだけではない。郊外化、核家族化と進み、孤立して分散の方向に歩んできた社会の最終局面において、個人化した者たちがお互いの趣味や想い、価値観を頼りにつながり始めた。これに呼応するようにメディアも変化した。テレビに代表されるマス4媒体から、インターネットとケータイがその王座を奪い、そこでの主要なコンテンツはソーシャルメディアによって生み出される消費者どうしのつながり合いの軌跡となった。

消費者はお互いにつながり合い、物語の共有を始めた。そして企業もこのネットワークにつながったことで、顧客との新しい関係構築の物語が始まった。社会・メディア・消費、それぞれの大きな変移はダイナミックに進行し、現在ドラマチックに交差している。その交差点において時代はネットワーク化され、私たちは次々とスモールワールドの住人となっている。

ネットワーク化された市場では、心が通うオーガニックなもの以外は通用しない。情報革命の行き着く先が、よもやこのような人間臭い世界になると誰が予想しただろうか？　情報テクノロジーの最先端が、人と人の、心と心の関係に向かっていることにおもしろみを感じはしないか？　バラバラになった個人は、再びつながりを求めている。そうかといって、村社会の不自由さに戻ることを希望する人は少ない。人々が自由を欲した結果に現在の都市化と個人化の状況があるのだとすると、自由とつながりは二律背反《トレードオフ》の関係にあったと整理できる。現在を生きるわれわれに託されている使命は、この二律背反の止揚であるのかもしれない。

　つながりと深さを求めて村に帰ろうとする心と、自由と広がりを求めて都市に出ていこうとする心。この2つの対比は、テイラーメイドのビジネスと、グローバリゼーションのビジネスとの対比と一致している。テイラーメイドでは、対話による相互理解を前提とした。対話にかけるコストと引き換えに、「あなただけ」の商品やサービスといった唯一性を提供することができた。しかし、一対一の対話を通して販売していくため、効率性が犠牲になった。

　これに対して、18世紀の産業革命以降、大量生産・大量消費が始まる。分業の流れ作業で行われる合理的なシステムは、グローバリゼーションの名のもとに、対話をやめ唯一性を捨て去ることで、効率性を手にすることになる。世界に広がるためにはこの効率性が必要条件であった。そして、

[図7-4]

	対話・唯一性	広がり・効率性
テイラーメイド	○	×
グローバリゼーション	×	○
インターネット	○	○

インターネットが登場し、情報革命が起こった。時間と空間による対話にかかるコストがゼロに近づいたことで、効率的な広がりを持ったまま、唯一の対話を復活させる可能性が浮上した（図7-4）。そのことは私たちに、あたたかな心が世界に広がっていく希望を与えてくれる。

バタフライ・エフェクト

千利休は、ひとつひとつの茶会を、自分の一生にたった1度しか訪れない出会いとしてとらえ、大切にするように指導したという。一瞬というのは貴重なもので二度と出会うことのないドラマチックな出来事だとする。これが「一期一会」という言葉に込められた意味だ。私はこの言葉に日本流のロマンを感じる。

企業コミュニティにおいて、すべてのマーケティング施策は統合される。そこで企業は、さまざまな個人の活動を目の当たりにする。そのような個人のありのままの姿に触れると、その多様性を感じないわけにはいかない。それぞれが違う状況で、違う感情を持ち、違う人生を生きている。ひとりひとりの顧客が人間として息づいていることを感じると、それぞれの毎日を生きるひとりひとりの顧客との、一瞬一瞬に訪れるつながりが希有で貴重なものに思えてくる。場が鮮明になるからつながりを感じるのか。それともつながりを想うから鮮やかに見えるのか。大げさにいえば、それらの出会いは一生に二度と訪れない一期一会の奇跡である。今後、世界を包むネットワークは、さらに加速度を上げて私たちをつなげていく。私たちはみな、スモールワールドの住民となり、密接につながり合うようになる。企業と顧客も双方向につながり、関係はより直接的で創造的なものになる。マーケティングはいまよりももっと楽しい営みとなる。

私たちの日常にも一期一会の奇跡を見つけることができる。たとえば、あなたと私が出会う確率はどのくらいだろうか。こんな計算をしてみる。あなたと私が向き合って話をしている。2人は同時に同じ地球上を生きている。2人で話をするにはどれくらいのスペースが必要だろうか。ここでは、縦2メートルと横2メートルとしてみよう。すると、面積は4平方メートルということになる。それでは、2人が同じ場所に居合わせる確率はいかほどだろうか。地球の陸地の面積は約1億5000万平方キロメートルだから、その確率は、だいたい40兆分の1ということになる。あなたと私が一緒にいるという事実は、お互いにほかの場所にいたかもしれない可能性を切り捨てて存在している。この確率は、もしあなたと私がお互いに昼も夜も休まず、1分に1メートルずつ動きつづけたとすると、約8000万年に1度だけ出会える計算となる。これは人生が80年であれば、なんと100万回人生をくり返しておよそ1回出会えるぐらいの確率ということになる。100万回の人生に1度。もし、お会いできたとしたら奇跡としかいいようがない数字だ。

ほかにもこんな想像はどうだろうか。たとえば、私の父親と母親は、お互いに学生のころに知り合ったらしい。2人を引き合わせてくれた友人がいたのだという。私はその友人にお会いしたことはないが、その人物がいなかったら私は生まれてはいなかったということになる。私の誕生の可否を握っていたその友人にも両親がいて、きっとその2人を引き合わせた友人なる人物もいたことだろう。意外とその人物の何気ない一言が2人の出会うきっかけとなったのかもしれない。とするならば、私の誕生にはその人物も大きくかかわっていることになる。ほかにもさまざまな偶然が重なり、奇跡的な出会いの連続で私が生まれたのだと考えると、なかなかこの命も捨てたものではないように感じてくる。気が遠くなるほどのネットワークの連鎖を想うと、もはや誰にお礼をいったらいいのかもわからない。このような〝有る〟ことが難しい一期一会の奇跡のことを、仏教では「有り難い」と表現する。この言葉が、私たちが日常的に使っている「ありがとう」の語源となっている。

世界はネットワークでできている。あなたの前に起こるさまざまな出来事は、億年を掛けた偶然の出会いの連鎖によって生じている。あなたの人生を決定づける大きな出来事にしても、ひとつひとつの小さな出来事の連鎖によって引き起こされている。逆に、こう考えることもできるだろう。あなたの何気ない行動もきっと誰かの、または何かの誕生に決定的な影響を与えているに違いない。その力は小さく弱いものであったとしても、ネットワークを通じて大きくなり、億年に一度の奇跡を呼び起こしているかもしれない。このことをマサチューセッツ工科大学の気象学者エドワード・ローレンツは、「ブラジルで蝶が羽ばたくと、テキサスでトルネードが起こる」という比喩を使って説明した。小さな力が複雑で広大なネットワークの効果によって、大きな力となって未来に影響を与える。この現象をネットワーク理論の世界では「バタフライ・エフェクト」と呼ぶ。

もしかすると、そもそも初めから世界はひとつのネットワークなのかもしれない。とするならば、私たちはみな、そのネットワークの一員であるといえる。ネットワークがつくる一期一会の連鎖による奇跡的な出来事。私たちひとりひとりが、多かれ少なかれ、そのひとつひとつの出来事に関与している。インターネットというテクノロジーは、そうしたネットワークの姿を可視化《ビジュアライズ》するものであるのかもしれない。そうした観点で俯瞰すれば、数多あるソーシャルメディアのプロジェクトもすべて、ネットワークをとらえるための試行錯誤のように見えてくる。

スモールワールドへのパスポート

インターネットは新しいメディアであるといわれる。ソーシャルメディアも新しいメディアだ。ところで、このメディアという言葉は、いったいどんな意味を持っているものなのだろうか？

メディアとは本来、テレビやラジオのようなマスメディアに限らず、人と人がコミュニケーションをとる際、その「間にあるもの」のすべてを指す言葉である。あなたと私の間にあるものはすべてメディアだ。その意味では、本書もメディアであるし、日本語もメディアであるし、空気だってメディアである。メディアが変わるということは、私たちの間にあるものが変わるということ。私たちのコミュニケーションが変わるということだ。私たちは人と人の間において初めて自分という存在を認識する社交的な動物である。ならば、メディアが変わり、コミュニケーションが変わるということは、私たち自身が変わるということだ。

時代とともにメディアも大きく変化する。では、私たち自身はメディアが変わったいま、どのように変化しているのだろうか？　私たちのなかの何が変わっているのだろうか？

こんな想像をしてみてほしい。いま、あなたは、一寸先も見えない真っ暗闇の洞窟のなかにひとり立っている。視界を完全に奪われた状態でたたずんでいる。どうにか出口を見つけなければならない。手に持った棒切れを頼りに歩きだす。いま、あなたの手にしっかりと握られた棒切れは、あなたにとっての杖となる。暗闇を歩き始めて最初に意識が向かうのは、棒切れを持った手に伝わる刺激であるはずだ。杖の代わりとなった棒切れが、地面のぬかるみや石に触れるたびにあなたの手に刺激を伝達する。しだいに慣れてくると、手の刺激はほとんど感じられなくなる。感覚が手から杖へ、そして杖の先端が接触している地面そのものに集中するようになる。このとき、杖というメディアが身体化しているといえる。つまり、杖というメディアはあなたの身体の拡張部分となる。

メディア論の父、マーシャル・マクルーハンによれば、「メディアは人間の拡張」なのだという。見回してみれば、私たちが日ごろから接しているメディアも、それぞれ私たち人間の拡張である。電話は耳の拡張であるし、衣服は皮膚の拡張だ。それでは、私たちの前に現れた新しいメディア、時代の申し子であるインターネットは、人間のどの部分を拡張しているというのだろうか？　マクルーハンは、「電子メディアは中枢神経の拡張だ」といった。中枢神経は身体を網羅するすべての神経ネットワークを統合する機能を持つ。脳や脊髄といった中枢神経は、ネットワークそのものを知覚する器官だ。いま、私たちが生きる時代は、つながる時代である。私たちはインターネットを身体化することでネットワークそのものを知覚しようとしているのかもしれない。

その知覚を手軽に確認する方法がある。普段はあまり目にとまらないかもしれないが、グーグルで検索をすると検索窓の下にその検索結果の総数が表示される。その数字を見れば、世界全体でどの程度の量がその検索ワードについて語られているかがわかる。興味のあるワードを2つ並べて、検索してみてほしい。たとえば、「一所懸命」と「一生懸命」を検索すると、一所懸命で295万件と表示されるのに対して、一生懸命で検索したときには1650万件と表示される（2011年3月時点）。一生懸命のほうが約5・6倍も多いことがわかる。私は言葉の本来の意味としては、一所懸命と書くのが正しいと聞いたことがあって、そのように書くように心がけていたが、みんなは意外と一生懸命を普通に使っていることを知って、それほどこだわる必要はないのかもしれないと思うようになった。

ほかにも、ハイブリッドカーの「プリウス」と「インサイト」ではどうだろうか。プリウスが118万件、インサイトでは55万件。市場ではプリウスのほうが約2倍近く多く語られていることがわかる。やはり世界初の量産ハイブリッド専用車というブランドは強固なもののようだ。

このようにいろいろ試してみると、市場全体の状況がおぼろげながら見えてくる。自分の仮説や思い込みが実際に市場全体ではどのように評価されているのかを知ることができる。もし、このような広範囲な状況把握を旧来の市場調査を使って得ようとすれば、国勢調査のような大がかりな準備が必要になるが、今日では、グーグルを使って簡単にそして無料で把握することができる。

これを可能にしているのは、グーグルの力だけではない。グーグルは情報をまとめてくれるが、ひとつひとつのサイトをカウントしているにすぎない。いわば、杖のようなメディアである。それぞれのサイトには運営者や制作者がいる。これら全体のネットワークがあって初めて、私たちはネットワークを知覚することができる。

インターネットは私たちの中枢神経の拡張である。ネットワーク知覚は、ネットワークに参加すればするほど磨かれる。そして、ネットワークの恩恵を享受するうちに、そのネットワークを生成している不特定多数の人々に対して感謝の気持ちが芽生えるようになる。この感覚をつかんでくると、情報を検索するという行為にしても、そのひとつひとつが気持ちよくなってくる。この気持ちがスモールワールドへのパスポートとなる。「ありがとう」は、そこでの合言葉だ。

ラブ・アンド・ピースを想う

2003年、企業コミュニティの実験も、ようやくオンライン・グループインタビューのサービス開発までたどり着いたころ、音楽プロデューサーの桑原茂一《くわはらもいち》氏にプレゼンテーションする機会をいただいた。日本のカウンターカルチャーの旗手である桑原氏に、ソーシャルメディアを説明するという役目に私は緊張して臨んだ。

桑原氏のオフィス、重厚な印象のアンティークのテーブルの上でパソコンを広げ、ひととおりシステムの説明を終えたとき、桑原氏が私のパソコンの上に並んだサークルのアイコンを指差しながら、「君のやろうとしているのは、『イマジン』なんだろう？」と唐突におっしゃった。何をいわれたのかわからず、私は何も返答が浮かばなかった。桑原氏はゆっくりと言葉を置くように続けてくれた。それは独り言のような語り口であったが、私の心に深く染み込んだ。

「ジョン・レノンの『イマジン』って曲ね。あれは、みんながラブ・アンド・ピースを想像したら、世界は本当にそうなるよっていう歌なんだ。でもカウンターカルチャーが結実しなかった理由はね、隣のやつが本当にそれを想像しているのか、みんながわからなくなったってことにある。このサークルっていうシステムは、それがわかるってことなんでしょう？　参加している人たちが同じ気持ちでいるんだってことがわかるんでしょう？　だったら、それはラブ・アンド・ピースにつながるよ」

大きなエールをもらった気がした。桑原氏にそういわれて、インターネットのすごさを知ったとき、世界がひとつにつながって戦争もなくなるかもしれないと感じたことを思い出した。

希望ある世界

これから先の未来、私たちの世界はどうなるのだろうか？　本書を通して確認した企業コミュニティの成果と可能性は、隔絶に橋が架かるあらゆるパターンのひとつにすぎない。ネットワーク時代の到来によって、企業、政党、自治体、学校など、あらゆる組織と個人の関係も直接的で創造的なものに変わっていくだろう。それらの組織コミュニティに集まる人々は、お互いにつながり合い、また、組織の力を通して社会とつながっていく。

たとえば、個人と政治のコミュニケーションを見てみれば、いま、それは投票によってのみつながっている。投票によって代表者を決め、代表者が政策を決定する。コミュニティ活性の観点からすると、それでは荒すぎる。1票の影響力が小さすぎて、とても社会に影響を与えるという実感は起きない。参加のモチベーションも上がらない。ここにも隔絶が存在する。もし、政党がコミュニティを持てば、私たちは投票しかできない存在から、発言する参加者へと変わる。そこに双方向のコミュニケーションが始まれば、関与が強まるにつれて我が事化《レリバンシー》も高まる。対話を通して相互の理解も深まっていく。

そもそも社会は大きなコミュニティである。社会のさまざまな組織とのコミュニケーションが可能となれば、社会そのものが我が事化する状況が生まれる。社会は私たちにとって、生活の舞台であると同時に、その舞台自体にも変化を与えることができる対象となる。いままでは単なる住民という受動的な存在だった個人は、自らも主体的にかかわるようになることで、社会を創るプロジェクトの能動的な参加者となる。社会との対話を通して、社会とのつながりを意識するようになれば、そのとき社会は、自分にとってただならぬ存在となる。また同時に、自分も、社会にとってただならぬ存在なのだという自覚が生まれる。私たちは、社会の一員であることを認識し、また、それを誇りに思えるようになる。それは、昨日よりも今日、今日よりも明日が楽しくなる予感を、自分たちの力で生み出している実感。すなわち、希望ある世界が訪れる。

未来に向けて

人類が手にした新しいメディアであるインターネットは、「個人の力を最大化させ、それらをつなぎ合わせる」というコンセプトを持って生まれた。インターネットのコミュニケーションは時空間を超える。言語、歴史、国境、あらゆる制限を超えていく。私たちがつながり合うのは、7つの海を超えた世界全体においてである。世界は私たちの対話によってひとつになる。いや、もともとひとつであったことを再認識する。対話によって生まれる意見の一致《コンセンサス》が、さまざまな二項対立や利益相反を止揚させ、隔絶している者たちの間に橋を架ける。

加えて、インターネットのコミュニケーションは立場の制約を解除する。属性を取り払った対話に生じるのは、人間の深い個性である。そこに認められるのは個性豊かで色鮮やかな多様性の世界だ。多様性を認めない全体主義はコンセンサスを必要としない。方向はあらかじめ決まっているからである。また、お互いの距離が遠ければ、コンセンサスをとることはできない。対話が不能だからである。多様性を認めたまま距離が縮まっていくことで、そこにコンセンサスのチャンスが生まれる。社会とつながるあらゆる組織が、コンセンサスを目的としたコミュニケーションを始める。

色とりどりのさまざまな組織が生まれてくるだろう。それらは直接的に、そして創造的に私たちとつながり、社会に影響を与えていく。

ソーシャルメディアから生まれる組織もたくさん出てくるだろう。これから始まることは、私たちの力で主体的に社会を創るプロジェクトだ。ただやみくもにつながったとしても、それが価値になるわけではない。私たちの未来に向けて、みんなで力を合わせ、価値になるようにつながっていきたい。

近い将来、私たちは個でありながら、全体をとらえる視界を持ちえるかもしれない。いままでつながりは、見えないものだから信じることができなかった。しかし、ネットワークに参加する行為の蓄積が、参加者それぞれのネットワーク知覚のレベルを高めていくことで、ネットワークの存在が見えるようになる。私たちはその先に、個々の人々が全体を配慮した行動をとり、利他的にふるまうということが、実は自分のために返ってくるのだという視界を手に入れることができるかもしれない。そんな社会をなんと呼んだらいいのだろう。福沢諭吉は、「Society」という英語を「人間交際」と翻訳した。私たちの生きる時代は、資本主義の市場経済が創った社会、社会主義の計画経済が夢見た社会、そのどちらでもあって、どちらでもない。貨幣や計画を大事としながらも、それを起点の中心とせず、人間どうしの交際を起点とするネットワーク経済を形成する。いま、ここに交際主義とでも呼ぶような社会が訪れようとしている。

さて、私自身、ここからどこに行こうか？　まず、フラットでオープン、そして、オンリーを求めるロングタームなコミュニケーションを心がけようと思う。ネットワーク時代の申し子、インターネットが求める姿勢はこの激動の時代に適応するはずだ。FOOLにふるまっていて、ネットワークから離れてしまうことはまずないと思う。そうしたコミュニケーションを通して私は、場にコラボレーションを起こせるような人間になりたい。他者とつながり、その力を最大化できる、そのような人格を形成していきたい。そして、その人格をもって組織を形成する。それは軍隊のような責任と規律が整った縦のつながりを持ちつつ、同時に、オーケストラのようにリズムとハーモニーを奏でる横のつながりを持った組織だ。難しいチャレンジだと思うが、仲間と一緒に創っていく。その組織をもって、人々をつないでいく役割を担いたい。消費者と消費者、企業と消費者、企業と企業、企業に限らず、あらゆる組織と人々をつないでいく。そこに孤独と隔絶があるならば、その間に架かる橋になりたい。それは未来に前向きで、多様な個性を内包する、七色の橋だ。

あなたは、何を想うだろうか？　あなたはすでにネットワークの一員である。だからあなたは、ネットワークの力を存分に使うことができる。あなたの主体的な一歩は、社会を変えるマーチを奏でる。それがたとえ小さな一歩であったとしても、ネットワークがそれを大きく拡張する。また、誰かの小さな一歩を、あなたが大きくしてあげることもできる。あなたは、ラブ・アンド・ピースを想うだろうか？　世界がひとつになる未来を願うだろうか？　もしそうであるなら、私もあなたの隣に立って、ともに未来を創る仲間でありたい。インターネットによる革命はこれからが本番だ。

謝辞

最初に、事例の公開に先立ち、インタビューに応じてくださった石井龍夫氏、西井敏恭氏、山田浩之氏、島川泉氏、大澤博明氏、中智玄氏に感謝を述べたい。これらの事例がなければ本書のリアリティは貧弱なものになっていただろう。そもそも、本書で紹介した企業コミュニティのノウハウは、クライアント各社とともに構築してきたものである。いうなれば、300社のお知恵を拝借してつくったものだ。この場を借りて、すべてのクライアント企業とご担当者に感謝したい。また、その過程で、各社の企業コミュニティに集まった参加者も60万人を超えた。彼らがいなければ企業コミュニティは成立しない。参加してくださっているすべてのコミュニティの住民に感謝したい。

本書を執筆するにあたり、インターネットの集合知を利用した。特にウィキペディアとグーグルにはお世話になった。これらの情報テクノロジーの力がなければ、資料の確認や裏づけなどが困難で、本書のとりあげるテーマはもっと小さなものになっていたはずである。

また、たくさんの書籍からもアイデアをもらった。その一部を参考文献に並べるが、そのなかから抜粋してここで紹介することで学恩に感謝するとともに、さらに理解を深めたい読者諸氏への案内としたい。

今回の執筆にあたって、改めて『マクルーハン理論』〔平凡社〕を読み直した。相変わらず予言的で刺激的で、そして難解である。近づいたかと思えば遠くにいて、忘れたころに突然現れる。私にとってマクルーハンはそのような思想家である。

ＡＩからＩＡへと流れるパソコン開発史を明快に解説してくれたのは、『思想としてのパソコン』〔ＮＴＴ出版〕だった。編著者の西垣通氏が展開する「アポロ計画とサイバースペースを深層でつないでいるのは、アメリカのフロンティア精神である」という説を本書でも紹介しようと試みたが、私の筆力ではそれに至ることはできなかった。

『パソコン創世「第3の神話」』〔ＮＴＴ出版〕には、いままであまり表舞台に出てくることのなかったパソコン誕生にまつわる秘話が鮮明に描かれていた。バラバラに知っていたエピソードがひとつの線としてつながった。カウンターカルチャーとインターネットとの関係は何回読んでも興奮するドラマチックな物語だ。

小説『１９８４年』〔ハヤカワ文庫〕で展開される主人公のウィンストンとジュー

リアの恋の始まり、そして、その結末は壮絶だった。戦争を知らない私が、全体主義に対峙したときの個人に訪れる絶望と無力感を、少しでも想像できたのはこの小説のおかげである。

難解なハンナ・アーレントやユルゲン・ハーバーマスをやさしく解説してくれたのは、『公共性』〔岩波書店〕であった。著者の齋藤純一氏は、まるでニーチェに対峙するハイデガーのように、2人の巨人に対して挑戦されている。おかげで公共圏の理解に向けた私の読書体験は、かってなくエキサイティングなものとなった。

本書の読者を想定する際、見本とさせてもらったのが『ウェブ進化論』〔ちくま新書〕だった。それは、グーグルを説明する必要があった当時、とてもクリアにその新しい潮流を紹介してくれるものだった。『ソーシャルメディア進化論』という本書のタイトルには、この1冊へのリスペクトの気持ちを込めた。

『オランダモデル』〔日本経済新聞社〕にも大きな気づきをもらった。著者の長坂寿久氏のオランダでの豊富な経験と熱く明瞭な分析に、オランダ社会を理解するために必要な期間をショートカットすることができた。海抜ゼロのオランダが治水の歴史のなかでつくってきた市民社会は、まさにリアルなソーシャルメディアである。そこでは、自由であることと引き受けていくことが同じものとして考えられている。その成熟した市民社会の姿に感銘を受けた。オランダは「柱状社会」を形成した。繭ではなく柱。ここがポイントだ。柱には天井を支える共通の目的がある。繭にはそれがない。これらについての理解がなければ、私にはソーシャルメディアの未来をイメージすることは難しかった。私たちの会社は、今年になって中国上海を舞台として、日本企業に向けたマーケティング支援活動を開始したが、今後の海外展開の針路にオランダモデルとソーシャルメディアとを連動させ、それを逆輸入して持ち帰り、国際標準を模索するという戦略の検討も始めた。

私がこれらの書物に興味を持つようになったのは、ソーシャルメディアの研究を始めてからであるが、そもそもソーシャルメディアを志向するようになったのは、インターネットに触れたのがきっかけだった。私は、メディア美学者、武邑光裕先生の弟子である。大学2年生の春、友達に誘われて武邑ゼミの門を叩いたときに、私がインターネットに魅了されることは決定づけられた。先生を師と仰ぎ、早19年が経つ。マルチメディアもインターネットも日本の伝統芸術もすべて先生から教わった。読者の目から見て、もし本書に論旨が通っているところがあったとすれば、それはすべて先生からお借りしたものである。

†

さて、私たちの会社、エイベック研究所にもお礼をいわなければならない。「Avec」は、フランス語で「一緒に」という意味のコミュニケーションの基本姿勢である。また、「A vector（ひとつの方向性）」の頭文字でもあり、組織活動を通じ、社会にひとつの快活な方向を示していきたいという想いが込められている。私にとってエイベック研究所は、長い間、小さい子どものような守るべき存在であったが、いつの間にか、ともに成長する友達のような存在へと変わっていった。会社の成長は、当然のことながら私ひとりの力ではない。エイベック研究所にはさまざまな縁で知り合った仲間たちが乗船した。ともに夢を分かち合い、同じ船に乗り込んだ戦士たち。彼らひとりひとりとの出会いがなければ、何ひとつとして形にすることはできなかった。

そのうちのひとり、取締役の瀬川憲一は、ベネッセコーポレーションの元社員で、企業コミュニティを活用したグループインタビューを日本で最初に行った人物だ。いまは、ベンチャー船に乗り込み、七転八倒の毎日を送っている。原稿が進まず焦る私に「納得のいくまで時間をかけたらいい」と、自分の責任の管轄を広げ、私を執筆に集中できるよう配慮してくれた。瀬川は、執筆のディスカッションパートナーも務めてくれた。本書に盛り込まれたアイデアのいくつかは、彼と一緒に考案したものである。

もうひとりの取締役である高橋育子からも、エールのこもった修正案を多くもらった。産休中にもかかわらず、何度も脱線しそうになる原稿を方向修正してくれた。冷静沈着な彼女には、創業以来お世話になりっぱなしである。

また、執筆の間、私は現場を離れがちになったが、会社は、田井雅仁、高野大輔、太田和彰、齊藤心吾のマネージャー陣を中心に各部署のメンバーが守ってくれた。本書は彼らの支えがなければ、完成することはなかった。また、執筆の進行管理は広報チームが責任を持った。彼女たちのきめ細かな配慮がなければ、本書の出版は大きく遅れていたはずである。デザイン制作部のメンバーも、本書の複雑なテーマを簡潔に図解するための下絵を描いてくれた。

そして、私には困ったときに助けてくれる「ドラえもん」のようなパートナーがいる。京都大学の瀧本哲史客員准教授だ。瀧本氏は、私に初めてついてくれた経営アドバイザーで、以来12年間、いままでずっと付き合ってくれている。今回の執筆にあたっても、コンセプトから最終稿を書き上げるまで、批判的で建設的なアドバイスをたくさんいただいた。

†

ダイヤモンド社の編集者、常盤亜由子氏と初めてお会いしたとき、「あなたにしか書けないこと」でなければ価値はないといわれ、目が覚める思いがした。最終の原稿をお渡しして、「素敵な本にしたい」といわれたときはうれしかった。でも、もうこれで「なんだか『いまいちおもしろくないなぁ』って感じなんですよね」と、涙目の私を尻目に原稿をばっさり削る彼女との二人三脚の創作活動が終わってしまうのかと思うと、寂しくなった。私は常盤氏から本をつくるおもしろさを教わった。自分の仕事に惚れ込んでいる編集のプロが私の最初の担当であったことが、私の自慢となった。

†

本書はたくさんの方々からアドバイスをもらって書き上げた。13名の査読モニターの方々に、執筆の途中段階の原稿を読んでもらって感想を聞くという試みも行った。また、親友であるクラブDJの深澤猛己氏にもアドバイスをもらった。氏は何度も「自分らしく書け」と私を鼓舞してくれた。

そして、団塊世代を代表して、父にもアドバイスをもらった。こちらが当たり前として使っている業界の言葉や言い回しなど、多くを厳しく修正してもらった。

それから、赤ん坊の世話をしながら、私の体調も含め執筆の環境を整えてくれたかわいい妻、恵里にも感謝を伝えたい。

†

最後になったが、今回の執筆にあたって、ノウハウ発見の経緯を思い出そうと12年分の日記を読み込んだ。過去をふり返って、自分のあまりに勝手なふるまいに嫌気がさした。いままで私に付き合ってくれたすべての人に感謝したい。私を中心にして見れば、それらのネットワークは私をとり囲むように広がっている。そしてネットワークが教えてくれたさまざまな情報は、いま、私の身体とつながっている。私にとって初めての出版となる本書は、これらのネットワークに恩返しする気持ちで取り組んだ。可能なかぎり嘘のないように心の奥から出てくる言葉で書いたつもりだが、その評価は読者にお任せするしかない。ここまで読んでくださったみなさまに深く感謝したい。

では、未来に向けたプロジェクトで、いつかご一緒できる日を楽しみにしつつ。

２０１１年

震災後の春　東京神谷町にて

武田　隆

参考文献

◉経営学・経済学

岩井克人著『二十一世紀の資本主義論』筑摩書房、2000年。

シュンペーター、ジョセフ・A著、八木紀一郎訳『資本主義は生きのびるか——経済社会学論集』名古屋大学出版会、2001年。

戸部良一、寺本義也、鎌田伸一、杉之尾孝生、村井友秀、野中郁次郎著『失敗の本質——日本軍の組織論的研究』中公文庫、1991年。

ドラッカー、ピーター・F著、上田惇生訳『経営者の条件』ダイヤモンド社、2006年。

マズロー、アブラハム・H著、金井壽宏、大川修二訳『完全なる経営』日本経済新聞社、2001年。

◉日本伝統芸術

木戸敏郎著『若き古代——日本文化再発見試論』春秋社、2006年。

鈴木皓詞著『茶の湯のことば』淡交社、2007年。

武邑光裕著『デジタル・ジャパネスク——マルチメディア社会の感性革命』NTT出版、1996年。

◉インターネット・ネットワーク

アンダーソン、クリス著、小林弘人監修、高橋則明訳『フリー——〈無料〉からお金を生みだす新戦略』日本放送出版協会、2009年。

梅田望夫著『ウェブ進化論──本当の大変化はこれから始まる』ちくま新書、2006年。

グラッドウェル、マルコム著、高橋啓訳『ティッピング・ポイント──いかにして「小さな変化」が「大きな変化」を生み出すか』飛鳥新社、2000年。

ケオー、フィリップ、A・M・チューリング、ダグラス・C・エンゲルバート、テリー・ウィノグラード、ヴァネヴァー・ブッシュ、J・C・R・リックライダー、テッド・ネルソン著、西垣通編著『思想としてのパソコン』NTT出版、1997年。

國領二郎編著『創発する社会──慶應SFC～DNP創発プロジェクトからのメッセージ』日経BP企画、2006年。

バラバシ、アルバート・ラズロ著、青木薫訳『新ネットワーク思考──世界のしくみを読み解く』NHK出版、2002年。

星新一著『声の網』角川文庫、2006年。

マルコフ、ジョン著、服部桂訳『パソコン創世「第3の神話」──カウンターカルチャーが育んだ夢』NTT出版、2007年。

村井純著『インターネット』岩波新書、1995年。

吉村信、鐙聡、家永百合子著『インターネットホームページデザイン──インターネットエンジェルたちのためのWWW&HTML』翔泳社、1995年。

『CAPE X』アスキー（1995年創刊、1996年休刊）

『iNTERNET magazine』インプレス（1994年創刊、2006年休刊）

『WIRED』同朋舎（1984年創刊、1998年休刊）

◉社会学・心理学

アレント、ハンナ著、志水速雄訳『人間の条件』ちくま学芸文庫、1994年。

内田貴著『契約の時代――日本社会と契約法』岩波書店、2000年。

カイヨワ、ロジェ著、多田道太郎、塚崎幹夫訳『遊びと人間』講談社学術文庫、1990年。

河合隼雄著『明恵――夢を生きる』講談社プラスアルファ文庫、1995年。

河合隼雄著『ユング心理学入門』培風館、1967年。

齋藤純一著『公共性――思考のフロンティア』岩波書店、2000年。

ジンメル、ゲオルク著、北川東子、鈴木直訳『ジンメル・コレクション』ちくま学芸文庫、1999年。

セン、アマルティア著、東郷えりか訳『人間の安全保障』集英社新書、2006年。

ハーバーマス、ユルゲン著、細谷貞雄、山田正行訳『公共性の構造転換――市民社会の一カテゴリーについての探究』未来社、1994年。

ベンハビブ、セイラ著、向山恭一訳『他者の権利――外国人・居留民・市民』法政大学出版局、2006年。

ホイジンガ著、高橋英夫訳『ホモ・ルーデンス』中公文庫、1973年。

ボウルビィ、ジョン著、二木武訳『母と子のアタッチメント――心の安全基地』医歯薬出版、1993年。

宮台真司著『終わりなき日常を生きろ――オウム完全克服マニュアル』ちくま文庫、1998年。

リンギス、アルフォンソ著、野谷啓二訳『何も共有していない者たちの共同体』洛北出版、2006年。

◉メディア論

椹木野衣著『シミュレーショニズム――ハウス・ミュージックと盗用芸術』洋泉社、1991年。

武邑光裕著『記憶のゆくたて――デジタル・アーカイヴの文化経済』東京大学出版会、2003年。

武邑光裕著『メディア・エクスタシー――情報生態系と美学』青土社、1992年。

成田康昭著『メディア空間文化論――いくつもの私との遭遇』有信堂高文社、1997年。

フルッサー、ヴィレム著、村上淳一訳『サブジェクトからプロジェクトへ』東京大学出版会、1996年。

フルッサー、ヴィレム著、村上淳一訳『テクノコードの誕生――コミュニケーション学序説』東京大学出版会、1997年。

マクルーハン、マーシャル、エドマンド・カーペンター著、大前正臣、後藤和彦訳『マクルーハン理論――電子メディアの可能性』平凡社ライブラリー、2003年。

村上龍、坂本龍一著『EV.Café――超進化論』講談社、1985年。

◉その他

アンドルーズ、アンディ著、弓場隆訳『希望をはこぶ人』ダイヤモンド社、2011年。

ウィトゲンシュタイン著、野矢茂樹訳『論理哲学論考』岩波文庫、2003年。

内田久美子著『ビートルズ全詩集』シンコーミュージック、1998年。

オーウェル、ジョージ著、新庄哲夫訳『1984年』ハヤカワ文庫、1972年。

カトラー、ハワード・C、ダライ・ラマ14世著、今井幹晴訳『ダライ・ラマ――こころの育て方』求龍堂、2000年。

カント著、宇都宮芳明訳『永遠平和のために』ワイド版岩波文庫、2005年。

斎藤惇夫著『冒険者たち――ガンバと15ひきの仲間』岩波書店、1982年。

佐々木正人著『アフォーダンス――新しい認知の理論』岩波書店、1994年。

竹内薫著『世界が変わる現代物理学』ちくま新書、2004年。

立川談志著『現代落語論――笑わないで下さい』三一新書、1965年。

ドーキンス、リチャード著、日高敏隆、岸由二、羽田節子、垂水雄二訳『利己的な遺伝子〈増補新装版〉』紀伊國屋書店、2006年。

長坂寿久著『オランダモデル――制度疲労なき成熟社会』日本経済新聞社、2000年。

中沢新一著『カイエ・ソバージュ』講談社選書メチエ、2002年。

福岡伸一著『生物と無生物のあいだ』講談社現代新書、2007年。

レオニ、レオ著、谷川俊太郎訳『スイミー――ちいさなかしこいさかなのはなし』好学社、1969年。

〔写真提供〕

図4－6　©FUMIHIKO MURAKAMI/SEBUN PHOTO/amanaimages

図5－9　©スタッフ・フォー・ワン

［著者紹介］

武田 隆（たけだ・たかし）

クオン株式会社 代表取締役。1996年、前身となるエイベック研究所を創業。クライアント企業各社との数年に及ぶ共同実験を経て、「ファンコミュニティ」をマーケティングに活用する理論と手法を開発。システムの完成に合わせ、2000年、同研究所を株式会社化。2015年、ベルリンと大阪に支局を開設。2022年11月現在、味の素株式会社、東日本旅客鉄道株式会社、株式会社エフエム東京他、75の企業・自治体のファンコミュニティを運用。国際特許を含む複数の特許技術を用いたデータサイエンスを駆使し、生活者との関係構築や課題解決、持続的発展を支援する。JFN系列FMラジオ番組「企業の遺伝子」パーソナリティを務める。1974年生まれ。海浜幕張出身。

ソーシャルメディア進化論

2011年7月28日　第1刷発行
2022年12月22日　第9刷発行

著　者――武田 隆
発行所――ダイヤモンド社
〒150-8409 東京都渋谷区神宮前6-12-17
https://www.diamond.co.jp/
電話 03・5778・7233（編集）
03・5778・7240（販売）

ブックデザイン――竹内雄二
図版制作――野口里子（TwoThree）
製作進行――ダイヤモンド・グラフィック社
印刷――加藤文明社
製本――ブックアート
編集担当――常盤亜由子

ISBN 978-4-478-01631-2